Konzepte der Humanwissenschaften

M. Selvini Palazzoli
L. Boscolo, G. Cecchin, G. Prata

Paradoxon
und Gegenparadoxon
Ein neues Therapiemodell
für die Familie mit
schizophrener Störung
Ernst Klett Verlag
Stuttgart

Aus dem Italienischen übersetzt von
Georgine Steininger
Die Originalausgabe erschien unter dem Titel
»Paradosso e Controparadosso«
im Verlag Feltrinelli, Mailand 1975
© Giangiacomo Feltrinelli Editore Milano
Über alle Rechte der deutschen Ausgabe verfügt der
Ernst Klett Verlag, Stuttgart
Fotomechanische Wiedergabe nur mit Genehmigung des Verlages
Printed in Germany 1977
Einbandgestaltung und Typographie: Heinz Edelmann
Satz und Druck: Kösel, Kempten

CIP-Kurztitelaufnahme der Deutschen Bibliothek

Paradoxon und Gegenparadoxon : e. neues Therapiemodell für d. Familie mit schizophrener Störung / M. Selvini Palazzoli ... – 1. Aufl. – Stuttgart : Klett, 1977.
 (Konzepte der Humanwissenschaften)
 Einheitssacht.: Paradosso e controparadosso ⟨dt.⟩
 ISBN 3-12-907250-0
NE: Selvini Palazzoli, Mara [Mitarb.]; EST

Inhalt

Einführung ... 7
Vorwort ... 10

Erster Teil ...
   1 Einleitung ... 13
   2 Arbeitsweise des Teams ... 19

Zweiter Teil
   3 Paar und Familie mit schizophrener Transaktion ... 28
   4 Der designierte Patient ... 41

Dritter Teil
   5 Therapeutische Interventionen als Lernvorgang durch Versuch und Irrtum ... 53
   6 Die Tyrannei der sprachlichen Konditionierung ... 56
   7 Positive Symptombewertung ... 59
   8 Die Verschreibung in der ersten Sitzung ... 71
   9 Familienrituale ... 86
  10 Von der Geschwisterrivalität zum Opfer des Helfens ... 100
  11 Die Therapeuten nehmen das Dilemma der Beziehung zwischen Eltern und Kind auf sich ... 105
  12 Die Therapeuten akzeptieren ohne Einwand die verdächtige Besserung ... 112
  13 Wie Abwesende zurückgeholt werden ... 115
  14 Wie man die Entwertung umgeht ... 121
  15 Das Problem der verleugneten Koalitionen ... 131
  16 Die Therapeuten erklären ihre eigene Unfähigkeit, ohne irgend jemand zu tadeln ... 142
  17 Die Therapeuten verschreiben sich selbst das Paradoxon der Paradoxa ... 150
  18 Die Therapeuten ziehen sich aus der »Parentifizierung« zurück und verschreiben diese paradox den Angehörigen der jüngsten Generation ... 155

Bibliographie ... 164

Einführung

Die neue, von mir herausgegebene Reihe des Klett Verlags: »Texte zur Familiendynamik«, siedelt sich im Umfeld der Zeitschrift »Familiendynamik« an. Beide — Texte und Zeitschrift — versuchen, dem Paradigma der Familientherapie eine Stätte zu schaffen. Ich bin froh, daß »Paradoxon und Gegenparadoxon« den deutschsprachigen Leser mit einer Autorengruppe bekannt macht, die uns die revolutionäre Stoßkraft dieses Paradigmas besonders verdeutlicht.

Wir lesen an einer Stelle des Buches, daß die erste Autorin, die Mailänder Analytikerin Mara Selvini, in gewissen Patienten- und Kollegenkreisen den Ruf hat, eine Zauberin zu sein, jemand, der in nur einer Stunde einen Patienten mitsamt seiner Familie heilen könne. Natürlich weist die Autorin diese Unterstellung zurück. Und dennoch — wer wie ich ihren Werdegang und ihre Schriften verfolgt hat, meint, darin einen Hauch von Zauberei zu spüren.

Vor etwa zehn Jahren legte sie auf italienisch ein Buch über ihre psychoanalytischen Erfahrungen mit der Anorexia nervosa, der Pubertätsmagersucht, vor, das eine ungewöhnliche Einsicht in die intrapsychische Dynamik und die Objektbeziehungen der betroffenen jungen Mädchen verrät und zugleich ehrlich von ihren eigenen bescheidenen therapeutischen Erfolgen mit dieser Patientengruppe berichtet — trotz der oft über Hunderte von Stunden währenden Einzelbehandlungen. 1974 erschien das Buch auf englisch, vermehrt um einige Kapitel, in denen Frau Selvini über ihre familientherapeutische Arbeit mit anorektischen Patienten berichtet. Und da schien nun auf einmal Zauberei im Spiel zu sein: In den ca. ein Dutzend Familien, die sie konsekutiv in gemeinsamen Sitzungen sah, verschwand die Anorexie nach etwa 15 Sitzungen dauerhaft, während sich die Familie selbst tiefgreifend veränderte.

»Paradoxon und Gegenparadoxon« schließt sich an das Buch über die Anorexia nervosa an, und der Eindruck der Zauberei ist hier fast noch stärker. Wir erfahren, wie sie sich, nachdem ihr die Arbeit mit Magersucht-Familien, die stets dieselbe Dynamik zeigten, etwas langweilig wurde, Familien mit schizophrenen Angehörigen zuwandte und ähnlich verblüffende Erfolge erzielte; die Behandlungen, die sie und ihr Team gemeinsam durchführten, umfaßten maximal 20 Sitzungen, die einmal monatlich stattfanden. Familien mit schwer chronischen Patienten, die durch lange Anstaltsbehandlungen geschädigt und ihrer Berufswelt entfremdet waren, wurden allerdings bisher von der Behandlung ausgeschlossen.

Bei eingehender Lektüre ihres Buches zeigt sich nun aber, daß das, was uns als Zauberei erscheinen mag, eine solide theoretische Basis hat. Diese Basis wurde durch Gregory Bateson, Jay Haley, Paul Watzlawick, Harley Shands und andere Autoren gelegt, die die kybernetische Revolution unseres Jahrhunderts ernst genommen und eine Epistemologie bzw. Erkenntnistheorie entwickelt haben, die ein monokausales, lineares durch ein zirkuläres Verstehensmodell ersetzt. Dieses zirkuläre Modell hat uns für die Paradoxa sensibilisiert, die »gesunden« wie pathologischen Beziehungen innewohnen, uns normalerweise jedoch entgehen, weil uns die zu ihrer Erfassung nötigen sprachlichen Werkzeuge fehlen. Denn wir bleiben nun einmal alle nolens volens einer Sprache verhaftet, die uns für monokausales, lineares Denken programmiert. Die meisten von uns können damit irgendwie fertig werden, viele — vielleicht alle — Familien mit schizophrenen Angehörigen jedoch nicht. Für sie werden diese sprachlichen Zwänge zu »Beziehungsfallen«, und sie verstricken sich in einem ausweglosen Beziehungs- und Kommunikationslabyrinth. Die Folge sind tiefste gegenseitige Entfremdung, Ausbeutung und Gegenausbeutung sowie Stagnation in den zwischenmenschlichen Beziehungen.

Die im folgenden dargestellten paradoxen »Verschreibungen«, die von Haley, Watzlawick und anderen Autoren in die Familientherapie eingeführt wurden, bieten eine Strategie an, um in ein solches Labyrinth therapeutisch einzudringen, eine Strategie, die Frau Selvini und ihr Team mit Meisterschaft praktizieren. Es handelt sich um ein sehr wirksames therapeutisches Instrument, das sich vor allem zwei Faktoren zunutze macht:

1. die starke positive Beziehung aller Familienmitglieder zum Therapeuten, die sich großenteils davon nährt, daß der Therapeut alles, was die Familie anbietet, gutheißt und jede leiseste Andeutung einer morralisierenden Bewertung, von Tadel und Angstmacherei unterläßt;

2. die Möglichkeit einer »Umpolung« der Beziehungskräfte in der Familie; diese werden gleichsam aus ihrer destruktiven Verklammerung gelöst und in neue, alle Mitglieder befreiende Bahnen gelenkt.

Wie jedes wirksame Instrument können derartige Verschreibungen nicht nur helfen, sondern auch schaden. Um therapeutisch wirken zu können, bedarf es sorgfältiger Vorbereitung, großer familientherapeutischer Erfahrung und einer allen Familienmitgliedern gegenüber bezeigten Empathie.

Darüber hinaus zeigt sich in diesem Unternehmen noch eine andere wichtige Qualität: der Mut zur Übernahme und Entwicklung neuer therapeutischer Modelle und Konzepte in Situationen, in denen das, was man gelernt hat, nicht mehr ausreicht.

Helm Stierlin

Vorwort

Wir berichten in diesem Buch über ein Forschungsprojekt, das 1971 von der Autorengruppe geplant und mit dessen Verwirklichung im Januar 1972 begonnen wurde. Es umfaßt die therapeutische Arbeit an 15 Familien; fünf davon mit Kindern im Alter zwischen fünf und sieben Jahren, die schwerste psychotische Verhaltensweisen zeigten. Zehn Familien brachten Mitglieder im Alter von zehn bis 22 Jahren, die als schizophren in eben begonnener akuter Phase diagnostiziert, jedoch nicht gleich in Anstaltsbehandlung gegeben worden waren. Um graduelle Fortschritte erzielen zu können, haben wir bisher bewußt darauf verzichtet, Familien zu behandeln, deren Mitglieder jahrelang oder überhaupt chronisch krank und vorher schon in psychiatrischen Anstalten gewesen waren. Die Auswahl dieser Kasuistik verdanken wir dem Entgegenkommen von Kollegen, die uns bei der Durchführung unseres Forschungsprojekts bereitwillig unterstützt haben.

Die Veröffentlichung dieses vorläufigen Berichts kommt der von verschiedenen Seiten an uns ergangenen dringenden Aufforderung entgegen, unsere Arbeitsweise und deren Wirkungsmöglichkeiten darzulegen. Wir tun dies, obwohl wir genau wissen, daß noch nicht genügend Zeit verstrichen ist, um bei einigen Familien, bei denen sich innerhalb kurzer Zeit dramatische Veränderungen vollzogen haben, eine vollgültige katamnestische Kontrolluntersuchung vorzunehmen.

Um der besseren Verständigung willen gebrauchen wir den Terminus »Schizophrenie« weiterhin in dem von Bleuler definierten Sinne, wie er ja allgemein in der Medizin verwendet wird. Wir verstehen darunter jedoch nicht eine Krankheit im üblichen, medizinischen Sinne, sondern eine ganz besondere *Kommunikationsweise*, die nicht zu trennen ist von der Art der Kommunikation der gesamten natürlichen Gruppe, in der sie beobachtet werden kann; in den von uns behandelten Fällen ist das die Familie mit schizophrener Transaktion.

Wir bemühen uns, bei unserer Arbeit streng methodisch vorzugehen, und die therapeutischen Interventionen, die wir entwickelt haben, entsprechen genau dem von uns gewählten theoretischen Modell.

Der wichtigste Aspekt dieses ersten Berichtes ist sicherlich die Darstellung der von uns entwickelten therapeutischen Methode. Mit anderen Worten: Es ist für den Leser wichtiger und interessanter, was wir *tun*, als was wir über schizophrene Transaktion *denken*. Trotzdem mußten wir im zweiten Teil des Buches auch darlegen, was wir darüber denken, um verständlich zu machen, was wir tun.

Wir danken allen Freunden, die uns ermutigt und geholfen haben. Besonders Herrn Dr. Paul Watzlawick, der uns durch seine Besuche und häufige Korrespondenz immer wieder angeregt und ermutigt hat.

Wir danken allen Kollegen, Psychologen, Psychiatern und Sozialarbeitern, die die Familien zu dieser Art Behandlung motiviert und dadurch wesentlich dazu beigetragen haben, daß unsere Forschungsarbeit nicht im Planungsstadium steckenblieb.

Unser Dank gilt auch Signora Enrica Dal Pont Solbiati, die durch ihre großmütige Hilfe die rechtzeitige Fertigstellung des Manuskripts ermöglicht hat.

Milano, 31. Oktober 1974

I

1
Einleitung

Dieses Buch berichtet über die Untersuchungen unseres Teams, um die Gültigkeit einer grundlegenden Hypothese zu erforschen: einer Hypothese, die sich von den Modellen herleitet, die uns von der Kybernetik und der Kommunikationstheorie angeboten werden. Diesen Modellen zufolge ist die Familie ein sich selbst regulierendes System, das von eigenen Gesetzen regiert wird, die es sich im Laufe der Zeit durch Versuch und Irrtum erarbeitet hat.
Der zentrale Gedanke dieser Hypothese ist, daß jede natürliche Gruppe mit einer Geschichte — und das ist die Familie im Grunde ja (wie etwa auch ein Arbeitsteam, eine spontan gebildete Gemeinschaft oder eine Gruppe von Geschäftsleuten) — sich während eines bestimmten Zeitraums konstituiert. Im Verlauf einer Reihe von Transaktionen und korrigierenden Gegenaktionen wird experimentierend erprobt, was in der Beziehung erlaubt ist, bis die Gruppe schließlich zu einem eigenen System findet, das von speziellen, nur für dieses System geltenden *Regeln* gesteuert wird. Diese Regeln betreffen die sich in der geschichtlich gewordenen Gruppe abspielenden Transaktionen, die den Charakter von verbaler oder nonverbaler Kommunikation haben. Das erste Axiom der Pragmatik der menschlichen Kommunikation besagt: Jedes Verhalten stellt eine Kommunikation dar, die notwendigerweise eine Antwort hervorruft, und diese wiederum stellt ihrerseits eine Kommunikation in Form eines Verhaltens dar.
Diese erste Hypothese führt zu einer zweiten Hypothese: Familien, die einen oder mehrere Angehörige mit einem Verhalten aufweisen, das man traditionellerweise als »pathologisch« diagnostiziert, regulieren sich durch Transaktionen (Beziehungsmuster), die genau auf die Art dieser Pathologie zugeschnitten sind. Des weiteren zielen ihre Kommunikationsweise und ihr Antwortverhalten darauf ab, diese Regeln und damit die pathologischen Transaktionen aufrechtzuerhalten.
Hat man erkannt, daß die Symptome ein Teil der diesem System eigentümlichen Transaktionen sind, so bleibt, wenn man die Symptome verändern will, nur der Versuch übrig, die Regeln auszuwechseln.
Die verschiedenen Kapitel dieses Buches beschreiben die Methoden, die wir entwickelt haben, um dies zu erreichen.
Die Ergebnisse haben bestätigt, daß man die pathologischen Verhaltensweisen rasch zum Verschwinden bringen kann, sobald es gelingt,

eine grundlegende Regel zu entdecken und zu verändern. Wir schlossen uns daher der von Rabkin vertretenen Auffassung an, daß tatsächlich völlig überraschend Ereignisse von einschneidender Bedeutung eintreten, sobald eine fundamentale Regel eines Systems verändert wird. Rabkin schlägt für die Disziplin, die diese Phänomene studieren sollte, den Terminus »Saltology« vor, also Saltologie (vom lat. »saltus« = Sprung). Diese Auffassung findet ihre Entsprechung in der allgemeinen Systemtheorie, deren Theoretiker von einem p_s sprechen, als dem Punkt des Systems, in welchem die größte Zahl der wesentlichen Funktionen eines Systems zusammenlaufen. Wechselt man diesen Punkt aus, so erreicht man die größte Veränderung bei kleinstem Energieaufwand. Die Erfahrung hat uns auch gezeigt, welche Macht die Systeme entwickeln bei dem Bemühen, jene Regeln zu verfechten und aufrechtzuerhalten, die sie sich durch Versuch und Irrtum geschaffen haben. Diese Macht zeigt sich um so stärker, je pathologischer ein System ist.

Aus der Systemtheorie wissen wir, daß jedes lebendige System durch zwei einander scheinbar widersprechende Funktionen gekennzeichnet werden muß: die Tendenz zur Homöostase und die Fähigkeit zur Veränderung. Das Zusammenspiel dieser Funktionen hält im System immer ein provisorisches Gleichgewicht aufrecht, das sowohl Evolution als auch Kreativität garantiert, ohne die es kein Leben gibt.

Die pathologischen Systeme weisen jedoch eine nach und nach immer starrer werdende Tendenz auf, die eingelernten Lösungen im Dienste der Homöostase automatisch zu wiederholen.

Für unsere Forschungen haben wir Familien mit schizophrener Transaktion gewählt, nachdem wir in der Behandlung von Familien mit Anorektikern (Magersüchtigen) eine gewisse Erfolgsquote erzielt hatten. Diese Familien sind durch besonders starre Regeln und beständig wiederholte Verhaltensweisen (Redundanzen) gekennzeichnet; sie entsprechen daher einem mechanischen und streng programmierten kybernetischen Modell.

Auch die Familien mit psychotischen Patienten werden von starren Regeln beherrscht; doch konnten wir feststellen, daß die Transaktionsweisen in diesen Familien eine enorme Komplexität aufweisen, und die Art, wie die Familie das Spiel in Gang hält, beeindruckt durch ihre Vielseitigkeit und ihren Einfallsreichtum.

Die oben dargelegten Hypothesen bringen für die Therapeuten eine epistemologische Veränderung im ursprünglichen Sinne des griechischen Wortes *epistamei* mit sich (dieses Wort bedeutet: sich in eine vorteilhafte Position bringen, um etwas besser beobachten zu können): Die mechanistisch-kausale Sicht der Phänomene, die die Wissenschaft

bis in die jüngste Zeit beherrscht hat, wird aufgegeben und durch eine systemgerechte Betrachtungsweise ersetzt.
Das bedeutet, daß die Familienmitglieder als Elemente eines Interaktionskreises betrachtet werden. Die Glieder dieses Kreises haben keinerlei Möglichkeit, nur in einer einzigen Richtung auf das Ganze zu wirken. Mit anderen Worten: Das Verhalten eines Familienmitgliedes beeinflußt unabdingbar das Verhalten der anderen. Es ist daher epistemologisch völlig irrig, das Verhalten dieses Familienmitgliedes als die *Ursache* des Verhaltens der anderen anzusehen, denn jedes Familienmitglied beeinflußt die anderen und wird zugleich von den anderen beeinflußt. Jedes Mitglied wirkt auf das System ein, ist jedoch gleichzeitig durch die vom System ausgehenden Kommunikationen beeinflußt.
Dies läßt sich durch einen Vergleich auf neuro-hormonalem Gebiet besonders anschaulich verdeutlichen: Im System des menschlichen Körpers funktioniert die Hypophyse gewiß innerhalb des gesamten Systems, sie wird jedoch ihrerseits wieder von allen Informationen beeinflußt, die ihr vom System zufließen, sie hat daher innerhalb desselben keinerlei eindimensionale Wirkungsmöglichkeit.
In entsprechender Weise besteht jede familiäre Transaktion aus einer Reihe von Verhaltens-Antworten, die ihrerseits wiederum andere Verhaltens-Antworten beeinflussen, usw. Es ist daher ein epistemologischer Irrtum, zu sagen, das Verhalten eines Individuums sei die *Ursache* des Verhaltens eines anderen Individuums.
Dieser Irrtum erwächst aus einer willkürlichen Interpunktion: Das Verhalten wird aus dem Zusammenhang der wechselseitigen Interaktionen isoliert. Aber auch ein Verhalten, das denjenigen, der als Opfer erscheint, auf alle möglichen Weisen zur Ohnmacht verurteilt, ist kein Macht-Verhalten, sondern ein Antwort-Verhalten. Trotzdem glaubt der Überlegene, er allein halte die Macht in Händen, genauso wie der Unterlegene davon überzeugt ist, er sei derjenige, der keinerlei Macht besitze.
Wir wissen aber, daß diese Überzeugungen falsch sind, denn die Macht liegt weder beim einen noch beim anderen. *Die Macht liegt in den Spielregeln*, die sich in dem pragmatischen Zusammenspiel aller Beteiligten im Laufe der Zeit herausgebildet haben.
Die Erfahrung hat uns gezeigt, daß die Betrachtung der Phänomene nach dem kausalen Modell für das Verständnis des Familienspiels hinderlich ist und Veränderungen vereitelt.
Die Aufnahme des neuen, wesentlich auf dem Konzept der Rückkoppelung basierenden epistemologischen Modells hat in den verschiedenen

Wissenschaften gigantische Fortschritte ermöglicht, die den Menschen sogar auf den Mond führten.

In den Wissenschaften, die menschliche Verhaltensweisen studieren, wurde diese neue Epistemologie von Gregory Bateson und seinem Team in den fünfziger Jahren eingeführt. Das Hauptinteresse dieser Gruppe lag auf dem Studium der Kommunikation, wobei Daten und Beobachtungen aus verschiedenen Quellen verwendet wurden: aus der Hypnose, der Tierdressur, der Kommunikation bei schizophrenen und neurotischen Patienten, aus Untersuchungen über erfolgreiche Filme, über das Wesen des Spiels und des Humors usw.

Das genialste und am stärksten innovative Element im Verlauf dieser wissenschaftlichen Entwicklung, die sich in den Jahren zwischen 1952 bis 1962 vollzog, war die Einführung einiger Begriffe aus den *Principia mathematica* von A. N. Whitehead und Bertrand Russell, die die Begründung einer neuen Logik ermöglichten.

Diese Logik unterscheidet sich von der aristotelischen Logik dadurch, daß der Begriff der »Funktion« im Mittelpunkt steht. Russell führte in seinen *Principia mathematica* aus: »... Die traditionelle Logik irrte vollkommen, da sie glaubte, es gäbe nur eine einzige einfache und präzise Form für einen Satz: die Form, die einem Subjekt ein Prädikat zuordnet. Dies ist wohl die passende Form, um die Beschaffenheit einer Sache zu beschreiben. Wir können sagen: Dieses Ding ist rund, rot usw. Sagen wir jedoch: Dieses Ding ist größer als jenes, so bezeichnen wir damit nicht nur eine Beschaffenheit, sondern wir setzen beide Dinge zueinander in Beziehung. Sätze, die eine bestimmte Beziehung zwischen zwei Dingen beschreiben, weisen jedoch eine andere Form auf als Sätze vom Typus Subjekt-Prädikat. Die Unfähigkeit, diesen Unterschied zu erkennen oder ihm Rechnung zu tragen, war der Ursprung vieler Fehler in der traditionellen Metaphysik. Die gleichsam unbewußte Überzeugung, daß alle Sätze die Subjekt-Prädikat-Form aufweisen, in anderen Worten, daß alles Vorhandene ein bestimmtes Ding mit einer bestimmten Eigenschaft sei, hat die meisten Philosophen unfähig gemacht, irgendeine befriedigende Erklärung der Welt der Wissenschaft wie des täglichen Lebens zu geben.«

Im Jahre 1956 veröffentlichte die Gruppe von Palo Alto das Werk *Toward a Theory of Schizophrenia*, das speziell auf der Theorie der logischen Typenlehre von Russell basiert. Die zentrale These dieser Theorie besagt, daß zwischen einer Klasse, verstanden als umfassender Begriff für eine Anzahl von Elemten, und diesen Elementen ein Unterschied besteht. Weder kann die Klasse ein Element von sich selbst sein, noch kann eines der Elemente die Klasse repräsentieren, und zwar des-

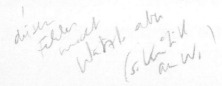

halb nicht, weil der Terminus, der für die Klasse verwendet wird, einer anderen Abstraktionsebene angehört als jene Termini, die für die Elemente verwendet werden.

Die Hypothese von Bateson und seinen Mitarbeitern besagt, daß in den menschlichen Beziehungen dieser Unterschied häufig nicht beachtet wird. Auf diese Weise werden Paradoxa in der von Russell beschriebenen Form erzeugt, die zu pathologischen Konsequenzen führen. Daraus ergab sich die Theorie des »double bind« * als paradoxer Kommunikation, die sehr häufig bei Familien mit schizophrenen Patienten festgestellt werden kann. Bateson ist zu der Auffassung gelangt, die Schizophrenie sei im Grunde ein »inner conflict of logical typing«, der aus sich wiederholenden charakteristischen Kommunikationsmustern entstanden ist.

In dem 1969 auch auf deutsch erschienenen Band von Watzlawick, Beavin und Jackson *Menschliche Kommunikation. Formen, Störungen, Paradoxien* werden die bis dahin in der Kommunikationswissenschaft gewonnenen Erkenntnisse systematisiert. Die Kommunikationswissenschaft befaßt sich mit der Art und Weise, durch die jede Person andere vermittels des *Charakters der Botschaft ihres eigenen Verhaltens* beeinflußt, und damit auch mit der Art und Weise, wie jeder einzelne den anderen in der Beziehung zu sich annimmt, zurückweist oder abwertet.

Der wichtigste Aspekt dieses Werks besteht für uns darin, daß es die adäquaten Instrumente zur Analyse der Kommunikation anbietet: die Auffassung des Kontextes als Matrix der Bedeutungen; die Koexistenz zweier menschlicher Ausdrucksweisen, der analogen und der digitalen; den Begriff der Interpunktion innerhalb der Interaktion; die Auffassung von der Notwendigkeit der Definition einer Beziehung auf den verschiedenen verbalen und nonverbalen Ebenen, in denen diese Definition Anwendung finden kann; den Begriff der symmetrischen und der komplementären Position innerhalb einer Beziehung; die fundamentalen Begriffe des symptomatischen und des therapeutischen Paradoxons. Gerade im Hinblick auf Paradoxa hat unsere Untersuchung gezeigt, wie die Familie mit schizophrener Transaktion ihr eigenes Spiel vermittels eines Gewirres von Paradoxa, an dem alle Familienmitglieder beteiligt sind, aufrechterhält. Dieses Gewirr kann nur durch therapeutische Paradoxa ad hoc gelöst werden. Diese neue Epistemologie eröffnet uns neue theoretische und praktische Horizonte. Im be-

---

* »Double bind«, wörtlich Doppelbindung, wurde von Helm Stierlin im Deutschen als »Beziehungsfalle« wiedergegeben (Anm. d. Red.).

sonderen erlaubt sie uns, das Symptom als ein Phänomen zu betrachten, das mit den besonderen Charakteristika der Transaktion der natürlichen Gruppe, in der es auftritt, zusammenhängt.

Schließlich ermöglicht diese neue Epistemologie die Überwindung der kartesianischen Dualismen, deren Beibehaltung den Fortschritt hemmt. Bedenkt man, daß in einem Kreissystem jedes Element mit anderen Elementen interagiert, dann verlieren Zweiteilungen wie organisch-psychisch, bewußt-unbewußt insgesamt ihre Bedeutung.

2
Arbeitsweise des Teams

Das Zentrum für Familienforschung hat seine Arbeit im Mai 1967 in Mailand begonnen. Dem Beginn dieses Experiments, das Frau Mara Selvini Palazzoli organisierte, ging eine lange Periode des Studiums der ausgedehnten, geradezu verwirrenden Literatur zur Sache voraus sowie ein kurzer, der Information dienender Aufenthalt von Frau Selvini in den USA. In den ersten eineinhalb Jahren standen der Arbeit in diesem Forschungszentrum mannigfache praktische Hindernisse entgegen: Die erste Schwierigkeit bestand darin, in einem Milieu, das für unsere Arbeit völlig unvorbereitet, ja, ihr gegenüber fast feindlich eingestellt war, Familien zu finden, die sich zu einer Familientherapie motivieren ließen; zum anderen bestand das Team aus zwei Therapeuten, die in Individual- und Gruppentherapie ausgebildet waren, jedoch keinerlei Erfahrung in der Arbeit mit Familien hatten.

Aus verschiedenen Gründen, die hier nicht mehr erörtert werden sollen und die mit der Situation der Psychiatrie in Italien zusammenhängen, zogen wir es vor, ein Forschungszentrum zu gründen, das von Subventionen und öffentlichen Instituten völlig unabhängig ist. Die Pressionen, denen ein nicht autonomes Team ausgesetzt ist, sind sattsam bekannt: genaue Festsetzung der Fristen für die Datenveröffentlichung; der Zwang, neue Mitglieder von außen in das Team aufzunehmen; die Verwendung der Unterlagen zu forschungsfremden Zwecken usw.

Diese Entscheidung für eine von Trägern unabhängige Organisationsform brachte nicht nur grundlegende Vorteile, sondern auch einige nicht geringe Nachteile mit sich: Wir hatten zunächst Schwierigkeiten, Familien zu finden, die für eine Therapie geeignet waren, und außerdem fehlten uns die finanziellen Mittel. Wir arbeiteten deshalb zunächst mit einer Anzahl von Familien, die ein ihren Einkünften angemessenes Honorar zahlten. Später gründeten wir einen als »gemeinnützig« anerkannten, nicht auf Gewinnerzielung gerichteten »Verein für Familienforschung«; die Mitgliedsbeiträge wie auch die Zahlungen der Familien verwenden wir zur Deckung der laufenden und außerplanmäßigen Ausgaben, die die Forschung und die Erhaltung des Institutes mit sich bringen. Die Forscher selbst erhalten keine Entschädigung.

Seit Beginn des Jahres 1972 kamen immer mehr Familien zu uns, weit mehr, als wir aufnehmen konnten. Wir hatten dadurch die Möglichkeit, eine umfassende Kasuistik zu untersuchen, und konnten ein Programm für bestimmte Forschungsarbeiten entwickeln. Eine dieser Forschungsarbeiten war eine Untersuchung an Familien mit Patienten, die an einer Anorexia nervosa litten; sie wurde von Frau Selvini unter dem Titel *Selfstarvation. From the intrapsychic to the transpersonal approach to anorexia nervosa* 1974 in London veröffentlicht.

Da die Familien, die zu uns in Behandlung kommen, ein ihrem Einkommen entsprechendes Honorar bezahlen müssen, können wir annehmen, daß ihre Motivation der eines Patienten in einer Individualbehandlung entspricht. Die Zahlung eines Honorars setzt ja tatsächlich eine gewisse Motivation voraus; darüber hinaus wird dadurch die Freiheit der Beziehung gewährleistet, und die Klienten können den Therapeuten gegenüber eine kritische Haltung einnehmen, wodurch diese eine sehr nützliche Kontrolle über ihre Fehler erhalten. Dies ist ein sehr wichtiger Aspekt, der unsere Arbeit von anderen ähnlichen Einrichtungen, etwa im institutionellen Bereich, unterscheidet.

Das Team, das sich in den Jahren 1970 und 1971 immer mehr vergrößerte und kurze Zeit sogar aus acht Mitgliedern bestand, erlebte allerhand Wechselfälle, die schließlich eine Aufspaltung und Neuorganisation zur Folge hatten. Das gegenwärtige Forschungsteam konstituierte sich 1971. Es besteht aus vier Mitgliedern, zwei weiblichen und zwei männlichen Psychiatern bzw. Psychotherapeuten, den Autoren dieses Buches. Diese Zusammensetzung erlaubt es uns, in der therapeutischen Arbeit ein geschlechtlich gemischtes Paar einzusetzen; dieses wird von dem anderen Kollegenpaar, das sich im Beobachtungszimmer befindet, unterstützt.

Der Einsatz geschlechtlich gemischter Therapeutenpaare ist ein weiterer wesentlicher Aspekt unserer Arbeit. Wir sind der Auffassung, daß dies »physiologisch« gesehen ein besseres interaktionelles Gleichgewicht zwischen den beiden Ko-Therapeuten sowie zwischen ihnen und der Familie gewährleistet.

Außerdem können gewisse Verhaltensredundanzen in den Anfangsinteraktionen der Familien mit dem einen oder anderen Therapeuten dazu beitragen, daß wir gewisse Regeln des Familienspiels rascher erfassen. So werden in Familien, die traditionellerweise von den Frauen dominiert werden, die Mitglieder (oder bestimmte Mitglieder) sofort eine Tendenz zeigen, das Interesse der Therapeutin auf sich zu ziehen, und dabei den männlichen Therapeuten völlig ignorieren (ganz unabhängig von deren Verhalten).

Der Einsatz geschlechtlich gemischter Paare hat auch noch einen anderen Vorteil: Auf diese Weise wird vermieden, daß wir uns in bestimmte kulturelle Klischees bezüglich der Geschlechter verstricken lassen, Klischees, denen auch die Therapeuten zwangsläufig unterliegen. In der Diskussion über die Sitzungen kam es häufig vor, daß wir für die eine oder für die andere der völlig entgegengesetzten Ansichten der Therapeuten über einen Ehepartner Partei ergriffen; dies hatte zur Folge, daß wir die Interaktion der beiden Ehepartner moralisierend interpunktierten, d. h. losgelöst von ihrem ursprünglichen Verhaltenszusammenhang bewerteten: »Wie kann man nur eine solche Frau heiraten?« oder: »Was sagst du, er ist es, der provoziert... Hast du das nicht gesehen? Er machte es ja auch mit mir!« Das Aufdecken dieses Phänomens hat dem Team den Zugang zum Systemmodell sehr erleichtert, ganz entgegen der in unserer Kultur so sehr verwurzelten Tendenz zur gewaltsamen Interpunktion und einer kausalen Interpretation.

Die Therapeutenpaare unseres Teams sind nicht aufeinander festgelegt; sie setzen sich bei jeder Familie wieder neu zusammen. Entscheidend ist nur, daß jedes Teammitglied gleich viele Stunden als Therapeut absolviert wie als Beobachter. Dieses Verfahren ermöglichte es uns, die Eigenheiten eines jeden einzelnen Therapeuten sowie den reziproken Rapport und den Arbeitsstil, den jedes Paar entwickelt, genau zu beobachten. Außerdem erwies sich die Hypothese, gewisse Erfolge seien bestimmten charismatischen Gaben eines bestimmten Therapeuten zuzuschreiben, als unbegründet. Wenn die therapeutischen Interventionen in Ordnung sind, benötigt man keine besonderen Charismen. Es ist selbstverständlich, daß wir diese Methode, die sich für uns als sehr brauchbar erwies, nicht für die einzig mögliche oder einzig richtige halten. Sicher vermag auch ein einzelner Therapeut, wenn er genügend Erfahrung hat, mit einer Familie zu arbeiten; doch halten wir, besonders bei Familien mit schizophrener Transaktion, eine ständige Supervision für unbedingt erforderlich.

Da unser erster Kontakt mit den Familien immer per Telefon erfolgt, haben wir für diese Anrufe bestimmte Zeiten festgesetzt. Dadurch ist gewährleistet, daß immer ein Therapeut genügend Zeit hat, mit den Klienten ausführlich zu sprechen, so daß Fehler und Mißverständnisse, die durch Eile zustande kommen, weitgehend ausgeschaltet werden. Die Tatsache, daß die Therapie mit dem ersten telefonischen Kontakt beginnt, kann nie genug hervorgehoben werden. Im Laufe dieses Gesprächs kann man eine große Zahl von Phänomenen beobachten: die Eigenart der Kommunikation, den Tonfall, Weinerlichkeit oder eine gebieterische Art, Auskünfte zu verlangen, sofortige Manipulationsversuche, um einen bestimmten Termin zu bekommen, den Versuch einer

Rollenumkehr, so daß es scheint, als hätten die Therapeuten die Familien aufgesucht und nicht umgekehrt.

Dieses minuziöse Arrangement, das wir aufgrund langjähriger Erfahrung entwickelt haben, und das für jede therapeutische Beziehung grundlegend ist, ist bei Familien mit schizophrener Transaktion ganz besonders wichtig. Wie wir noch zeigen werden, kann schon das Eingehen auf eine banale und anscheinend ganz vernünftige Anfrage der Familie die therapeutische Rolle und den therapeutischen Rahmen festlegen. Von wenigen Ausnahmen abgesehen halten wir es auch für verfehlt, sofort auf eine dringende Terminforderung einzugehen. Ebenso weisen wir Versuche von Eltern zurück, die das Erstgespräch in Abwesenheit des als »krank« identifizierten Patienten führen wollen. Eine Ausnahme bilden Eltern, die Kinder im Kleinstkindalter haben oder größere Kinder, die durch vorhergegangene negative psychiatrische Erfahrungen traumatisiert wurden. In solchen Fällen empfangen wir nicht selten in der ersten Sitzung nur die Eltern, um zu entscheiden, ob ein Erfolg auch durch die Therapie des Paares allein zu erreichen ist.[1]

In allen anderen Fällen, besonders wenn ein als »schizophren« identifizierter Patient mitkommt, findet die erste Sitzung immer in Anwesenheit aller in einem Haushalt miteinander lebender Personen statt. In Ausnahmefällen, d. h., falls die therapeutische Strategie es erfordert, werden die Therapeuten im späteren Verlauf der Behandlung über eine eventuelle Änderung der Zusammensetzung der familiären Gruppe zu entscheiden haben. Unserer Erfahrung nach ist es jedoch nur in wirklichen Ausnahmefällen angezeigt, die Gruppe zu zerreißen, da solche Manöver von der Familie als Gefahr erlebt werden und negative Reaktionen hervorrufen.

Die Daten des ersten telefonischen Kontaktes werden auf ein vorgedrucktes Formular eingetragen:

Telefonformular

Name des Überweisenden .... Datum des Anrufs ....
Adresse der Familie ....
Name, Alter, Ausbildung, Beruf des Vaters ....
der Mutter .... der Kinder dem Alter nach ....

---

[1] Man vergleiche zu diesem Zweck den Artikel: Selvini Palazzoli, M., L. Boscolo, G. F. Cecchin, G. Prata (1974): The treatment of children through brief therapy of the parents. In: Family Process, 13, 4, 1974.

Datum der Eheschließung ....
Andere eventuelle Mitbewohner und deren Verwandtschaftsgrad ....
Das Problem ....
Wer ist der Anrufer ....
Beobachtungen .... Informationen des Überweisenden ....

Manchmal geht dem telefonischen Kontakt mit der Familie ein Gespräch mit dem überweisenden Arzt oder Therapeuten voraus; die wichtigsten Daten aus diesem Gespräch tragen wir in das Formblatt ein. Da die erste Sitzung mit der Familie erst einige Zeit später stattfindet, muß das Formular unbedingt vorher nochmals gelesen werden.
Die Sitzungen finden in einem eigens für die Therapie eingerichteten Zimmer statt, das mit zahlreichen raumsparenden Armsesseln, einer schalldichten Decke und einem Einwegspiegel ausgestattet ist. Das Mikrophon, das mit einem in dem angrenzenden Beobachtungszimmer aufgestellten Tonbandgerät verbunden ist, befindet sich im Lüster. Die Familie wird gleich zu Beginn über unsere Arbeitsweise informiert. Wir erklären ihr die Verwendung des Mikrophons und des Einwegspiegels und sagen ihr auch, daß hinter dem Spiegel zwei Kollegen sitzen, die uns bei der Arbeit unterstützen, und mit denen wir diskutieren, bevor die Sitzung beendet wird.

Jede Sitzung läuft regelmäßig in fünf Teilen ab:
 I. Vorsitzung
 II. Sitzung
 III. Diskussion über die Sitzung
 IV. Beendigung der Sitzung
 V. Protokoll der Sitzung

In der Vorsitzung treffen sich die Therapeuten im Team, um das Aufnahmeformular durchzulesen, wenn es sich um ein Erstgespräch handelt, oder um die Niederschrift der letzten Sitzung zu lesen.
In der darauffolgenden Sitzung, die von unterschiedlicher Dauer sein kann, gewöhnlich aber eine Stunde in Anspruch nimmt, führen die Therapeuten das Gespräch mit der Familie. Es geht ihnen dabei um eine gewisse Anzahl von Informationen; doch sind sie nicht nur an den konkreten Daten interessiert, sondern auch an der *Art und Weise, in der sie dargeboten werden*, da diese ja einen Hinweis auf den Transaktionsstil der Familie gibt. Die Familien, mit denen wir uns befassen, zeigen uns unweigerlich sehr klar ihre besondere Art der Kommunikation, obwohl sie sich anstrengen, uns sowenig wie möglich konkrete und aufschlußreiche Informationen zu geben. Das Verhalten der The-

rapeuten ist darauf gerichtet, Transaktionen zwischen den einzelnen Familienmitgliedern zu provozieren, um deren Abfolge, die verbalen und nonverbalen Verhaltensweisen und eventuelle Redundanzen, die versteckte Regeln anzeigen, zu beobachten. Die Therapeuten erklären der Familie weder die beobachteten Phänomene, noch geben sie Wertungen oder Urteile ab. Sie behalten das Ganze für sich, um in der Schlußintervention damit arbeiten zu können.
Wenn die Beobachter merken, daß die Therapeuten durch die Manöver der Familie verwirrt oder verunsichert werden, klopfen sie an die Türe und holen, je nach der Lage der Dinge, den einen oder den anderen der Therapeuten in das Beobachtungszimmer, um ihm Erklärungen und Ratschläge zu geben, die weiterführende Reaktionen auslösen können. Auch geschieht es nicht selten, daß ein Therapeut spontan herauskommt, um Hilfe zu suchen.
Darauf gehen die Therapeuten zur Teamdiskussion über, die in einem dafür reservierten Raum stattfindet. Therapeuten und Beobachter besprechen die Sitzung gemeinsam und entscheiden, wie sie beendet werden soll.
Danach kehren die Therapeuten in das Behandlungszimmer zurück, um die Sitzung zu beschließen; dies geschieht meistens durch einen kurzen Kommentar oder eine Verschreibung. Ein derartiger Kommentar oder eine solche Verschreibung sind paradox abgefaßt, abgesehen von wenigen Ausnahmen, die wir im folgenden noch anführen werden. In der ersten Sitzung behandeln die Therapeuten vor allem die Frage, ob eine psychotherapeutische Behandlung angezeigt ist oder nicht. Falls die Entscheidung positiv ausfällt und die Familie sie annimmt, werden daraufhin die Kosten sowie die Anzahl der Sitzungen festgelegt.
Seit neuestem gehen wir so vor, daß wir eine Anzahl von zehn Sitzungen mit einem Intervall von ca. einem Monat festsetzen. In den ersten Jahren unserer Arbeit folgten wir der üblichen Praxis und hielten wöchentlich eine Sitzung ab. Durch Zufall, dank solcher Familien, die sehr lange Fahrten auf sich zu nehmen hatten und deshalb weit auseinanderliegende Termine bekamen, entdeckten wir, daß Sitzungen, die durch längere Zeiträume voneinander getrennt waren, größere Erfolge brachten. Aufgrund dieser Beobachtung dehnten wir diese Praxis schrittweise auf alle Familien aus; dabei machten wir die Erfahrung, daß ein Kommentar, eine Verschreibung oder ein Ritual im Familiensystem mehr Erfolg haben, wenn sie genügend lange praktiziert werden.
Was die Beschränkung auf zehn Sitzungen betrifft, so ging man von der Überzeugung aus, daß man mit diesen Familien entweder rasch Ver-

änderungen erzielt oder den Anschluß verpaßt. Die Therapeuten können sich also keine Konversationssitzungen leisten, die unserer Erfahrung nach nur dazu dienen, den Familienwiderstand anzufachen; dagegen wird das Verantwortungsbewußtsein der Familie gestärkt, wenn man sie auf die Dauer und die Mühen der Behandlung hinweist. Mit zwei der bisher behandelten Familien haben wir nach Ablauf der ersten zehn Sitzungen eine Serie von weiteren zehn Sitzungen vereinbart. Die Zahl von zwanzig Sitzungen haben wir bisher jedoch noch nie überschritten.

Nachdem die Familie verabschiedet ist, setzt das Team sich noch einmal zusammen, um die bei Beendigung der Sitzung beobachteten Reaktionen zu besprechen, Vermutungen zu formulieren und schließlich ein Protokoll abzufassen, das die wesentlichen Ereignisse der Sitzung enthält. Wenn besonders wichtige Transaktionen stattgefunden haben, werden sie wörtlich festgehalten. Im Zweifelsfall wird das Tonband zu Hilfe genommen.

Das beschriebene Vorgehen erfordert verständlicherweise einen enormen Zeitaufwand. Bei besonders schwierigen Sitzungen benötigen wir bis zu vier Stunden gemeinsamer Arbeit. Außerdem erfordert eine solche Arbeitsweise ein gut funktionierendes Team, das weder durch hierarchische Gliederungen noch durch Rivalitäten oder Zwietracht beeinträchtigt wird, und dessen Mitglieder einander schätzen und bereit sind, Beobachtungen und Ratschläge voneinander anzunehmen. Wichtig ist unserer Erfahrung nach auch die Zahl der Teammitglieder: Ein zu kleines Team ist unfähig, die Macht des schizophrenen Spiels zu kontrollieren; ein zu großes Team wiederum ist in Gefahr, durch zu lange Diskussionen und Störungen in den Beziehungen der Mitglieder untereinander, wie Rivalität und Zwietracht, beeinträchtigt zu werden. Unseres Erachtens sind vier Personen gerade die richtige Anzahl.

Wir sind der Überzeugung, daß eine so außerordentlich schwierige Therapie wie jene bei der Familie mit schizophrener Transaktion nur dann Aussicht auf Erfolg haben kann, wenn das therapeutische Team von inneren Zwistigkeiten frei ist. Wenn auch nur das geringste Konkurrenzdenken herrscht, ist es unvermeidlich, daß die Probleme der Familie als Vorwand für Machtkämpfe der Therapeuten untereinander verwendet werden. Dieser Gefahr scheinen besonders Arbeitsgruppen in den Institutionen, die auf autoritärer Basis gegründet worden sind, ausgesetzt zu sein. Für genauso wichtig halten wir die ständige Supervision der behandelnden Therapeuten durch ihre beiden Kollegen im Beobachtungszimmer. Diese sind, was den Verlauf der Sitzung betrifft, »Außenstehende« und werden daher nicht so leicht in das Spiel hineingezogen; sie vermögen die Phänomene aus der Distanz, gewissermaßen »von oben« zu beobachten, so, wie man ein Fußballspiel von den oberen Rängen der Tribüne aus besser übersieht. Fehler, Gefahren und Strategie der Gegner sind für die Zuschauer wesentlich leichter erkennbar als für die Spieler auf dem Spielfeld.

Trotz alledem läßt sich die Tatsache nicht leugnen, daß ein therapeutisches Forschungsteam ein äußerst heikles Instrument ist, das von vielen Gefährdungen bedroht ist, die teils von innen, teils von außen kommen. Eine der größten Gefahren droht von seiten der Familien selbst, besonders solange das Team noch nicht über genügende Erfahrungen verfügt.

In der ersten Zeit unserer Arbeit mit Familien mit schizophrener Transaktion kam es immer wieder vor, daß wir uns von deren Spiel so stark gefangennehmen ließen, daß wir die Frustrations- und Wutgefühle, die es begleiteten, auf die Beziehungen zwischen uns übertrugen.

Im folgenden werden wir unsere Auffassung über das schizophrene Spiel darlegen. Zu dieser Auffassung sind wir auf zwei Wegen gelangt: mit Hilfe des im ersten Kapitel beschriebenen theoretischen Modells sowie durch Versuch und Irrtum, wie wir es in den Kapiteln über die therapeutischen Interventionen beschreiben werden.

3
Paar und Familie mit schizophrener Transaktion

Im Anfang war die Beziehung und die Notwendigkeit, sie zu definieren

Jay Haley hat in *The Family of the Schizophrenic: A Model System* als erster deutlich herausgearbeitet, wie groß der spezifische Widerstand eines jeden einzelnen Mitglieds einer solchen Familie ist, anzuerkennen, daß andere sein Verhalten beschränken, bzw. daß er selbst das Verhalten anderer beschränkt.

Diese grundlegende Beobachtung, die durch unsere eigenen Erfahrungen nur bestätigt worden ist, hat uns zu der folgenden Hypothese geführt: Diese Art Familie muß als eine natürliche Gruppe betrachtet werden, die in ihrem Inneren von einem erbittert aufrechterhaltenen, aber verdeckten symmetrischen Wettbewerbsgeist regiert wird, der nicht erklärbar ist.

In der Tat impliziert die offene Erklärung, herrschen zu wollen, die Bereitschaft, zumindest für eine bestimmte Zeitspanne eine Niederlage zu ertragen, bzw. die Annahme des Risikos, daß eine definitive Niederlage oder ein definitiver Sieg den Verlust des Gegners, das Ende der Interaktion oder die Notwendigkeit, das Kampffeld zu verlassen, mit sich bringen kann.

Die Interaktion eines Paares, bei dem die Symmetrie aufgedeckt ist, ist bestimmt durch die *Abweisung*, die jeder einzelne Partner der Definition dieser Beziehung durch den anderen entgegensetzt. Es ist offensichtlich, daß für jeden der beiden Gegner eine Abweisung durch den anderen ein Schlag ist. Dieser Schlag aber ist nicht unerträglich. Im Gegenteil, er ist voraussehbar und dient als Stimulans, um zum Gegenschlag auszuholen. Jeder *setzt* sich dem anderen mutig *aus* und treibt die Eskalation der Abweisungen und Neudefinierungen eigensinnig voran. Das Spiel kann endlos weitergehen, es steht jedoch auch in Gefahr zu zerbrechen: durch physische Gewalt, Gattenmord oder den Verlust des Gegners, indem einer der beiden Partner das Kampffeld verläßt. Genau dies jedoch vermag die Familie mit schizophrener Transaktion nicht zu ertragen.

Wie kommen wir also zu der Hypothese, daß die Beziehung eines Paares durch jene Regeln charakterisiert sei, die wir als schizophren bezeichnen?

Erstens bringt der Entschluß, ein gemeinsames Leben zu beginnen, unabdingbar den Aufbau eines Lernsystems mit sich: »Wie lernen wir miteinander leben?« Das »Wie« ist nichts anderes als die Reihe von Versuchen und Irrtümern, durch welche die beiden lernen, wie man lernt; d. h. sie werden die Lösung ihres Problems finden: Sie werden lernen, wie man miteinander lebt.

Zweitens kommt jeder der beiden aus einem anderen Lernsystem, das sich jeweils durch bestimmte Lösungen reguliert; diese bilden einen Teil seines stochastischen Gepäckes (Gedächtnis), das bei der Strukturierung des neuen Systems selbstverständlich mit ins Spiel gebracht wird und es auch bis zu einem gewissen Grad beeinflußt. D. h., daß die Versuche und Irrtümer, die das neue Lernsystem konstituieren, nicht vom Punkte Null ausgehen; sie werden vielmehr direkt durch die Lösungen bestimmt, die durch Versuch und Irrtum in dem vorhergegangenen Lernsystem gefunden worden sind.

Die Kontrolluntersuchungen, die wir besonders in den Therapien von Familien mit psychotischen Kindern bei den väterlichen und mütterlichen Großeltern vorgenommen haben, bestätigen Bowens Behauptung, daß mindestens drei Generationen notwendig seien, um einen Schizophrenen hervorzubringen. Die Frage, »wie« das Zusammenleben geregelt werden soll, wird schon in den Ursprungsfamilien durch die Einführung starrer, sich wiederholender Normen gelöst. In der zweiten Generation, d. h. bei dem jungen Paar, findet sich neben den dysfunktionalen Lösungen, die aus der ersten Generation übernommen wurden, ein Phänomen, das unserer Meinung nach grundlegend wichtig ist: *die Scheu, sich persönlich auszusetzen, um eine Abweisung zu vermeiden.* Jeder der beiden ist mit dem ungeheuren Verlangen ausgezogen, bestätigt zu werden; einem Verlangen, das um so stärker ist, je länger es unbefriedigt blieb. Tatsächlich wurde schon in den Ursprungsfamilien der Kampf um die Definition der Beziehung — der charakteristisch ist für das menschliche Sein — besonders erbittert geführt: Schon die Eltern des Paares, also die erste Generation, hat sich so verhalten, als sei die Bestätigung des anderen ein Zeichen von Schwäche. Mit anderen Worten: Wenn jemand etwas gut macht, so ist klar, daß er dies tut, um gelobt und bestätigt zu werden. In diesem Fall würde eine Bestätigung bedeuten, seiner Forderung nachzugeben, also ein Unterliegen, einen Verlust an Prestige und Autorität. Um die eigene Autorität aufrechtzuerhalten, darf man niemals Bestätigungen geben, sondern muß immer etwas auszusetzen finden: »Ja..., aber... man hätte es besser machen können...«

Wie wird es einem jungen Paar ergehen, das, aus unterschiedlichen Lernsystemen kommend, darangeht, ein neues System aufzubauen?

29

Jeder wird von einer eigenen Intention, genauer, von einer eigenen Spannung angetrieben werden. Gelegentlich wird er Erfolg haben: Es wird ihm endlich gelingen, die Beziehung zu definieren und Bestätigung zu erhalten. Wen aber wählt er für dieses Unternehmen aus? Einen »schwierigen« Partner, wie wir wiederholt festgestellt haben. Wir wollen versuchen, dieses Phänomen zu erklären und gehen dabei von einer Überlegung Batesons aus:

»Allgemeine Probleme dieser Art treten in der Psychiatrie häufig auf und können wahrscheinlich nur durch eine Hypothese gelöst werden: Unter bestimmten Umständen löst das Unbehagen in einem Organismus ein positives Feedback aus, um das Verhalten zu verstärken, das dem Unbehagen vorausging. Ein solches positives Feedback würde die Bestätigung dafür liefern, daß tatsächlich dieses bestimmte Verhalten das Unbehagen hervorgerufen hat und dieses so sehr steigern kann, daß eine Änderung möglich wird. Die Möglichkeit eines solchen positiven Feedbacks, das beispielsweise bei einem »runaway« zu immer größerem Unbehagen führen kann (was auch jenseits des Todes sein könnte), ist in den üblichen Lerntheorien nicht enthalten. *Die Tendenz jedoch, den Zustand des Unbehagens dadurch zu bestätigen, daß man wiederholt dieselbe unangenehme Erfahrung sucht, ist ein allgemein menschlicher Charakterzug. Er ist vielleicht das, was Freud den ›Todestrieb‹ nannte.*« [1]

Unserer Erfahrung nach ist der Zustand des Unbehagens, von dem Bateson spricht, die Konsequenz davon, daß auf das Bemühen, sich durch die Definition der Beziehung eine überlegene Position zu verschaffen, wieder ein »Tief« folgt. Wir möchten hervorheben, daß hier nicht eine andere Person unter Kontrolle gebracht werden soll, sondern die *Beziehung*.

Der Mensch ist ein Wesen, das eine solche Niederlage nicht leicht hinnimmt, sondern impulsiv an den Schauplatz der verlorenen Schlacht zurückkehrt, um es nochmals zu versuchen. Die Schöpfungsgeschichte lehrt uns, daß der Mensch auch mit Gott den Kampf aufgenommen hat, indem er sich nicht damit abfand, daß es ihm verboten war, vom Baum der Erkenntnis zu essen. Wegen seiner Hybris [2] wird er aus dem Paradies vertrieben, das sich als der Ort bestimmen läßt, an dem die Notwendigkeit komplementärer Positionen erkannt und freiwillig angenommen

---

[1] Hervorhebung von den Verfassern.
[2] Wir verwenden das griechische ὕβρις, das nicht auf den Begriff Stolz allein zurückgeführt werden kann. Hybris ist mehr als Stolz, der ja auch etwas Gesundes sein kann. Hybris dagegen ist die Anmaßung, eine erbitterte symmetrische Spannung, die so weit geht, der Evidenz, ja sogar dem bevorstehenden eigenen Tod zu trotzen.

wird. In diesem Sinn könnte die allgemein menschliche Eigenschaft, von der Bateson in dem oben genannten Zitat spricht, die Hybris sein, die Illusion, eines Tages doch noch sein Ziel zu erreichen, und sei es auch um den Preis, sterben zu müssen.

Die Tatsache, daß jeder der beiden Partner in der oben beschriebenen Paarbeziehung sich einen »schwierigen« Partner sucht, liegt für uns auf derselben Linie, wobei die allgemein menschliche »Hybris« durch das jeweilige Lernsystem der Ursprungsfamilie verstärkt wurde. Für jeden von ihnen wiederholt sich an dem »schwierigen« Partner jene Herausforderung, von der er glaubt, er könne sie bewältigen.

Die Beziehung der beiden ist symmetrisch, d. h. ihre Position ist im wesentlichen identisch. Jeder sehnt sich krampfhaft danach, die Kontrolle über die Definition der Beziehung zu erlangen. Aber trotzdem erlebt jeder beim geringsten Versuch erneut den gefürchteten Fehlschlag.

Statt sich neu zu dimensionieren, steigert sich die Hybris dadurch noch, die Niederlage wird unerträglich. Man muß sie um jeden Preis vermeiden, ihr mit jedem Mittel zuvorkommen. Und wie? Indem man vermeidet, sich zu erklären, d. h., die Beziehung zu definieren. Auf welche Art kann man das erreichen? Es gibt nur ein Mittel: *die eigene Definition der Beziehung sofort abzuwerten, und zwar, bevor es der andere tun kann*, dem unerträglichen Schlag zuvorzukommen.

So erklärt sich das große Spiel, so konstituieren sich die geheimen Regeln. Um Erklärungen auszuweichen, wird die Botschaft immer unverständlicher und geheimnisvoller. Man lernt schließlich sogar, offenkundige logische Widersprüche, Antinomien, die zu deutlich hervortreten würden, zu vermeiden, wobei man sich einer spezifisch menschlichen Möglichkeit bedient: der Möglichkeit, gleichzeitig auf verschiedenen Ebenen, auf verbaler oder nonverbaler Ebene zu kommunizieren und ungeniert von einer logischen Klasse auf ein Element der Klasse überzuspringen, indem man so tut, als ob sich diese auf derselben logischen Ebene verstehen ließen. Auf diese Weise wird man gleichsam zu einem Tänzer auf dem Seil des Russellschen Paradoxons. Die vielen Kommunikationsmanöver, die für die schizophrene Transaktion charakteristisch und inzwischen wohlbekannt sind, können die folgenden Formen annehmen: Abwertung aller oder einiger Komponenten der Botschaft, Tangentialität, Abweichen vom Thema, Vergessen und endlich, als Hauptmanöver, die *Entwertung*.

Die *Entwertung* wird in der Literatur meistens ausschließlich so beschrieben: Die Entwertung ist eine Art Antwort auf die Definition, die der andere von sich in der Beziehung zu geben versucht. Sie ist weder eine Bestätigung noch eine Abweisung. Sie ist eine dunkle, in sich widersprüchliche Antwort, die im wesentlichen folgende Botschaft enthält: »Ich nehme von dir keine Notiz, du bist nicht, du existierst nicht.«

Wir haben bei unserer Arbeit mit Familien noch eine andere Art der Verwerfung entdeckt, die noch verhängnisvoller und noch subtiler ist: *Der Sender der Botschaft selbst erklärt sich als nicht vorhanden*, indem er auf irgendeine Weise signalisiert: »Ich bin nicht da, ich existiere nicht in der Beziehung mit dir.«

Auf dieses so wichtige und häufig vorkommende Manöver wurden wir erstmals durch einen psychotischen Jugendlichen aufmerksam, der während einer Sitzung eine unserer Beobachtungen mit den verblüffenden Worten wiedergab: »Aber ich bemühe mich ja so, meine Mutter zu zwingen, Fleisch und Blut für mich zu werden.«

In diesem Augenblick entdeckten wir, was das bedeutete: Dieses verschwommene Irgendwo-anders-Sein, die Art der Mutter, außerhalb oder gelangweilt zu sein, die sich auf alle anderen übertrug, so daß auch in uns Therapeuten dieser vage Eindruck von Vergeblichkeit und Erschöpfung hervorgerufen wurde, den wir bis zu diesem Augenblick ganz allgemein der Art der familiären Kommunikation zugeschrieben hatten.

Wie kann man jemanden erreichen, mit ihm kommunizieren, wie jemanden verletzen, der nicht vorhanden ist? Und wie kann man umgekehrt *selbst* mit jemandem in Beziehung treten, *der nicht ist*? Von diesem Augenblick an begannen wir, dieses Manöver der Selbstverwerfung und damit auch der Verwerfung anderer, das bei vielen Mitgliedern von Familien mit schizophrener Transaktion vorkommt, stärker zu beachten und nach Taktiken zu suchen, um es aufzulösen.

Wenn das Paar in die Therapie kommt, hat sich das Spiel bereits herauskristallisiert. Die Therapeuten begegnen einem Paar, dessen Symmetrie hinter einer Reihe von Manövern versteckt ist, die so vielfältig und verwirrend sind, daß es scheint, als seien sich die beiden äußerst zugetan und voller Rücksicht gegeneinander. Wie dem auch sei, ob die beiden einander nun zugetan scheinen oder nicht, sicher ist, daß sie untrennbar aneinander gekettet sind. Was aber hält die beiden in einer so schwierigen Beziehung zusammen?

Es ist von Wissenschaftlern, die sich mit schizophrenen Familien befaßten, immer wieder bestätigt worden, daß in der Regel schon die Eltern dieser Familien labile Persönlichkeiten sind: Sie klammern sich an den Partner an und leben ständig in der Angst vor dem Verlassenwerden wie auch in der Angst vor wirklicher Intimität. Diese Auffas-

sung teilten wir anfangs, doch zeigten unsere Erfahrungen, daß sie uns in unserer Arbeit stark behinderte und uns zu manchmal irreparablen Fehlern verleitete.
Zu dieser falschen Annahme hatte uns zweifellos unsere berufliche Ausbildung geführt. Als Psychotherapeuten (und nicht nur als solche) waren wir dazu angeleitet worden, bei unseren Patienten großen Wert auf das zu legen, was wir Gefühle, »Seelenzustände« nennen. Sahen wir eine heitere oder eine depressive Person, so waren wir gewohnt zu denken: Dieser *ist* heiter oder dieser *ist* depressiv, wer weiß warum . . .
In dieser Richtung hatte uns auch das linguistische Modell konditioniert, demzufolge das Prädikat, das wir einem Subjekt zuordnen, eine Eigenschaft ist, die diesem *innewohnt* – zumindest zu dem Zeitpunkt, an dem wir es ihm zuordnen –, und nicht eine Funktion der Beziehung. Dieses Modell hatte uns dazu erzogen, die Anzeichen der Stimmung aufzunehmen und die Bedeutung des Ausdrucks einzuschätzen. Wenn z. B. jemand sehr traurig erschien, so schlossen wir daraus, daß er traurig *war*, und versuchten auch zu verstehen, *warum* er traurig war, indem wir ihn ermunterten, mit uns über seine Trauer zu sprechen.
Nachdem wir endlich vom Individualmodell auf das Systemmodell übergegangen waren, brauchten wir nochmals geraume Zeit, um uns von den vorangegangenen linearen Konditionierungen zu befreien. Obwohl wir auf intellektueller Ebene schon erfaßt hatten, worum es ging, waren wir eindeutig noch nicht in der Lage, es in der Praxis anzuwenden.
Auch brauchten wir ziemlich lange, bis wir lernten, den Gefühlen im innerpsychischen Sinn gerecht zu werden. Wir mußten uns dazu zwingen, das Verbum *sein* systematisch zu vermeiden und es durch das Verb *scheinen* zu ersetzen. Wenn also z. B. der Vater, Herr Bianchi, in der Sitzung traurig erschien, mußten wir uns richtig anstrengen, um nicht zu sagen, daß er traurig *war* (obgleich sich das nicht ohne weiteres entscheiden ließ), und um nicht am Warum interessiert zu sein. Noch länger dauerte es, bis wir begriffen, daß es ein großer Fehler war, aus dem Verhalten der Mutter – die während eines wütenden Wortwechsels zwischen ihrem Mann und ihrem Sohn gelangweilt und distanziert schien — auf ihre tatsächliche Stimmung zu schließen, diese aufzudecken, bewußtzumachen und uns um ein Verständnis der Motive zu bemühen. Statt dessen mußten wir uns still darauf konzentrieren, die *Wirkungen* zu beobachten, die ein derartiges Verhalten bei den anderen hervorrief, uns selbst mit eingeschlossen. Bis dahin waren wir vom linearen Modell konditioniert gewesen . . .
Diese elementare Errungenschaft, die wir uns mühselig genug in der

Praxis erwarben, bot uns neben der Möglichkeit, zum ersten Mal therapeutisch wirksam zu intervenieren, auch die notwendige Basis für eine allmähliche Annäherung an die Familie mit schizophrener Transaktion. Zu diesem Zweck mußten wir unsere linguistische Dekonditionierung weiter vorantreiben und in den Diskussionen der Sitzungen das Wort *scheinen* unmittelbar durch *zeigen* ersetzen, z. B.: »Vater Rossi *zeigt uns* in der Sitzung ein leichtes erotisches Interesse an seiner Tochter.« In der ersten Phase unserer Arbeit schlossen wir aufgrund von erotischen Verhaltensweisen in der Sitzung bei derartigen Familien: Dieser Vater ist inzestuös an seine Tochter gebunden, und versuchten infolgedessen Ursachen und Motive zu ergründen. Das Ergebnis unserer Nachforschungen waren Verneinungen, Abwertungen und schließlich das Ende der Therapie.

Gerade unsere Fehler jedoch und die daraus folgenden Reaktionen zwangen uns zu lernen — und uns auch darauf einzustellen —, daß in der Familie mit schizophrener Transaktion alles nur Schachzüge sind, die die Weiterführung des Spiels gewährleisten sollen. Daß alles nur gezeigt, nur vorgetäuscht wird.

Wir überzeugten uns, daß das Verb *sein* uns dazu verleitete, in den Weichen des linearen Modells zu denken, willkürliche Interpunktionen zu setzen, die Realität von etwas zu untersuchen, das im Grunde nie zu bestimmen ist, Kausalitäten zu postulieren und uns so in einem Labyrinth endloser Hypothesen zu verlieren.

Wir erkannten, wie der Verzicht auf das Verb *sein* und dessen Ersetzung durch das Verb *zeigen,* das wir in einem der letzten Sitzungsprotokolle verwendeten, allein schon das familiäre Spiel sichtbar macht:

Herr Franchi, der Vater, zeigt in der Sitzung ein verhülltes erotisches Interesse für die »Patientin«, die ihrerseits für ihn nur Feindseligkeit und Verachtung zeigt; Frau Franchi, die Mutter, zeigt jedoch in bezug auf beide starke Eifersucht, während sie für die andere Tochter besondere Zärtlichkeit zeigt, die ihrerseits zeigt, daß sie diese nicht erwidert.

Nur so, indem man ganz korrekt konkrete Beobachtungen formuliert, tritt das Spiel für den Beobachter klar zutage. Jeder Elternteil droht dem anderen mit einem Rivalen (selbstverständlich innerhalb der Gruppe!)[3]. Die mutmaßlichen Rivalen führen nun ihrerseits Gegenzüge aus,

---

[3] Rivalität innerhalb der Gruppe scheint für diesen Familientyp charakteristisch zu sein. Manchmal jedoch taucht auch ein Rivale (oder eine Rivalin) außerhalb der Gruppe auf. In diesem Fall handelt es sich um einen weiteren Schachzug: Man droht auf diese Weise dem internen Rivalen, damit er das Kampffeld nicht verläßt. Dies konnten wir in einer Familie beobachten, wo

die wesentlich für das Spiel sind, dessen Fortsetzung ja gerade von den Zweideutigkeiten abhängt. Es darf weder Verbündete noch Gegner geben, weder Sieger noch Besiegte, sonst wäre das Spiel zu Ende. Würde die als krank bezeichnete Tochter dem Vater statt Feindseligkeit und Verachtung Liebe zeigen, so würde man eine verborgene Allianz zwischen den beiden aufdecken, und das schizophrene Spiel wäre unwiderruflich zu Ende. Nehmen wir absurderweise, wie gesagt, einmal an, die designierte Patientin würde dem Vater gegenüber ein erotisches Verhalten zeigen: Die Aufdeckung dieser Allianz würde die andere Schwester dazu zwingen, sich der Mutter gegenüber ähnlich zu verhalten und sich offen mit ihr zu verbünden. In diesem Fall würde die Symmetrie aufgedeckt und der Kampf zwischen den beiden Parteien offen erklärt. Die Homöostase der Gruppe hängt jedoch von der Aufrechterhaltung dieses Spiels ab. Schizophrenes Spiel und Homöostase sind hier Synonyme, da die Täuschungsmanöver, die Maskerade, die Zweideutigkeiten und Schachzüge wesentlich für die Wahrung des Status quo sind.

Worin besteht die Gefahr jedoch wirklich? Welche Angst veranlaßt alle Mitglieder einer Familie mit schizophrener Transaktion dazu, sich in einer bestimmten Weise zu verhalten? Was macht sie alle miteinander zu Komplizen? Vielleicht die Angst, die anderen als Personen zu verlieren? Plötzlich allein und ohne Halt gelassen zu werden in einer Welt, die man als treulos und feindlich empfindet? Wenn die Familie überhaupt ein Motiv erkennen läßt, dann sicherlich auch dieses.

Die Angst kommt jedoch noch aus einer anderen Quelle: aus der Hybris, die nicht im traditionellen Sinn verstanden wird als eine psychische, den Personen innewohnende Eigenschaft, *sondern als eine Funktion dieser Art Beziehung, in der die Symmetrie die Hybris und die Hybris die Symmetrie verschärft.* Deswegen darf das Spiel nicht aufhören.

Eines Tages, so versichert sich jeder selbst (nach dem Motto »Gib ihm!«), wird es mir gelingen. Das Wichtigste ist, daß die ganze Mannschaft im Felde bleibt. Ständig herrscht höchste Alarmstufe: Sobald sich ein Spieler entfernt, wird dies als große Gefahr empfunden. Wird das Spiel weitergehen? Alles, was geschieht, steht im Dienste des Spiels und seiner Weiterführung. Jedes Mittel ist recht, um die Mitglieder

---

der Vater vermittels des »sanften Bündnisses« mit der Tochter auf der einen Seite seine Frau bedrohte, auf der anderen Seite aber auch seine Tochter, indem er ihr eine sexuelle Bindung zu einer anderen Frau eingestand. Die Möglichkeiten, dieses Thema zu variieren, sind zahllos.

der Mannschaft bei der Stange zu halten, sie anzuspornen und immer neu zum Spiel zu reizen.

Es werden immer mehr Schachzüge und Täuschungsmanöver erfunden und eingesetzt: Erotik, Inzest, Feindseligkeit, Fluchtbereitschaft, Abhängigkeit, Unabhängigkeit, Ermüdung (vom Spiel), Qual, usw. Dies alles wird in bewunderswerter Weise vermittels sogenannter Gedankenstörungen serviert, wodurch ein Nebelschleier erzeugt wird, der jede Form von Metakommunikation verhindert, so daß man den Anfang des Fadens nicht findet und sich nichts klärt. Zu dieser Hypothese führte uns anfänglich die Aufklärung fixer Schemata in der Interaktion von Elternpaaren, bei deren Kindern schizophrene Störungen aufgetreten waren.

Nicht selten verwenden beide Partner scheinbar entgegengesetzte Manöver. Der eine präsentiert sich als potentieller Fluchtpartner: Er ist vorurteilslos, nonkonformistisch und hat keine Angst vor neuen Erfahrungen; er ist fähig, sich ein neues Leben aufzubauen, er hat viele Interessen und viele Freunde. Angesichts der aktuellen Situation jedoch zeigt er sich vollkommen erschöpft und am Rande seiner Widerstandskraft. Der andere, sonst immer in tausend Widersprüche verwickelt, zeigt sich als der standhafte Partner: er ist ganz Ergebung und Verzicht, zutiefst »verliebt« [4] und unfähig, den anderen zu verlieren.

Ein unbefangener Beobachter könnte nun dazu verleitet werden zu glauben, der fluchtbereite Partner *sei* selbständiger und habe tatsächlich die Absicht zu gehen. Aber auch hier ist die Absicht nur vorgetäuscht. Die angebliche Fluchtbereitschaft ist nichts anderes als ein Schachzug, um den anderen noch mehr anzuketten; auch wird die Gruppe dadurch zu einem Verhalten veranlaßt, das die angebliche Flucht verhindern soll. So schließt sich der Kreis wieder, und der angeblich Fluchtbereite bleibt da.

Die beiden Partner, der Pseudoflüchtige und der Pseudobeständige, sind gleicherweise untrennbare Opfer-Komplizen des gleichen Spiels, die von derselben Angst zusammengehalten werden: nicht etwa von der Angst, den anderen als Person zu verlieren, sondern als Partner in diesem Spiel.

Zusammenfassung: Unsere Arbeit mit schizophrenen Paaren hat uns auf den für unsere Arbeit grundlegenden Gedanken gebracht, daß die falsche Erkenntnisvoraussetzung dieses Paares, jenseits der gezeigten Verhaltensweisen, die symmetrische Hybris ist: die versteckte Erwar-

---

[4] In diesem Fall (nur in diesem Fall?) gilt das Verliebtsein nicht einer bestimmten Person, sondern der Art der Interaktion mit dieser Person.

tung eines jeden, er könne eines Tages doch noch die einseitige Kontrolle der Definition der Beziehung in die Hand bekommen, eine Erwartung, die selbstverständlich enttäuscht werden muß, da sie auf einer falschen Epistemologie fußt — der linearen, linguistischen Konditionierung. Tatsächlich kann ja niemand die lineare Kontrolle in einer Interaktion ausüben, die in Wirklichkeit kreisförmig ist.

Da keiner der Gesprächspartner gern akzeptiert, daß seine Position in der Beziehung komplementär definiert ist, signalisiert er dem anderen immer auf einer Metaebene, daß seine Überlegenheit keine wirkliche Überlegenheit ist. Wir wollen den Begriff der Komplementarität an einem Beispiel aus der Ethologie erklären:

Wenn zwei Wölfe miteinander kämpfen, signalisiert der Schwächere seine Unterwerfung, indem er z. B. zu dem Verhalten der Welpen zurückkehrt, worauf der Stärkere sein aggressives Verhalten aufgibt. Die Transaktion zwischen den beiden Wölfen endet ohne jede Zweideutigkeit. Einer hat gesiegt, der andere hat verloren. Dies wird innerhalb des Rudels seine Konsequenzen haben.[5]

Was aber würde geschehen, wenn der unterlegene Wolf dem Sieger signalisieren würde, daß er nicht *wirklich* gewonnen habe (was in der Regel bei Paaren mit schizophrener Transaktion geschieht), weil er Signale der Unterwerfung als solche aufgefaßt hat, die nicht *wirklich* Unterwerfung bedeuteten ... Jetzt muß es noch einmal bewiesen werden — vielleicht gelingt es beim zweiten Versuch ... wer weiß ...

Tatsächlich ist die Conditio sine qua non des *ausschließlich menschlichen* Spiels der schizophrenen Transaktion die, daß es nie *wirkliche* Sieger oder Besiegte gibt, entsprechend den Positionen innerhalb der Beziehungen, die ja immer entweder pseudokomplementär oder pseudosymmetrisch sind.

[5] Im Zusammenhang mit dem jähen Übergang von der symmetrischen zur komplementären Position, die sich bei den Wölfen beobachten läßt, sobald der Sieger die Unterwerfungsgeste des Besiegten gesehen hat, ist Konrad Lorenz zu erwähnen. Von ihm stammt die Hypothese, daß die Unterwerfungsgeste im Nervenzentrum des Empfängers eine spezifische Hemmwirkung habe. Bateson stellt dagegen die Hypothese auf, daß es zwei entgegengesetzt wirkende Codes gebe, einen symmetrischen und einen komplementären; diese beiden Codes könnten von zwei verschiedenen Zuständen des Zentralnervensystems repräsentiert werden. In diesem Fall würde der Übergang von einer symmetrischen zu einer komplementären Position nicht durch eine Hemmung bewirkt, sondern durch eine umfassende Veränderung in den entgegengesetzten seelischen Zustand. Es erhebt sich dann nur die Frage, wie mit den Begriffen des zentralen Nervensystems der chronische Alarmzustand erklärt werden kann, in welchem sich die Mitglieder der Familie mit schizophrener Transaktion befinden.

Ein Spiel dieser Art kann nie zu Ende sein, weil ja das Ergebnis unentschieden bleibt: Wer gewonnen hat, hat vielleicht verloren, wer verloren hat, hat vielleicht gewonnen, und das ad infinitum. Die Herausforderung ist immer da. Jeder benützt den Gegner dazu, ihn mit einer Reihe von Taktiken, die sich im Laufe der Zeit immer mehr verfeinern, zu provozieren.
Die Depression, die Trauer, wäre eine dieser Taktiken: »Ich fühle mich so müde und so ungeliebt; tut etwas, um das Spiel wieder in Gang zu bringen.« Eine gelangweilte, abwesende Haltung ist ebenfalls eine solche Taktik: »Glaubt ihr vielleicht, ihr könnt mich erreichen, mich verletzen? Ich bin ganz woanders.«
Eine andere Taktik ist das verzweifelte Bitten um Hilfe, wobei am Ende lediglich signalisiert wird: »Wie schade! Ich wollte ja so sehr, daß ihr mir helfen würdet..., aber auch dieses Mal habt ihr es nicht geschafft..., vielleicht, wenn ihr es noch einmal versucht...« Eine äußerst wirksame Taktik, den anderen im Rennen zu halten, ist, ihn hoffen zu lassen, daß er eines Tages doch noch eine Bestätigung erhalten werde; am Ende bekommt er dann zu hören: »Oh, Lieber, das war nicht ganz das, was ich meinte...« (Aber die Botschaft ist so dunkel, daß der andere es immer wieder versucht.)
Auch das »double bind«, das erstmals von Bateson und seinen Mitarbeitern genial beschrieben wurde, und das man so häufig in Familien mit schizophrener Transaktion feststellen kann, ist eine geeignete Kommunikationsweise, den andern permanent herauszufordern, wodurch er in einen ausweglosen und daher endlosen Kampf verstrickt wird.
Diese Art der Kommunikation läßt sich folgendermaßen darstellen: Auf verbaler Ebene wird ein Befehl gegeben, der auf einer zweiten, meist nonverbalen Ebene negiert (verworfen) wird. Gleichzeitig wird die Botschaft von dem Verbot begleitet, darüber zu sprechen, d. h. über die Inkongruenz der beiden Ebenen zu metakommunizieren. Genauso ist es verboten, das Feld zu verlassen. Ein solcher Schachzug versetzt den Empfänger selbstverständlich nicht in eine komplementäre Position, d. h., er führt nicht zur Befolgung des Befehls, da ja gar nicht klar ist, welches der *wirkliche* Befehl ist. Er gestattet ihm aber auch nicht, sich in eine symmetrische Position zu begeben, d. h. den Befehl nicht zu befolgen, weil ja nicht klar ist, was der *wirkliche* Befehl ist, gegen den er rebellieren soll. Unserer Auffassung nach bedeuten diese beiden Verbote — das Verbot zu metakommunizieren sowie das Verbot, das Feld zu verlassen — bereits, daß es unmöglich ist, in der Interaktion eine definierbare Position einzunehmen, sei diese nun symmetrisch oder komplementär. Schließlich erlaubt es nur eine klar definierte Position,

entweder zu metakommunizieren oder das Feld zu verlassen, d. h., die Beziehung neu zu definieren.
Es ist nur dann möglich, eine Beziehung neu zu definieren, wenn eben diese Beziehung klar definiert ist.
In der Situation des »double bind« ist der Partner in einem ständigen Alarmzustand, um am Ende eine dritte Antwort zu finden, die nur darin bestehen kann, daß er dem anderen dasselbe Puzzlespiel neu vorschlägt.
Wir haben uns im Lauf unserer Arbeit sehr intensiv mit einer der jüngsten Arbeiten Batesons beschäftigt: »The cybernetics of Self. A theory of alcoholism.« Dieser Aufsatz ist dem Alkoholiker und dem heilenden Einfluß der Anonymen Alkoholiker (A. A.) gewidmet. Wie Bateson darlegt, besteht der wichtigste Schritt des Alkoholikers zu seiner Genesung darin, daß er definitiv und unwiderruflich erkennt, daß er *schwächer* ist als die Flasche. Nur mit diesem einen Punkt wollen wir uns hier befassen:
Nach unseren Beobachtungen bei der therapeutischen Arbeit mit Familien überträgt der Alkoholiker auf die Flasche dieselbe provokante Forderung, die sein gesamtes Transaktionssystem trägt: die Hybris, eines Tages *stärker* zu sein als die Flasche, sich zutrauen zu können, daß man nur einen Schluck aus der Flasche nimmt, ohne sich zu betrinken [6].
Der Alkoholiker befindet sich jedoch, was immer er auch tut, im »double bind«: Wenn er gar nicht trinkt, hat er dann wirklich gewonnen? Oder hat er nicht trotzdem verloren, weil er sich der Provokation entzogen hat? Er muß es deshalb aufs neue versuchen, um sich zu überzeugen, daß er *kann*. Aber wenn er trinkt, hat er dann wirklich verloren? Oder hat er nicht trotzdem gewonnen, weil er die Flasche herausgefordert hat, ohne daran zu sterben? Schließlich hätte er ja auch gar nicht trinken oder viel mehr trinken können ...
Wie vermag der Alkoholiker in der Begegnung mit den A. A. im Hinblick auf die Flasche eine definitiv komplementäre Position einzunehmen?
Bateson führt dies folgendermaßen aus: Die Philosophie der A. A. besagt, ein Alkoholiker könne nur dann geheilt werden, wenn er die tiefste Tiefe erreicht habe, um bei den A. A. Hilfe zu suchen. Nur dann könne er mit dem demütigenden Satz konfrontiert werden: Ein Alkoholiker wird immer ein Alkoholiker sein. Wenn er das nicht an-

---

[6] Die Annahme drängt sich auf, daß auch die großen Spieler, die bereit sind, sich am Spieltisch zu ruinieren, in einem ähnlichen Transaktionssystem gefangen sind; wir erinnern dabei nur an Dostojewski.

erkennen will, mag er es aufs neue versuchen. Er mag trinken und wieder trinken, auch auf das Risiko hin zu sterben, so lange, bis er wieder Hilfe sucht.

Darin sehen wir den entscheidenden Anstoß für die Änderung des Alkoholikers: erstens in der Annahme, daß der Alkoholiker die tiefste Tiefe berührt haben muß, und, damit verbunden, zweitens *in der ausdrücklichen Verschreibung, so lange zu trinken, bis er am Ende ist*. Dieses Mal wird der Alkoholiker sich mit den A. A. messen müssen, um zu beweisen, daß diese so demütigende Behauptung — »Du wirst immer ein Alkoholiker sein« — nicht richtig ist.

Es gibt für ihn nur einen Weg, dies zu beweisen: Er wird nicht mehr trinken. Und siehe da, der Alkoholiker erlangt durch die Konfrontation mit der klaren Definition, die die A. A. von ihm geben — »Du wirst immer ein Alkoholiker sein« — eine symmetrische Position. Er nimmt die komplementäre Position im Hinblick auf die Flasche an, um im Hinblick auf die Definition durch die A. A. eine symmetrische Position einnehmen zu können. Das therapeutische Paradoxon liegt darin, daß der Alkoholiker in die folgende paradoxe Position gezwungen wird: Um dir zu beweisen, daß du unrecht hast, d. h. daß ich nicht immer ein Alkoholiker sein werde, wie du behauptest, verzichte ich darauf, mich mit der Flasche zu messen. Sagen wir ruhig, sie ist stärker als ich. Das ist mir gleich. Wichtig ist, dir zu beweisen, daß *ich* nicht so bin, wie *du* es hingestellt hast.

Das Spiel mit den A. A. ist viel aufregender geworden als das Spiel mit der Flasche. Auch deshalb, weil gerade diejenigen, die sich Exalkoholiker nennen, auf paradoxe Weise die Endgültigkeit dieser Behauptung Lügen strafen.

Wie sieht also die Antwort auf Batesons Frage aus, die er am Ende der oben erwähnten Arbeit stellt: »Ist Komplementarität *immer* irgendwie besser als Symmetrie?« Wir sind wie Bateson der Meinung, daß eine symmetrische Haltung eines *einzelnen* in der Beziehung mit einem größeren System, das ihn transzendiert, sicherlich ein Fehler ist. In der Beziehung zwischen *einzelnen* jedoch ist keine der beiden Positionen, weder die symmetrische noch die komplementäre, absolut besser oder schlechter als die andere.

Beide Positionen schließen unserer Meinung nach jede Rangordnung aus, insofern sie Funktionen innerhalb der Beziehung sind. Wenn die zwischenmenschlichen Beziehungen nicht psychotisch werden sollen, ist es ganz wesentlich, daß die Definition unwiderruflich klar ist und von beiden Seiten akzeptiert wird. Gerade dies jedoch ist, wie wir gezeigt haben, in der schizophrenen Interaktion verboten.

Wie können wir jenes Verhalten, das man üblicherweise als schizophren bezeichnet, charakterisieren? Wie jenes besondere, paradoxe Spiel einigermaßen beschreiben, das die natürliche Gruppe, in der es vor sich geht, bestimmt?

Dieses Spiel ist nicht mehr und nicht weniger als der soundsovielte Schachzug eines Mitglieds der Gruppe, ein Schachzug, der den Zweck hat, das Spiel weiterzutreiben.

4
Der designierte Patient

Es ist ein, wie wir gezeigt haben, völlig paradoxes und absolut einmaliges Spiel. Ein bizarres Spiel, etwa wie eine Pokerpartie, in der jeder einzelne Spieler, obwohl er um jeden Preis gewinnen möchte, sich darauf beschränken würde, die Aktionen seiner Gegner zu bespitzeln, dabei jedoch dem ebenso allgemein akzeptierten wie unausgesprochenen Verbot unterworfen bliebe, eines Tages die Karten auf den Tisch zu legen. Ein absurdes Spiel, bei dem die Spieler sich vornehmen zu gewinnen, während die oberste Regel des Spiels das Verbot ist, zu gewinnen bzw. zu verlieren. Es ist jedoch erlaubt und wird sogar versteckt suggeriert (und zwar einem nach dem anderen, damit keiner entmutigt wird), zu *glauben*, man habe gesiegt, obwohl man das nur insgeheim glauben kann, ohne die Möglichkeit, es zu beweisen.

Ein Spiel, das nie zu Ende kommen kann, weil die Teilnehmer zu einer extremen Spannung gezwungen sind, die eine ständige Wiederholung garantiert. Jeder einzelne Spieler ist durch die hybride Illusion angekettet: »Solange gespielt wird, habe ich noch die Möglichkeit zu gewinnen« — gleichzeitig jedoch dem Verbot unterworfen, offen zu erklären, daß er wirklich gewinnen will oder wirklich gewonnen hat.

Eine Partie, die sich mit dem Spiel zwischen dem Alkoholiker und seiner Flasche vergleichen läßt. Dabei besteht jedoch ein ganz wesentlicher Unterschied: Die Flasche ist eine Sache. Sie ist immer da, sie kann nicht weggehen, sie kann auch nicht damit drohen zu gehen. Man kann ihr immer wieder den Kampf ansagen, man kann immer wieder von neuem beginnen. Die Flasche kann einem nicht zu verstehen geben, daß sie gelangweilt, erschöpft, erbittert ist. Sie kann nicht damit drohen, daß sie drauf und dran sei zu gehen, oder daß sie das Spiel gerne ändern möchte.

Zwischen lebendigen Partnern jedoch ist die Transaktion kreisförmig. Jeder kann einer Herausforderung mit einer weiteren Herausforde-

rung begegnen, auf einen Schachzug mit einem Gegenzug antworten. Jeder kann aussprechen, daß er genug habe, daß er geschwächt und zermürbt sei, und damit drohen, daß er gehen werde; er kann zu verstehen geben, daß die *anderen* nie tun, was sie tun sollten, daß er nicht mehr kann, daß er drauf und dran ist zu gehen ...
Bei der allgemeinen Angst vor einer Beendigung des Spiels kann ein solcher Schachzug in einzelnen Fällen so glaubwürdig erscheinen, daß er einen noch wirksameren Gegenzug hervorzurufen vermag: Jemand signalisiert, daß diese Beziehung nicht mehr zu ertragen ist, *daß er schon gegangen ist,* auch wenn er körperlich noch da ist, freilich *als ein anderer, ein Außenstehender, ein Fremder.*
Die Andersartigkeit, die Entfremdung eines Mitglieds verlangt, da eine solche Beziehung ja unerträglich ist, eine radikale Veränderung. Aber eine Veränderung *bei wem?* Selbstverständlich bei *den anderen,* entsprechend dem Stil der Familie mit schizophrener Transaktion.
Und welche Veränderung denn? Verstehen die anderen das denn nicht? Es ist doch so einfach ...
Ganz einfach: *Sie dürfen nicht sein, was sie sind.* Nur so kann er sein, was er nicht ist, was er aber sein müßte. Wenn sie ihm helfen wollen, brauchen sie nichts zu *tun.* Es würde nichts nützen. Um ihm wirklich zu helfen, müssen sie tatsächlich das *sein,* was sie hätten sein sollen.
Das ist die schizophrene Botschaft: »Es ist nicht so, daß ihr etwas anderes *tun* sollt — ihr müßt das *sein,* was ihr nicht seid, nur so könntet ihr mir helfen, der zu sein, der ich nicht bin, der ich aber sein könnte, wenn ihr wärt, was ihr nicht seid.« Dies ist die superparadoxe Botschaft eines Menschen, der sich meisterhaft auf ein Lernsystem versteht, dessen Mitglieder auf jeden Fall vermeiden wollen, daß die Beziehung definiert wird. Deshalb signalisieren sie den anderen ständig die paradoxe Aufforderung, *die Definition einer Beziehung zu verändern, die nie definiert worden ist.*
Haley hat beobachtet, daß in diesen Familien jeder ständig bei ein und derselben Botschaft konflikthaften Ebenen gegenüber verharrt; ebenso macht jeder einzelne die Erfahrung, daß seine eigene Antwort immer in irgendeiner Weise von einem anderen als »falsch« oder, besser, als »nicht ganz richtig« angesehen wird.
Wenn ein Familienmitglied etwas sagt, ist immer sofort ein anderes bereit, ihm zu verstehen zu geben, daß er es nicht so gesagt hat, wie er es hätte sagen sollen, daß er es eigentlich hätte anders sagen müssen ...
Wenn einer versucht, einem anderen zu helfen, so gibt der ihm zu verstehen, daß er das nicht oft genug oder nicht wirksam genug tue, kurz, daß er ihm nicht wirklich geholfen habe ... Macht jemand einen Vor-

schlag, so gibt ihm sofort ein anderer zu verstehen, er zweifle sehr daran, ob er überhaupt das Recht habe, Vorschläge zu machen. Macht er jedoch keine Vorschläge, so gibt man ihm zu verstehen, daß es fragwürdig sei, dies den anderen zu überlassen.
Zusammenfassung: Allen wird immer wieder zu verstehen gegeben, sie hätten etwas gemacht, was nicht ganz das Richtige war, *ohne daß man ihnen jedoch je ausdrücklich gesagt hätte, was sie hätten tun sollen, um es richtig zu machen.*
Die schizophrene Botschaft treibt das Paradoxon also auf die Spitze, sie macht daraus etwas »absolut Unmögliches«, und zwar durch die geniale Ersetzung des Verbs *machen* durch das Verb *sein:* »Es liegt nicht darin, daß ihr nicht das macht, was ihr machen solltet ... es liegt daran, daß ihr nicht so seid, *wie* ihr sein solltet ...« (wobei das Wie selbstverständlich nicht definiert wird).
Aus der allgemeinen Systemtheorie und aus der Kybernetik wissen wir, daß sich eine Homöostase durch das erhält, was man negative Rückkoppelung nennt. Das schizophrene Verhalten scheint uns eine äußerst wirksame negative Rückkoppelung zu sein, insofern es paradox ist. Die Absicht, irgend etwas anders zu machen, wird, wenn sie sich zu glaubhaft darstellt, von dem schizophrenen Gegenzug sofort noch glaubhafter durchkreuzt: »Oh, ja ..., ich bin ja *schon* anders ..., aber das hängt doch nicht von meinem Willen ab ..., ich kann dagegen nichts unternehmen... Ich bin wie besessen von etwas Geheimnisvollem, das mich eben anders macht; vielleicht bin ich anders, weil ihr nicht anders seid... Wenn es euch aber gelänge, anders zu sein...«
Dieser Ruf nach einer Änderung des schizophrenen Verhaltens ist so glaubwürdig, daß alle von seiner Ernsthaftigkeit überzeugt sind. Wie jedoch können wir *wissen,* ob das Subjekt, das ein schizophrenes Verhalten zeigt, tatsächlich nach einer Veränderung ruft oder nicht?
In dem hier vorliegenden epistemologischen System ist das nicht entscheidbar. Eine Entscheidung darüber, ob der Schizophrene tatsächlich nach einer Veränderung ruft oder nicht, könnte die Illusion heraufbeschwören, es sei tatsächlich eine Alternative vorhanden. Wir dürfen jedoch nur auf Tatsachen bauen. Und dies sind die Tatsachen:
»Hier ist jemand, der uns deutlich *zeigt,* daß er eine Veränderung herbeisehnt.«
»Die Wirkung dieses äußerlich demonstrierten Flehens ist das Ausbleiben einer Änderung.«
In der Literatur zu diesem Problemkreis wird folgendes festgestellt: In sehr starr kalibrierten Systemen, zu denen auch die Familien mit schizophrener Transaktion gehören, wird jede Veränderung als eine

Gefahr oder als eine Drohung empfunden. Es kann sich dabei um Veränderungen handeln, die entweder von außen an das Familiensystem herangetragen werden (z. B. soziale oder politische Belastungen) oder aus dem Inneren der Familie selbst kommen (Geburt, Tod oder Weggang eines Familienmitglieds, Pubertätskrisen, usw.). Auf solche Veränderungen folgt im System eine negative Rückkoppelung mit weiterem Einschleifen der bestehenden Praxis.

Aufgrund unserer eigenen Erfahrungen bei der Arbeit mit solchen Familien gelangten wir eher zu der Überzeugung, daß auch die wirklichen, konkreten Veränderungen — ob sie nun von außen oder aus dem Inneren der Gruppe kommen — sofort in das in der Familie bereits herrschende Spiel aufgenommen werden. Sie sind eine Quelle weiterer Drohungen, indem sie die Gefahr einer Beendigung des Spiels verstärken und ihm dadurch neue Energien zuführen. Eine Krise in der Beziehung zwischen den Eltern z. B. fällt zeitlich immer mit einem äußeren Geschehen zusammen.

Wir konnten dies an zwei Familien mit mehreren Kindern, die wir behandelten, beobachten. Die latent immer vorhandene Drohung, daß es zu einem Bruch zwischen den Eltern kommen könnte (die in einem Fall durch den physischen Zusammenbruch einer »erschöpften« Mutter eine noch größere Wahrscheinlichkeit erlangte), wurde durch die Verlobung eines der Söhne verstärkt. In diesem Fall versuchte man durch eine Neuverteilung der Rollen die Bildung neuer Koalitionen (die um so bedrohlicher waren, je mehr sie verleugnet wurden) sowie die Fortsetzung des Spiels zu garantieren. Die Loyalität der verschiedenen Mitglieder (dem Spiel gegenüber) funktionierte in diesen beiden Familien so gut, daß das Auftreten eines schizophrenen Verhaltens bei einem der Kinder gar nicht zu vermeiden war.

Denselben Vorgang konnten wir bei anderen Familien während der Pubertätskrise eines Kindes beobachten. Im Verlauf der Pubertäts- und Adoleszenzentwicklung (oder besser: wenn eine solche Entwicklung überhaupt gestattet wird) macht sich das System sofort daran, das Spiel neu zu organisieren. Es kommt dann vor, daß irgendein anderes Kind »jugendliches Irresein« anbietet, um damit die Fortführung des Spiels ad infinitum zu gewährleisten [1].

---

[1] Bei zwei Familien mit schizophrener Transaktion, die wir behandelten, entwickelte eine Tochter im Zusammenhang mit den ersten Anzeichen der Pubertätskrise bei einem ihrer Geschwister sofort eine sie sehr verunstaltende Fettleibigkeit, die von pubertären Phantasien begleitet war. Sie wollte auf diese Weise den Status quo garantieren. Es ist äußerst schwierig, solche Familien zu

Aufgrund dieser Erfahrungen halten wir auch gewisse typische Verhaltensweisen während der Pubertätskrise bei Jugendlichen, die später schizophrene Verhaltensweisen zeigen, für einen Schachzug des familiären Spiels. Man ist bisher, indem man, dem linearen Modell folgend, willkürlich interpunktierte, d. h. das Verhalten einzelner Familienmitglieder aus dem geschichtlich gewordenen Verhaltenszusammenhang herauslöste, immer davon ausgegangen, die Eltern des Patienten hätten ihn daran gehindert, selbständig zu werden, und der Patient seinerseits habe große Schwierigkeiten, selbständig zu werden, weil er ein archaisches Überich introjiziert habe, das ihm dies verbiete.

Geht man bei der therapeutischen Arbeit mit Familien jedoch von der systemgerechten, kreisförmigen Epistemologie aus, so kann man beobachten, daß das einzige, wonach sich *alle* richten, die Regeln des Spiels sind: Das Spiel wird mit Hilfe von Drohungen und Gegendrohungen fortgesetzt, deren wirksamste die ist, daß sich jemand absetzen und das Feld verlassen könnte.

Im Innenbereich einer Gruppe, in der alles, was geschieht, der Weiterführung des Spiels dient, laufen auch die pubertären Autonomiebestrebungen letztlich nur darauf hinaus, daß »die Reihen dichter geschlossen werden«, d. h. auf negative Rückkoppelungen aller Art, die es den Jugendlichen verbieten, so weiterzumachen. Sobald diese Rückkoppelungen erfolgen, reagiert der Jugendliche mit psychotischem Verhalten. Rät nun der Therapeut den Eltern in naiver Weise, den Jungen nicht zu zwingen, und versucht er dessen Verhalten als einen Ausdruck jugendlichen Protestes zu verstehen, so ist sofort die ganze Familie bereit, diese Auffassung zu negieren. Die Eltern, die deprimiert oder feindselig eingestellt sind, sagen, sie hätten ihn ja ohnehin nie zu etwas gezwungen, sie hätten seinen Rat jedoch befolgt, ohne irgendeinen Erfolg zu erzielen. Der Jugendliche selbst ist sofort bereit, das Spiel mit

---

einer Behandlung zu motivieren, weil die Fettsucht weder gefährlich ist, noch anschuldigenden Charakter hat. Nur zu gern sucht man einen Diätspezialisten oder einen Endokrinologen auf, was meist geringe oder gar keine Resultate erbringt. Verschreibt man eine kalorienarme Diät, so wird diese von den Patienten nicht regelmäßig eingehalten, auf der anderen Seite fällt das widerspruchsvolle Verhalten der Familienmitglieder auf, die, während sie sich über den »mangelnden Willen« der Patientin empören, ihr gedankenlos den Speiseschrank und das Geldtäschchen wieder neu füllen. Diese unsere, wenn auch in beschränktem Maße gemachten Beobachtungen bestätigen die Befunde, die Hilde Bruch bei den Individualtherapien von fettsüchtigen Jugendlichen feststellte, bei denen sie häufig auch schizophrene Denk- und Kommunikationsweisen diagnostizierte.

den Therapeuten wieder aufzunehmen: »Ja, jetzt ist es aber zu spät...«
Eine mysteriöse Angst hat nun von ihm Besitz ergriffen ... Er möchte
ja wirklich..., kann aber nichts machen.

Geht man von der modernen, von Bateson und anderen erarbeiteten
Systemtheorie aus, so kann jede Interpunktion im Sinne einer zeitlichen
oder kausalen Abfolge nur willkürlich erscheinen. Wer hat den ersten
Zug gemacht? Wir wollen dies an einem Fallbeispiel näher erläutern:
Es handelt sich um eine dreiköpfige Familie. Zu derselben Zeit, in der
der Sohn Gianni die ersten Anzeichen einer pubertären Entwicklung
zeigt, bricht das Geschäft des Vaters zusammen. Dieser zeigt daraufhin
starke Anzeichen einer Depression; er ist appetitlos, abgemagert und
reizbar. Die Mutter versöhnt sich mit ihrer Ursprungsfamilie, zu der
sie seit Jahren alle Beziehungen abgebrochen hatte, weil diese mit ihrer
Heirat nicht einverstanden gewesen war. Von den Gesprächen mit
Mutter und Schwestern, die sie wieder regelmäßig besucht, zeigt sie
sich sehr getröstet. Hier und da gibt sie einige kritische Bemerkungen
wieder, die die Schwester über ihren Ehemann gemacht hat. Häufig
ist sie für einige Tage bei einer anderen Schwester zu Gast, die gerade ihre Scheidung hinter sich hat, voll moderner Ideen steckt und
überhaupt neu aufzuleben scheint. Gianni gegenüber ist die Mutter wie
ausgewechselt. Sie zeigt weniger Interesse an ihm als früher, ist oft zerstreut und ermüdet rasch. Sie telefoniert häufig; allerdings versucht sie
das nur zu tun, wenn sie allein ist. Wenn ihr Mann oder Gianni sie
dabei »erwischen«, beendet sie das Gespräch rasch und legt den Hörer
auf.

Einige Monate nach diesen Vorkommnissen beginnt Gianni mit seinem
psychotischen Verhalten. Die Mutter, die sich daraufhin wieder ausschließlich Gianni widmet, konzentriert sich dadurch auch wieder auf
das Haus. Der Vater zeigt, daß er über Giannis Zustand sehr bekümmert ist. Physisch hat er sich jedoch wieder erholt, und er arbeitet mit
aller Kraft, da ja durch Giannis Zustand große Ausgaben entstanden
sind.

Wer hat hier den ersten Zug gemacht?
Gianni, der die Mutter mit dem Beginn seiner pubertären Entwicklung
bedrohte: »Wenn du mich deiner Familie wegen verläßt, verlasse ich
dich auch«?
Die Mutter, die ihren Mann bedrohte, indem sie ihre Familie wiederentdeckte, die ja so recht gehabt hatte, ihre Verheiratung mit einem
solchen Mann abzulehnen? Und die Gianni bedrohte, indem sie in den
wiederentdeckten Gefühlen für ihre Herkunftsfamilie Trost fand, sowie durch das plötzliche Desinteresse ihm gegenüber?

46

Der Vater, der seine Frau und seinen Sohn bedrohte, indem er signalisierte, daß er am Rande eines gefährlichen Zusammenbruchs lebte: »Wenn ihr mich verlaßt, vernichtet ihr mich, und dann habt ihr die Folgen zu tragen...«?

Unter großen Mühen und nach unzähligen Irrtümern, Enttäuschungen und Zornausbrüchen begannen wir zu begreifen, *daß wir, um das Spiel zu begreifen,* uns dazu zwingen mußten, alles, was in dieser Familie geschah, lediglich als die praktische Wirkung von Schachzügen anzusehen, die ihrerseits Gegenzüge[2] hervorriefen — und das alles nur, um das Spiel endlos fortzusetzen.

Genauso, wie wir uns nach und nach zwangen, Haß, Zärtlichkeit, Kälte, Depression, Schwäche, Wirksamkeit, Unwirksamkeit, Schärfe, Albernheit, Kummer, Verwirrung und Hilferufe als Schachzüge anzusehen, mußten wir uns entschließen, auch das als Schachzug zu werten, was sich am auffälligsten und glaubhaftesten als »Realität« anbot: den Hilferuf des sogenannten »Patienten« nach einer Änderung der Situation.

Das ganze Spiel stellt sich als ein ausweglose Paradoxon dar, das alle in einen eisernen Käfig sperrt. Derjenige, der das Spiel mitspielt, hat es bereits verloren. Denn er wiegt sich in dem Glauben an die falsche Epistemologie des linearen Modells, in dem Glauben, das System beherrschen und Macht darüber gewinnen zu können. In Wirklichkeit ist er jedoch nichts anderes als der Sklave des Spiels, dessen Weiterführung durch die neue paradoxe Eskalation eines (linearen) illusionären Machtgefühls garantiert wird. Genauer, durch die Eskalation zwischen dem illusionären Machtgefühl des Schizophrenen und dem illusionären Machtgefühl dessen, der sich *schuldig* an seinem Zustand erklärt.

Wer ist stärker in dem Bemühen, eine Beziehung zu definieren, die als undefinierbar definiert ist?
Der Schizophrene?
Oder der, der ihn dazu gemacht hat?

Die Erkenntnis, daß auch das Schuldbekenntnis ein weiterer Schachzug ist, um die verdeckte symmetrische Eskalation des Systems voran-

---

[2] Der Genauigkeit halber dürfte man nur von Gegenzügen sprechen, die im Hier und Jetzt eines beliebigen Systems, einschließlich des therapeutischen, zu beobachten sind. Tatsächlich sind auch die Schachzüge der Therapeuten Gegenzüge und stellen eine Antwort auf die Gegenzüge der Familie dar. Dem kybernetischen Modell zufolge wird ja jedes Mitglied eines Systems entweder von den Verhaltensweisen der anderen Mitglieder des Systems oder von den Wirkungen seines eigenen vorangegangenen Verhaltens beeinflußt, entsprechend dem »Zugzwang«, den das System ausübt.

zutreiben, verdanken wir besonders Familien mit psychotischen Kindern. Die psychotischen Kinder dankten es uns keineswegs, wenn wir ihnen sagten, für wie sensibel und großzügig wir sie hielten, weil sie sich spontan den Bedürfnissen ihrer Kernfamilie sowie ihres erweiterten Familienkreises geopfert hatten, ohne daß dies jemand von ihnen gefordert hätte. Eines dieser Kinder, ein Sechsjähriger, warf sich blitzschnell auf einen der Therapeuten und kratzte ihm das Gesicht blutig; ein anderes, siebenjähriges Kind gab mit derselben Schnelligkeit der Therapeutin einen heftigen Fußtritt — obwohl diese Kinder nie zuvor ein aggressives Verhalten den Therapeuten gegenüber gezeigt hatten.
Da die Therapeuten im Umgang mit solchen Schachzügen innerhalb eines sich kreisförmig fortzeugenden Spiels noch keine Erfahrung hatten, glaubten sie irrigerweise, sie könnten die Regeln des Systems diktieren und in einer einzigen Richtung auf das System selbst einwirken. Sie wurden darin durch die anderen Mitglieder des Systems unterstützt, die wohl ihre Ohnmacht der Psychose gegenüber erklärten, gleichzeitig die versteckte Eskalation jedoch noch verstärkten, indem sie sich für auf irgendeine Weise an der Psychose schuldig erklärten.
Immer wieder hören wir dramatische Selbstanklagen von Müttern psychotischer Kinder: »... Ich habe es nie akzeptiert ... ich war nicht reif ... ich ertrug es nicht ... *ich muß anders werden ... ich muß es annehmen und lieben.*«
Solche Selbstanklagen sind nichts anderes als symmetrische Schachzüge, um die Fortdauer des schizophrenen Spiels, der fortwährenden, verdeckten symmetrischen Eskalation zwischen den einzelnen Gruppenmitgliedern zu gewährleisten, die häufig durch die lineare Epistemologie vieler Psychiater und Psychologen noch verstärkt wird.
Später entdeckten wir noch eine weitere, im ersten Augenblick für uns verblüffende Tatsache: Keine von den Müttern psychotischer Kinder war bereit, unsere beruhigende Erklärung anzunehmen, daß ihr Kind durchaus nicht das Opfer von irgend jemand sei, sondern sich spontan, ohne daß jemand dies von ihm verlangt hätte, das großmütige Verhalten auferlegt habe, sich selbst zu opfern, um den anderen zu helfen; es nehme an, daß es damit dem tiefsten Bedürfnis aller entgegenkomme.[3]
In dem Bestreben, die symmetrische Position wiederherzustellen (sowohl im Hinblick auf die Therapeuten als auch im Hinblick auf das

---

[3] Wie in den folgenden Kapiteln zu sehen sein wird, ist diese Erklärung eine willkürliche Umkehrung der Interpunktion, die von den Therapeuten als Taktik angewandt wird, um die Familienepistemologie in Richtung auf das Systemdenken umzukehren.

Kind), wertet die Mutter diese Erklärung sofort ab, indem sie sich als schuldige Mutter definiert.
Solche Reaktionen lösten zunächst den größten Widerstand in uns aus. Wir hatten erwartet, daß die Mütter Dankbarkeit und Erleichterung zum Ausdruck bringen würden... Statt dessen mußten wir wieder einmal feststellen, wie kurzsichtig wir waren, und einsehen, wie schwer es uns fiel, die gesamte Situation zu überschauen. Hatten wir nicht vielleicht den Vater vergessen? Und was war mit der verdeckten, doch erbittert aufrechterhaltenen Symmetrie des Paares? Denn es gibt ja zwischen einem Vater, der nie zu Hause ist, und einer bekümmerten, pathogenen Mutter immer Möglichkeiten, sich gegenseitig die Schuld zuzuschieben und die Eskalation auf die Spitze zu treiben, so daß das Spiel schließlich immer unentschieden bleiben muß.
So bleiben alle miteinander dem Spiel verhaftet, dessen gemeinsame Opfer sie sind: die einen in der falschen Überzeugung, sie hätten die Macht, und die anderen in der falschen Überzeugung, sie seien schuldig.
Auch wenn der »Schizophrene« zeitweilig in eine Anstalt gebracht wird, bleibt er dem familiären Spiel durch das Hin und Her von Besuchen, Entlassung und Neueinweisung doch erhalten. Manchmal wird das Spiel der präpsychotischen Phase hartnäckig wiederhergestellt. Ist das nicht möglich, so kann die Familie das Spiel auf lange Sicht gerade aufgrund seiner Abwesenheit neu organisieren, indem sie ihn für immer in eine Anstalt einweisen läßt. Jetzt jedoch, in dieser extremen Verschärfung der Hybris, ist das Spiel auch für ihn selbst zur Grundlage seiner Existenz geworden. Er glaubt, den letzten Zug getan zu haben und nun endgültig an der Macht zu sein: Er ist es ja, der nach Veränderung ruft und den niemand zu ändern *vermag*.
Wenn der »Schizophrene« jedoch statt in einer traditionellen Irrenanstalt in einer großzügigen Gemeinschaft lebt, die offen und bereit ist, ihn zu verändern, wird sofort dasselbe Spiel wieder aufgenommen, in welchem die Symmetrie die Hybris verstärkt und die Hybris die Symmetrie. Denn auch diejenigen, die ihn verändern wollen, bleiben in der Regel dem jedem Menschen zutiefst vertrauten symmetrischen Beziehungsmuster verhaftet.
Wer hat mehr Macht (eine Beziehung zu definieren, die als undefinierbar definiert ist)?
Der Schizophrene?
Oder jene, die ihn verändern können bis zu dem Punkt, an dem sie sich schuldig fühlen, wenn es ihnen nicht gelingt? Oder jene, die denjenigen (den Psychiatern) nicht helfen, die ihn verändern könnten? usw....

So werden in der paradoxen Eskalation zwischen falschen Machtvorstellungen und falschen Schuldvorstellungen die Parameter und die Regeln erstellt, die Kommunikationsweisen und die verleugneten Koalitionen aufgebaut, die Schlachten zwischen Parteien und Gegenparteien geschlagen, die alle stillschweigend dasselbe Familienspiel konstituieren.

Wenn der Patient jedoch in die Individualtherapie kommt und der Therapeut in irgendeiner Weise seine Absicht durchblicken läßt, ihn zu verändern, indem er nach und nach eine symmetrische Beziehung sich eskalieren läßt, so ist der Patient sofort bereit, ihm (natürlich auf dunkle, verworrene und versteckte Weise) zu signalisieren:

»Ich möchte mich ja ändern, kann es aber nicht, weil du mir nicht *wirklich* hilfst, mich zu verändern. Um mir wirklich zu helfen, mich zu ändern, müßtest du der *sein,* der *hätte sein müssen,* dieser andere, der jedoch nicht so war, wie er hätte sein müssen...«

»O weh, ... du hast mich enttäuscht ... ich zählte so sehr auf dich ... warum versuchst du es nicht noch einmal? Ich bitte dich, verlaß mich nicht ... bemühe dich, genauso zu sein, wie dieser andere hätte sein müssen, der nicht der hätte sein sollen, der er war ... nur so werde ich sein können...« usw. usw.

Wie man sieht, ist es nicht gerade leicht, aus dieser Falle wieder herauszukommen, wenn man einmal das Pech gehabt hat, in sie hineinzugeraten [4] [5].

---

[4] Wir möchten in diesem Zusammenhang an zwei geniale Arbeiten von Harold Searles erinnern. In »The effort to drive the other person crazy« (»Das Bestreben, die andere Person zum Wahnsinn zu treiben«, siehe Literaturverzeichnis) beschrieb er schon 1959 genauestens das unwahrscheinliche Spektrum von Taktiken, die der schizophrene Patient anwendet, um den eigenen Therapeuten in das Spiel hineinzuziehen. In »Feelings of guilt in the psychoanalyst« (siehe Literaturverzeichnis) machte er deutlich, daß die Schuldgefühle des Therapeuten nichts anderes sind als der Ausdruck seines Anspruchs auf Allmacht, der durch seine berufliche Ausbildung und Motivation ebenso verstärkt wird wie durch die taktische Fähigkeit des schizophrenen Patienten.

[5] Was wir im vorangegangenen Kapitel beschrieben haben, führt zwangsläufig zu der Frage, ob es unvermeidlich sei, daß in allen Familien, die durch das oben beschriebene transaktionelle Spiel gekennzeichnet sind, ein Mitglied ab einem bestimmten Punkt der Entwicklung der natürlichen Gruppe jenes Verhalten zeigt, das man als schizophren zu bezeichnen pflegt.
Diese Frage können wir nicht beantworten. Es wären dazu Langzeituntersuchungen erforderlich, die über Jahrzehnte zu führen wären und die von einer Fülle schwieriger und nicht vorhersehbarer Faktoren abhängig sind. Da sie während sehr langer Zeiträume durchgeführt werden müssen, braucht man

dafür die genügenden Mittel und eine große Anzahl von Patienten; auch ist ein begriffliches, nicht eklektisches Modell anzuwenden sowie eine Methodologie, die einer enormen Menge von Variablen Rechnung trüge. Denn die Familie ist normalerweise keine Insel.
Diesen Erfordernissen scheinen uns z. B. die Langzeituntersuchungen, die Riskin ankündigte, nicht zu entsprechen, da das begriffliche Modell, das er anwendet, offensichtlich Systembegriffe und lineare Begriffe vermischt.
Was uns betrifft, so sind wir weit entfernt von der Absicht, ein solches Projekt durchzuführen, und müssen uns daher auf die inverse Feststellung beschränken: auf die Feststellung, daß jede Familie, die bei uns in Behandlung war und einen als schizophren bezeichneten Patienten mitbrachte, durch das beschriebene transaktionelle Spiel charakterisiert war.

Wir betrachteten die Erarbeitung und Anwendung von therapeutischen Interventionen bei der Familie mit schizophrener Transaktion von einem bestimmten Zeitpunkt an als einen Lernprozeß durch Versuch und Irrtum. An den vielen Beispielen, die wir noch wiedergeben werden, ist abzulesen, daß besonders die Irrtümer eine wesentliche Komponente des Lernvorgangs sind, den die Familientherapie, ganz besonders die Therapie bei Familien mit schizophrener Transaktion, darstellt.

5

Therapeutische Interventionen als Lernvorgang durch Versuch und Irrtum

Jeder Lernvorgang, der über dem Null-Lernen[1] liegt, ist durch Versuch und Irrtum gekennzeichnet. Daraus ergibt sich, daß beide unerläßlich sind, da man durch die Reaktionen der Familie allmählich immer mehr wichtige Informationen erhält.

Eine einfache experimentelle Lernsituation, etwa eine Ratte in einem Labyrinth, mag dies verdeutlichen. Um zu dem Platz zu gelangen, wo der Futternapf steht, wird die Ratte eine Reihe von Erkundungswegen machen, wobei sie auf viele Hindernisse und Sackgassen stößt, auf Streckenabschnitte, die nicht passierbar sind, da sie dort schmerzhafte elektrische Schläge erhält, usw. usw.

Durch Versuche und Irrtümer bekommt die Ratte also eine Reihe von Informationen, die sie zwingen, innerhalb des »Sets« von unveränderbaren Alternativen eine genaue Überprüfung ihrer Auswahl vorzunehmen. Im Idealfall wird die Ratte um so rascher ans Ziel kommen, je mehr sie den Informationen, die sie aufgrund der Irrtümer bekommt, Rechnung trägt; sie wird um so später oder möglicherweise gar nicht ankommen, je weniger sie diesen Informationen Rechnung trägt. In diesem Sinn ist der Irrtum eigentlich kein Irrtum. Er ist völlig eins mit dem Versuch; er ist eine Herausforderung, durch eine vorgegebene Information eine bestimmte Änderung im Verhalten der Ratte bei gleichzeitiger Reduzierung ihres Energieaufwandes herbeizuführen. Von einem wirklichen Irrtum im üblichen Sinn kann man nur dann sprechen, wenn man der Information, die man erhalten hat, nicht Rechnung trägt und im selben Verhaltensmuster verharrt. Das Verharren bei einem solchen Irrtum zerstört den Lernprozeß.

[1] Man vergleiche dazu Bateson, G. (1972): *Steps to an ecology of mind. Collected essays in anthropology, psychiatry, evolution and epistemology,* das Kapitel »The logical categories of learning and communication«, S. 279—308.

Um bei unserem Beispiel zu bleiben: Es ist klar, daß die Ratte, so sehr man sie auch anthropomorph idealisiert hat, wohl kaum auf den ersten Anhieb bei ihrem Futternapf ankommen wird.

Genausowenig kann es den Therapeuten, nachdem sie in das Familienlabyrinth hineingestellt sind, auf Anhieb gelingen, gerade die Reaktionen hervorzurufen, die ausreichen, um einen wichtigen Knotenpunkt zu entdecken, ganz zu schweigen davon, daß sie gerade denjenigen treffen, aus dem sich der stärkste Widerstand des Systems gegen eine Veränderung nährt. Wenn uns das manchmal gelingt, dann sicher nicht bei Familien mit schizophrener Transaktion. Das Labyrinth, das diese Familien darstellen, ist wesentlich komplexer als das berühmte Labyrinth von Knossos. Denn wir dürfen ja nie vergessen, daß die Familie mit schizophrener Transaktion uns nichts als verwirrende Informationen gibt und alles, was hier *zur Schau gestellt* wird, sich letztlich als eine Falle erweist.

Wir befinden uns daher wie Theseus zahllosen, unglaublich verschlungenen Gängen gegenüber, jedoch ohne den Faden der Ariadne; wir gelangen in Gänge mit Fallgittern, die sofort hinter unserem Rücken zuschlagen, wir befinden uns in Sackgassen oder auch vor glänzenden Türen, an denen wir vieles wohl oder übel durch »Irrtum« lernen. Wir lernten z. B., daß gewisse einladende Türen, denen deutlich anzusehen war, daß auch andere sie schon vertrauensvoll durchschritten hatten, in Wirklichkeit Fallen darstellten: Ließ man sich durch sie täuschen, so geriet man sofort auf eine Rutschbahn, auf der man in einen ausweglosen Abgrund befördert wurde — während bestimmte andere, geschickt versteckte kleine Türchen oder Stollen, in die man sich auf allen vieren hineinzwängen mußte, direkt in den Saal des Minotaurus führten.

Man muß sich daher in diesem Labyrinth zwar mit Vorsicht, doch mutig bewegen und eine große Sensibilität für Reaktionen entwickeln. Man muß die Reaktionen ernst nehmen, sollte sich jedoch nicht dabei aufhalten, wenn sie einen »Irrtum« anzeigen; man sollte frei sein von Arroganz und sich der großen Schwierigkeiten, die bei diesem Unternehmen auftreten können, bewußt sein. Dabei darf man nicht vergessen, daß es, auch wenn eine rasche Veränderung notwendig wäre, einer gewissen Zeit bedarf, bis entscheidende Reaktionen hervorgerufen werden. Schließlich bleibt das »Set« der Alternativen nicht unveränderlich wie in dem Beispiel mit der Ratte, es handelt sich vielmehr um ein »Set« von verwirrenden und schillernden Alternativen, in dem *die einzigen festen Punkte die Redundanzen der Sitzung sind.*

Die Systemtheoretiker sprechen von einem p_s als dem Knotenpunkt, in

welchem das koeffiziente Maximum der Funktionen zusammenläuft, die wesentlich für die Erhaltung eines vorgegebenen Systems sind. Sie definieren das p_s als den Punkt, dessen Veränderung die maximale Wandlung im System bei einem minimalen Energieaufwand erbringt.
Arbeitet man nun eine gewisse Zeit hindurch — mit großen Intervallen — mit diesen Familien, wobei das Augenmerk immer auf deren Reaktionen gerichtet ist, so kann man eine Sensation erleben: Man dringt (wenn alles gut geht) in beinahe konzentrischer Weise, von Randpunkten kommend, zum Kernpunkt vor, von dem aus man die größtmögliche Veränderung erzielen kann. Diese Tatsache erlaubte es Rabkin, im Hinblick auf einen Vergleich mit dem energetischen Modell, mit großer Bestimmtheit zu erklären:

»Anstelle einer ermüdenden mechanischen Annäherung (die notwendigerweise einen großen Energieaufwand erfordert) könnte sich innerhalb der allgemeinen Systemtheorie ein neuer Zweig entwickeln, der es ermöglichen würde, daß etwas durch Veränderung geschieht anstatt durch ›harte Arbeit‹«.

Die Veränderungen sind, so ergänzt er, Umwandlungen, die überraschend ausgelöst (»triggered«) werden müssen. Das ist das Schwierige daran.

Rabkin schließt diese Überlegung mit der witzigen Feststellung, daß die puritanische Ethik, die ja auf der täglichen Arbeit, der Hortung von Gütern und dem Individualismus basiert, geradezu die Antithese der Systemethik zu sein scheine.

6

Die Tyrannei der sprachlichen Konditionierung

Aufgrund einer Reihe von enttäuschenden Erfahrungen bei der psychotherapeutischen Behandlung von Familien mit schizophrener Transaktion mußten wir erkennen, daß das größte Hindernis, das wir Therapeuten bei der Annäherung an diese Familien zu überwinden haben, in uns selbst liegt. Dieses Hindernis ist unvermeidlich: es handelt sich um die sprachliche Konditionierung. Wir verdanken diese Erkenntnis größtenteils zwei grundlegenden Arbeiten: der Aufsatzsammlung von Gregory Bateson, *Steps to an ecology of mind,* und der Arbeit von Harley Shands, *The war with words,* aus denen wir einige besonders bemerkenswerte Abschnitte zitieren wollen. Die genannten Arbeiten haben uns überzeugt und dazu angeregt, unsere Epistemologie in eine korrekte Epistemologie umzuwandeln, die es uns erlaubt, eine ihr angemessene therapeutische Methodologie zu erarbeiten.

Die Bestandsaufnahme und die minuziöse Klassifizierung der Kommunikationsstörungen in der Familie mit schizophrener Transaktion sind sicherlich ein wissenschaftlicher Fortschritt. Dennoch stellen sie für uns eine Quelle neuer Irrtümer dar, da wir uns der Illusion hingaben, Verhaltensänderungen dadurch herbeiführen zu können, daß wir solche Eigentümlichkeiten der Kommunikationsweise korrigierten: indem wir sie als solche erkannten, den Betroffenen zu Bewußtsein brachten und sie aufforderten, die Botschaften neu und korrekt zu formulieren — kurz, indem wir ihnen beibrachten, auf funktionale Weise zu kommunizieren. Außerdem hatten wir uns eingebildet, den sprachlichen Code sinnvoll anwenden zu können, indem wir fälschlicherweise annahmen, dieser werde von der Familie mit schizophrener Transaktion ohnehin einhellig geteilt.

Schließlich gelang es uns auch, uns darüber klarzuwerden, wie stark uns die Zugehörigkeit zu einer bestimmten sprachlichen Welt konditionierte. Da der Gedanke sich durch die Sprache formt, erleben wir die Realität entsprechend dem sprachlichen Modell, das auf diese Weise für uns mit der Realität zusammenfällt. Die Sprache ist jedoch nicht die Realität. Tatsächlich ist die Sprache linear, während die lebendige Realität zirkulär ist. Shands schreibt:

»Die Sprache schreibt uns vor, die Daten in linearer und diskursiver Weise zu ordnen. Da wir im Unbewußten überaus stark von der sprachlichen Methode beeinflußt sind, machen wir uns schließlich ganz bewußt die Vorstellung zu eigen, daß das Universum linear nach dem allgemein gültigen Muster von Ursache und Wirkung organisiert sei. Da die Sprache Subjekt und Prädikat erfordert, jemanden, der handelt, und jemanden, der durch dieses Handeln beeinflußt wird, und dies in vielen verschiedenen Kombinationen und Abwandlungen, schließen wir daraus, dies sei die Struktur der Welt. Sobald wir uns jedoch schwierigen und komplizierten Zusammenhängen zuwenden, stellen wir fest, daß es uns nicht möglich ist, eine Ordnung zu finden, die so konkret definiert wäre, es sei denn, wir würden sie der Realität aufzwingen; wir ziehen demzufolge inmitten fortwährender Veränderung eine Grenze, die den Unterschied zwischen ›hypo-‹ und ›hyper-‹, ›normal‹ und ›abnormal‹, zwischen ›schwarz‹ und ›weiß‹ anzeigt.« [1]

Jedenfalls setzt uns die absolute Unvereinbarkeit der beiden herrschenden Systeme, in denen sich menschliches Sein vollzieht, gefangen: Wir sitzen fest zwischen dem lebendigen System, das dynamisch und zirkulär ist, und dem symbolischen System (der Sprache), das beschreibend, statisch und linear ist.
Die Menschheit mußte bei der Entwicklung der Sprache, die ihr artspezifisches Charakteristikum ist und gleichzeitig *das* Instrument zur Organisation und Weitergabe der Kultur, zwei voneinander gänzlich verschiedene Kommunikationsweisen integrieren: die analoge und die digitale:

»Nur dem Menschen sind Kultur wie Psychose gegeben, was von der Integration oder dem Wettstreit zwischen den beiden Ebenen abhängt.« [2]

Wenn wir zur Beschreibung einer Transaktion nun die beschreibende, lineare Sprache verwenden, so müssen wir zwangsläufig mit einer Dichotomie arbeiten bzw. eine Reihe von Dichotomien einführen, denn

»es ist unmöglich, eine zirkuläre Organisation zu beschreiben, gerade weil die Natur *symbolischer* Operationen von der Natur lebendiger Operationen völlig verschieden ist«. [3]

Die Notwendigkeit, mit Dichotomien zu arbeiten (wozu die Sprache uns zwingt) und damit unvermeidlich ein *Vorher* und ein *Nachher* einzuführen, ein Subjekt und ein Objekt, in dem Sinne, daß es jemanden gibt, der handelt, und jemanden, der dieses Handeln erleidet, führt zu dem Postulat des Ursache-Wirkung-Prinzips und in dessen Konsequenz zu einer moralisierenden Definition.

---

[1] Shands, H. C.: The war with words, S. 32.
[2] ebd., S. 35.
[3] ebd., S. 35.

Unserer Meinung nach ist der Moralismus der Sprache inhärent, gerade weil das sprachliche Modell linear ist. Dies wird im 15. Kapitel deutlich, am Beispiel einer psychotischen Patientin, die die Rolle eines autoritären, gewalttätigen Familienvaters spielt. Man ist in diesem Fall versucht, die Ursache dieser Pathologie in der »Unfähigkeit« und »Passivität« des wirklichen Vaters zu sehen und auf diese Weise unversehens den Vater moralisierend zu beurteilen. In Wirklichkeit sind im zirkulären Modell die beiden Verhaltensweisen nichts anderes als komplementäre Funktionen ein und desselben Spiels.

Bei den Familien mit schizophrener Transaktion, in denen die analoge und die digitale Kommunikation einander entgegengesetzt sind, haben wir aufgrund unserer sprachlichen Konditionierung eine Reihe von Fehlern gemacht. Die auffallendsten davon waren die folgenden:

1. Wir faßten die lebendige Realität der Familie im linearen Sinn und nicht im Sinne des Kreissystems auf.

2. Wir beurteilten die Kommunikationsweisen der Familie als »falsch« im Vergleich mit den unsrigen, brachten das auch deutlich zum Ausdruck und versuchten sie zu »korrigieren«.

3. Wir stützten uns bei dem Versuch, therapeutisch auf die Familie einzuwirken, vorwiegend auf den digitalen Code (genauer, auf die Inhaltsebenen der Botschaften).

Den epistemologischen und methodischen Kurswechsel, den wir vorzunehmen versuchten, wollen wir bei der nun folgenden Darstellung und Analyse der von uns erarbeiteten therapeutischen Interventionen näher beschreiben.

7 Positive Symptombewertung

Das grundlegende therapeutische Prinzip, das wir mit dem Terminus »positive Symptombewertung« bezeichnen, entdeckten wir ursprünglich angesichts der Notwendigkeit, nicht mit einem therapeutischen Paradoxon in Widerspruch zu geraten: dem Paradoxon, dem als »krank« identifizierten Familienmitglied das Symptom zu verschreiben. In der Tat hätten wir ja das nicht verschreiben können, was wir zuvor kritisiert hatten.

Es fiel uns zwar leicht, das Symptom des sogenannten Patienten nicht negativ zu bewerten, nicht leicht fiel es uns jedoch, alle jene Verhaltensweisen der Familie (speziell der Eltern), die zusammen mit dem Symptom auftreten und traditionellerweise als symptomatisch für eine bestimmte Pathologie der Eltern angesehen werden, ebenfalls positiv anzuerkennen. An diesem Punkt ist die Versuchung groß, in das lineare, kausale Modell zurückzufallen, indem man willkürlich interpunktiert, das heißt, das Symptom mit bestimmten symptomatischen Verhaltensweisen der Eltern in einen kausalen Zusammenhang bringt. Es kam gar nicht so selten vor, daß wir entdecken mußten, wie zornig und empört über die Eltern wir waren. So groß ist die Tyrannei des sprachlichen Modells, dem wir verhaftet sind! Und so schwierig ist es, sich daraus zu befreien. Wir mußten uns mit Gewalt Rechenschaft über die antitherapeutischen Konsequenzen dieses epistemologischen Irrtums ablegen.

Tatsächlich führen die positive Bewertung der Symptome des »Patienten« und die negative Bewertung der symptomatischen Verhaltensweisen der anderen Familienmitglieder dazu, zwischen den einzelnen Mitgliedern des Familiensystems eine Trennungslinie zu ziehen, die auf diese Weise willkürlich in »gute« und »böse« Familienmitglieder eingeteilt werden; wir verschließen uns dadurch aber den Zugang zu der Familie als einer Systemeinheit.

Wir erkannten schließlich, daß uns der Zugang zum Systemmodell nur möglich war, wenn wir sowohl das Symptom des designierten Patienten als auch die symptomatischen Verhaltensweisen der anderen Familienmitglieder positiv bewerteten, indem wir z. B. sagten, daß unserer Auffassung nach alle zu beobachtenden Verhaltensweisen von dem gemeinsamen Zweck geleitet waren, die Kohäsion und Einheit der Familiengruppe zu erhalten. Auf diese Weise stellen die Therapeuten alle Mitglieder der Familie auf ein und dieselbe Stufe, und es werden keine weiteren Allianzen und Spaltungen in Untergruppen, die in gestörten Familien ja ohnehin gang und gäbe sind, heraufbeschworen, bzw. die Therapeuten vermeiden es, mit hineingezogen zu werden.

Gestörte Familien unterliegen eigentlich immer, und ganz besonders in Krisensituationen, Spaltungen und Parteikämpfen, wobei sie einander gegenseitig mit stereotypen Etikettierungen behaften, wie »böse«, »verrückt«, »krank«, »schwach«, »unfähig«, »belastet durch erbliche und soziale Gebrechen« usw.

Unserer Auffassung nach ist es *die primäre Funktion der positiven Bewertung aller beobachteten Verhaltensweisen in der Gruppe, den Therapeuten den Zugang zum System zu erleichtern.*¹

Warum muß die Bewertung positiv sein im Sinne einer Bestätigung? Könnte man nicht vielleicht mit Hilfe einer allgemein negativen Bewertung, nämlich einer *Abweisung*, dasselbe Resultat erzielen? Man könnte ja z. B. sagen, das Symptom des Patienten mache deutlich, daß die symptomatischen Verhaltensweisen der anderen Familienmitglieder »falsch« seien, weil sie dazu dienten, um jeden Preis die Statik eines »falschen« Systems, das Leiden erzeugt, aufrechtzuerhalten.

Dies wäre jedoch ein großer Fehler, da die Definition eines Systems als »falsch« impliziert, daß dieses System verändert werden muß.

An dieser Stelle müssen wir uns wieder in Erinnerung rufen, daß jedes lebendige System drei grundlegende Eigenschaften hat:

1. *Totalität* (das System ist weitgehend von den Elementen, aus denen es besteht unabhängig);
2. *Fähigkeit zur Selbstregulation und*, damit verbunden, *die Tendenz zur Homöostase;*
3. *Fähigkeit zur Veränderung.*

Bringt man durch ein kritisches Urteil zum Ausdruck, daß das System sich verändern müsse, so *weist* man dieses System *ab*, insofern es ja

---

¹ Es ist an dieser Stelle wichtig, festzuhalten, daß die positive Bewertung, insofern sie eine Kommunikation über die Kommunikation ist (tatsächlich kommunizieren die Therapeuten ja inmitten der Kommunikation aller Mitglieder des Systems), eine Metakommunikation darstellt und damit einen Übergang auf ein höheres Abstraktionsniveau. Die logische Typenlehre Russells stellt als zweites Gruppengesetz ja das Prinzip auf, daß jedes Ding, das alle Elemente der Klasse enthält, nicht selbst ein Element dieser Klasse sein könne. Indem man nun positiv metakommuniziert, d. h. alle Verhaltensweisen der Mitglieder der Gruppe bestätigt, *soweit sie dazu dienen, die Stabilität der Gruppe selbst zu verstärken,* metakommuniziert man über die Gruppe und erreicht dadurch den Übergang auf ein höheres Abstraktionsniveau.

durch die Tendenz zur Homöostase gekennzeichnet ist; man verschließt sich dadurch die Möglichkeit, in die gestörte Gruppe aufgenommen zu werden.

Außerdem beginge man einen großen theoretischen Fehler: Man würde eine willkürliche Trennungslinie zwischen zwei gleich bedeutsamen funktionalen Eigenschaften eines jeden lebenden Systems ziehen: zwischen der homöostatischen Tendenz und der Fähigkeit zur Veränderung, so, als handle es sich um Antinomien, wobei die homöostatische Tendenz als solche »böse« und die Fähigkeit zur Veränderung als solche »gut« wäre.

In Wirklichkeit ist die homöostatische Tendenz weder besser noch schlechter als die Fähigkeit zur Veränderung, insofern beide *funktionale* Kennzeichen des Systems sind. Denn es kann im lebenden System keine homöostatische Tendenz ohne eine gewisse Fähigkeit zur Veränderung geben, genausowenig wie es eine Fähigkeit zur Veränderung ohne eine gewisse homöostatische Tendenz gibt. Das Zusammenspiel dieser beiden Eigenschaften entwickelt sich zirkulär in einem *Kontinuum*, wobei das lineare »Entweder-oder-Modell« durch das zirkuläre »Mehr-oder-weniger-Modell« ersetzt wird (da die Systemethik offensichtlich ohne Antinomien auskommt).

Und dennoch scheinen die Menschen einem Zustand nachzujagen, den es nicht geben kann: einem Zustand, in dem Beziehungen unveränderlich wären, gleichsam einem »objektiven Ideal«, demzufolge jeder sein inneres Universum vollständig unabhängig von empirischen Bedingungen gestalten würde. Shands beschreibt diese Tendenz folgendermaßen:

»Dieser Prozeß kann als eine Bewegung zu einem Zustand vollkommener Unabhängigkeit vom Hier und Jetzt betrachtet werden; als ein Versuch, sich irgendwie von den drängenden physiologischen Notwendigkeiten des Augenblicks zu befreien. Sowohl Wissenschaftler als auch Philosophen suchen ewige, von dem natürlichen biologischen Prozeß unabhängige Wahrheiten. Das Paradoxe daran ist, daß ein tatsächliches Erreichen dieses Zustandes unvereinbar mit dem Leben wäre, und zwar aus dem einfachen Grund, weil das Leben ständige Bewegung ist, die einerseits die Entropie steigert, andrerseits dauernd von einem Zufluß negativer Entropie (›Negentropie‹, in Form von Energie oder Information) unterhalten werden muß, wenn das System überleben soll. Wir stellen also immer wieder das endlose Paradoxon des Suchens nach Stabilität und Gleichgewicht fest, obwohl es leicht ist, darzulegen, daß es Gleichgewicht und Stabilität nur in anorganischen Systemen geben kann, und auch dort bestenfalls nur in begrenztem Maß. Gleichgewicht ist unvereinbar mit dem Leben wie mit dem Lernen: Eine Bewegung nach vorne, und sei sie noch so minimal, ist ein unabdingbares Element eines jeden biologischen Systems.«[2]

---

[2] a.a.O., S. 69 f.

Auch die in einer Krise befindlichen Familien, die zu uns in Therapie kommen, nehmen teil an jenem »objektiven Ideal«, und sie würden auch nicht zu uns kommen, wenn sie nicht von der Angst getrieben würden, daß ihre Stabilität und ihr Gleichgewicht, die sie entgegen allem Augenschein zäh verteidigen, in Gefahr seien.

Es ist bekannt, daß Familien, *die sich nicht in einer derartigen Gefahr sehen,* viel schwerer für eine Therapie zu motivieren sind. Auch wird dem Leser nicht entgangen sein, daß wir uns, wenn wir von positiver Bewertung sprechen, einer ganzen Reihe von Paradoxa gegenübersehen.

Wie wir bereits festgestellt haben, ist es notwendig, die sprachliche Konditionierung aufzugeben und damit zugleich das moralisierende Werten, das ihr anhaftet. Um jedoch die Verhaltensweisen einer Familie, die so sehr auf die Homöostase gerichtet ist, bestätigen und bestärken zu können, müssen wir uns der Sprache bedienen. Wenn wir unsere Zustimmung zum Ausdruck bringen wollen, müssen wir moralisierende Prädikate verwenden, genauso, wie wenn wir einen Tadel zum Ausdruck bringen würden.[3]

Auch der Ausdruck, mit dem wir die Art unserer therapeutischen Annäherung bezeichnen, ist moralisierend: die positive Bewertung. Wir befinden uns also in einem Paradoxon: Wir verwenden die Sprache, um über die Sprache hinauszugehen, und wir nehmen ein moralisierendes Verhalten an, um den Moralismus zu überwinden. Dadurch jedoch gelingt uns die Annäherung an das System, wo das Moralisieren gerade keinen wie auch immer gearteten Sinn hat.

Mit anderen Worten: Wenn wir die »symptomatischen« Verhaltensweisen als »positiv«, d. h. als gut bezeichnen, insofern sie durch die homöostatische Tendenz motiviert sind, *ist das, was wir positiv bewerten, ja eben die homöostatische Tendenz des Systems* und nicht die der einzelnen Personen. Bei einzelnen Personen billigt man gewisse Verhaltensweisen, insofern sie die gemeinsame Intention, die Einheit und Stabilität der Gruppe aufrechtzuerhalten, *anzeigen.* Indem man so vorgeht, respektiert man auch die erste grundlegende Eigenschaft eines jeden lebenden Systems: seine Totalität.

---

[3] Es braucht hier nicht eigens hervorgehoben zu werden, daß auch die nonverbalen Aspekte der positiven Symptombewertung, d. h. unserer Zustimmung, vollkommen mit dem Inhalt der Botschaft übereinstimmen; sie enthalten keine Spur von Verstellung, von Ironie oder Sarkasmus. Wir können unsere Zustimmung ganz natürlich zum Ausdruck bringen, da wir überzeugt sind, daß es unbedingt erforderlich ist, uns im Hier und Jetzt mit der homöostatischen Tendenz zu alliieren.

Befinden sich die Therapeuten mit Hilfe dieser Taktik schließlich auf der Ebene des Systems, so definieren sie sich nicht nur als Verbündete der homöostatischen Tendenz, sondern sie schreiben diese auch vor.
Wir möchten an dieser Stelle an die besonderen Kommunikationsweisen der Familie mit schizophrener Transaktion erinnern: Wie wir im 3. Kapitel dargelegt haben, besteht *die* grundlegende Regel einer solchen Familie in dem Verbot, die Beziehung zu definieren. Es ist, als ob die Familie den Therapeuten eine normative Überzeugung metakommunizieren würde: »Wir können nur beisammenbleiben, wenn wir die Beziehung nie definieren. Das Nichtdefinieren der Beziehung ist grundlegend wichtig für die Stabilität unseres Systems.«
Bei genauerem Hinsehen ist auch das Symptom, d. h. das psychotische Verhalten, das zu einem bestimmten Zeitpunkt bei dem als »krank« bezeichneten Familienmitglied auftritt, in seiner absonderlichen und unverständlichen Art zugleich immer ein Versuch, die Beziehung nicht zu definieren.
Der designierte Patient gehorcht in diesem Sinne der Regel aller Regeln.
Aber gleichzeitig kann das Symptom als ein Protest aufgefaßt werden und spielt in kritischer, sarkastischer Weise auf eine Definition der Beziehung an. In der Tat wird eine als undefinierbar definierte Beziehung — auf einer gewissen Abstraktionsebene — zugleich als unhaltbar definiert.
Der designierte Patient droht in diesem Sinn die Regeln aller Regeln zu zerbrechen.
Damit löst er in der Familie, die sich der Gefahr einer Auflösung des Status quo gegenübersieht, einen Alarmzustand aus.
Von der traditionellen Psychiatrie, von den Medikamenten, erwartet die Familie eine Wiederherstellung des »Gleichgewichts«, das vor der Explosion des Symptoms bestand. Und dies erreicht sie auch tatsächlich, da die bedrohliche Anspielung auf eine neue Definition der Beziehung, d. h. auf eine Änderung des Systems, als »Krankheit« abgestempelt und folglich »geheilt« wird.
Auch wenn eine Familie zur Familientherapie kommt, hat sie dieselben Motivationen.
Unser Team macht deshalb keinerlei Unterschied zwischen dem »Symptom« des designierten »Patienten« und den »symptomatischen« Verhaltensweisen, d. h. den verschiedenen Kommunikationsarten der übrigen Familienmitglieder. Wenn uns jemand die Frage stellen würde, ob die Mitglieder einer schizophrenen Gruppe auf diese Weise kommunizieren, weil sie nicht anders kommunizieren *wollen*, oder weil sie es

nicht anders *können*, würden wir folgende Antwort geben: Wenn man in dieser Frage eine Entscheidung treffen wollte, würde man in die Illusion zurückfallen, daß es tatsächlich eine Alternative gäbe, genauso, wie wenn man entscheiden wollte, ob der »Patient« sich nicht anders verhalten *will* oder nicht anders *kann*.
In diesem Punkt »wissen« die Therapeuten nur eines: daß alle Familienmitglieder sich gegen *jede* Änderung, die für ihr »idealhomöostatisches« System gefährlich ist, wehren; sie wissen aber auch, daß es notwendig ist, sich — natürlich nur für den Augenblick — mit diesem Ideal zu verbünden.
Deswegen tun die Therapeuten genau das Gegenteil dessen, was die Familie tut: Sie ignorieren absichtlich den Aspekt des Symptoms, der in bedrohlicher Weise einen Protest und den Ruf nach einer Veränderung des Systems zum Ausdruck bringt. Sie unterstreichen und bestätigen statt dessen ausschließlich den homöostatischen Aspekt seines Verhaltens.
Auf dieselbe Weise bestärken sie die Verhaltensweisen der anderen Familienmitglieder, die demselben Zweck dienen, nämlich der Stabilität und Homöostase der Gruppe.
Neben dieser Funktion hat die positive Bewertung noch zwei weitere wichtige und voneinander abhängige Funktionen:
1. Durch die positive Bewertung wird die Beziehung klar definiert, ohne die Gefahr, daß diese Definition abgewertet wird.
2. Sie steckt einen therapeutischen Rahmen ab.
Wir wollen zunächst die erste Funktion genauer analysieren. Die Familie mit schizophrener Transaktion bedient sich bekanntlich nicht der analogen Sprache, sondern der digitalen. Die Kommunikationsmuster dieser Familie sind gekennzeichnet durch die Anstrengung, die Beziehung nicht zu definieren. Jeder weist es zurück, sich als derjenige zu definieren, der die Beziehung definiert (womit er den anderen Verhaltensregeln aufzwingt), genauso, wie er es zurückweist, daß die anderen das Recht hätten, die Beziehung zu definieren (und damit ihm Regeln aufzuzwingen). Haleys Befunde werden laufend durch unsere Erfahrungen bestätigt: Fast immer negieren die Mitglieder schizophrener Familien alle Komponenten der Botschaft, sei es die eigene, sei es die Botschaft von anderen: den Sender, den Empfänger, den Inhalt und den Zusammenhang, in dem die Botschaft steht.
Darüber hinaus hat Haley noch zwei andere, in gewissem Sinn miteinander zusammenhängende Phänomene entdeckt:
— Keines der Familienmitglieder ist bereit, in der Familie *wirklich* die Führung zu erklären oder anzuerkennen.

— Keines der Familienmitglieder ist bereit, *wirklich* eine Zurechtweisung zu ertragen, d. h., die Verantwortung zu übernehmen für das, was mißlingt.
Die positive Symptombewertung vermittelt also Botschaften auf verschiedenen Ebenen:
— Die Therapeuten definieren die Beziehung der einzelnen Familienmitglieder untereinander klar als komplementär zum System, d. h. zu seiner homöostatischen Tendenz (und damit zum Spiel). Die Tatsache, daß im Hinblick auf das System sich alle in derselben komplementären Position befinden, läßt die verdeckte symmetrische Spannung zwischen den einzelnen Familienmitgliedern zurücktreten.
— Die Therapeuten definieren die Beziehung zwischen der Familie und den Therapeuten klar als komplementär, da sie ja erklären, selbst die Führung übernehmen zu wollen. Sie tun dies jedoch nicht durch direkte, ausdrückliche Kommunikation, sondern stillschweigend, durch eine globale Metakommunikation, die den Charakter der Bestätigung hat. Sie kommunizieren damit, daß sie keinerlei Zweifel an ihrer eigenen hierarchischen Überlegenheit haben. Eine Autorität, die ihre Zustimmung gibt und auch die Motive ihrer Zustimmung offenlegt, kommuniziert damit, daß sie keinerlei Zweifel am eigenen Bestehen hat.
Was den Inhalt dieser Kommunikation betrifft, so kann er weder abgewiesen noch abgewertet werden, da er mit der dominierenden Tendenz des Systems, also mit der homöostatischen Tendenz, übereinstimmt.
Gerade weil die Therapeuten ihre ausdrückliche Zustimmung geben und die Familienmitglieder nicht zurechtweisen, umgehen sie eine Abweisung. Abgesehen davon macht die Familie damit zum ersten Mal die Erfahrung, von einer Autorität eine Bestätigung zu erhalten.
Zugleich jedoch macht die positive Bewertung den Blick auf das Paradoxon frei: Warum verlangt die Kohäsion der Gruppe die Anwesenheit eines »Patienten«?
Die Definition der zweiten Funktion der positiven Bewertung hängt damit unmittelbar zusammen: Eine klare Definition der Beziehung zwischen der Familie und dem Therapeuten in dem oben dargestellten Sinn schafft bereits einen therapeutischen Kontext.

Zusammenfassung

Der erste therapeutische Schritt, den wir positive Symptombewertung nennen, führt also zu den folgenden Zielen:
1. Wir stellen alle Familienmitglieder auf dieselbe Stufe, weil sie alle in einem komplementären Verhältnis zum System stehen. Sie werden

dabei in keiner Weise moralisierend bewertet, und wir vermeiden es auf diese Weise, willkürliche Trennungslinien zwischen den einzelnen Familienmitgliedern zu ziehen.

2. Vermittels der *Bestätigung* seiner homöostatischen Tendenz erhalten wir Zugang zu dem System.

3. Wir werden als Mitglieder mit vollen Rechten in das System aufgenommen, da wir ja offensichtlich von derselben Absicht beseelt sind.

4. Indem wir die homöostatische Tendenz positiv bewerten, initiieren wir paradoxerweise die Fähigkeit zur Veränderung, denn die positive Bewertung öffnet ja den Blick für das Paradoxon, wie es möglich sein kann, daß die Kohäsion der Gruppe, die von den Therapeuten als gut und erstrebenswert bezeichnet wird, nur um den Preis, daß einer zum »Patienten« wird, erhalten werden kann!

5. Es ist möglich, die Beziehung zwischen der Familie und den Therapeuten klar zu definieren.

6. Es ist möglich, einen therapeutischen Rahmen abzustecken (einen therapeutischen Kontext zu markieren).

Allerdings bringt auch das »goldene« Prinzip der positiven Symptombewertung in der praktischen Anwendung Schwierigkeiten mit sich. Es kann vorkommen, daß man eine willkürliche Interpunktion setzt, während man glaubt, alle Mitglieder des Systems positiv zu bewerten. Diese Erfahrung haben wir einmal in einer Sitzung gemacht, in der drei Generationen anwesend waren.

Es handelte sich um die dritte Sitzung einer Familie mit einem sechsjährigen Kind, dessen Störung als autistisch diagnostiziert worden war. Wir hatten außer den Eltern auch die mütterlichen Großeltern zur Sitzung gebeten. Durch einen Fehler zogen wir uns die Feindschaft der Großmutter zu, und es bestand die Gefahr, daß die Therapie nicht mehr fortgesetzt werden konnte.

Aus dem in jener Sitzung gesammelten Material ging hervor, daß die Großmutter eine sehr enge, possessive Bindung an die Tochter hatte. Diese hatte ihrerseits auf verschiedene Art und Weise mitgeholfen, diese Bindung aufrechtzuerhalten, unter anderem dadurch, daß sie immer wieder vorgab, dringend der mütterlichen Hilfe zu bedürfen. Am Ende dieser Sitzung drückten wir der jungen Mutter unsere Bewunderung aus für die Sensibilität, mit der sie auf die große Liebe, die ihre Mutter für sie hegte, eingegangen war. Daß dies ein Fehler war, zeigte sich sofort an der Reaktion der Großmutter, die ausrief: »Da wäre ich ja eine Egoistin!« Diese empörte Reaktion offenbarte den versteckten Wettstreit zwischen Mutter und Tochter darüber, welche von den beiden Frauen die großzügigere sei . . .

Manchmal kommt es vor, daß die Therapeuten eine positive Bewertung zum Ausdruck bringen wollen, die dann jedoch negativ aufgefaßt wird. Ein besonders komplexes und anschauliches Beispiel dafür ist die Familie des siebenjährigen Lionello, der mit der Diagnose »infantiler Autismus« an uns überwiesen worden war.
Die Kernfamilie besteht aus drei Mitgliedern: dem Vater, mit Namen Mario, der Mutter, mit Namen Martha, und Lionello. Aufgrund der ausführlichen Berichte, die wir erhalten hatten (was bei sehr weitverzweigten Familien ja fast die Regel ist), hatten wir in der fünften Sitzung außer Lionellos Eltern auch die Großeltern mütterlicherseits bestellt. In dieser Sitzung konnten wir eine beeindruckende Redundanz beobachten:
Die Beziehung der Großeltern war schon von jeher symmetrisch und daher entsprechend heftig gewesen. In dem täglichen Kampf hatte sich die Familie in zwei Untergruppen aufgespalten: Martha, die Mutter des kleinen Patienten, war ihrem Vater, einem heftigen, possessiven Mann, ergeben, während ihr Bruder Nicola, der jetzt 30 Jahre alt und verheiratet war, immer von der Mutter, einer sanften, verführenden Frau, verhätschelt und verteidigt worden war.
Schon aus den früheren Sitzungen war klar hervorgegangen, daß Martha, gerade weil sie die Liebe des Vaters besaß, sich intensiv nach der Mutter sehnte, d. h. nach dem pseudoprivilegierten Verhältnis, das der Bruder Nicola genossen hatte. Sie erklärte, sie sei eifersüchtig auf ihren Bruder, genauso wie ihr Mann Mario. Mario, der normalerweise steif und unzugänglich war, erregte sich nur, um gegen seinen egoistischen und infantilen Schwager zu protestieren, der in seinen Augen der *unverdienten* Liebe, die die Mutter ihm entgegenbrachte, völlig unwürdig war.
In jener Sitzung fiel uns auf, daß die Großmutter mütterlicherseits eine Erklärung bis zum Überdruß wiederholte: Sie fühle sich getrieben, vor allem jene zu lieben, die nicht geliebt wurden. Sie hatte den Sohn Nicola von jeher nur deshalb geliebt, weil ihr Mann ihn nie geliebt hatte ... Er hatte nur Martha geliebt! Jetzt fühlte sie sich gedrängt, ihre Schwiegertochter, die Frau Nicolas, zu lieben, weil die Ärmste eine Waise war. Sie liebte auch Lionello, ihren psychotischen Enkel, gerade deshalb so sehr, weil sie den Eindruck hatte, ihre Tochter habe ihn nie akzeptiert, seit seiner Geburt. Bis zu dieser Stunde kam sie nicht darüber hinweg (sie sprach mit tränenunterdrückter, zitternder Stimme), wie diese ihren Sohn behandelte, wie sie ihn fütterte, sie sagte, ihre Tochter behandle ihn »wie ein Stück Vieh«.
Es wurde in dieser Sitzung offenkundig, daß es die Devise dieser so

»süßen« und liebevollen Großmutter war, »die Ungeliebten zu lieben« (ein offensichtlich symmetrischer Imperativ). Die Therapeuten beschlossen diese Sitzung ohne jeden Kommentar. Sie beschränkten sich darauf, den Großeltern für ihre freiwillige Mitarbeit wärmstens zu danken.

Zur siebten Sitzung bestellten wir nur die Eltern und Lionello. Ausgehend von dem in der letzten Sitzung gesammelten Material lobten die Therapeuten zu Beginn Lionello für seine große Sensibilität: Er hatte gedacht, die Großmutter würde, großherzig wie sie war, nur jene lieben, die sonst von niemandem geliebt wurden. Nachdem Onkel Nicola vor sechs Jahren geheiratet und also eine Frau hatte, die ihn liebte, hatte er gedacht, es sei dringend notwendig, der Großmutter in seiner Person wieder jemanden zu verschaffen, den *sie* lieben konnte, da er sonst von niemandem geliebt wurde. Aus diesem Grund hatte er schon als ganz kleiner Junge begonnen, sich auf tausenderlei Arten unausstehlich zu benehmen ... So wurde die Mama nervös und ärgerte sich über ihn, während die Großmutter — seiner Vorstellung nach — in ihm einen Trost fand: Nur *sie* hatte genügend Geduld, nur *sie* liebte den armen Lionello! An diesem Punkt begann Lionello einen infernalischen Lärm zu machen, indem er zwei Aschenbecher wild gegeneinander schlug.

Geradezu dramatisch war die Reaktion der Mutter. Sie nahm das, was die Therapeuten sagten, wie eine unerwartete Erleuchtung auf und fügte hinzu, das gehe noch weiter: sie sei geradezu glücklich, wenn ihre Mutter ihr vorwerfe, sie lehne das Kind ab! »Es ist wahr, es ist wahr«, schrie sie weinend, »ich war glücklich, wenn meine Mutter sagte, ich behandle ihn wie ein Stück Vieh! Aber was soll ich jetzt tun? ...« Sie rang die Hände. »Ich habe mein Kind meiner Mutter aufgeopfert! Wie kann ich eine so entsetzliche Schuld wiedergutmachen? Ich will mein Kind retten ... mein armes Kind ...«

Die Therapeuten erkannten sofort, daß sie einen Fehler gemacht hatten. Martha hatte nicht nur das Opfer des Sohnes, das sie nicht als ein spontanes und freiwilliges Opfer anerkannte, abgewertet, indem sie daraus ein Opfer machte, das sie selbst gebracht hatte — sie fühlte sich darüber hinaus von den Therapeuten als »die einzig Schuldige« identifiziert, die das eigene Kind den Bedürfnissen der eigenen Mutter geopfert hatte.

Hier also wurde Lionello zu einem passiven »Opferlamm« abgewertet, während der Ehemann es zweckmäßig fand, sich in geheimnisvolles Schweigen zu verkriechen, wie ein Beobachter, der mit dem Geschehen überhaupt nichts zu tun hat.

An diesem Punkte unterbrachen wir die Sitzung und beschlossen in

der Teamdiskussion, den Vater in das Geschehen miteinzubeziehen und Lionello wieder in die Rolle eines Kindes, das ein spontanes Opfer gebracht hatte, zurückzuversetzen.
Bei der Rückkehr in die Sitzung bemerkten die Therapeuten wohlwollend, daß Mario im Gegensatz zu Martha keinerlei Reaktion gezeigt und nicht gefragt habe, was man wegen Lionello tun solle. Sie erklärten: »Unsere vorläufige Hypothese ist, daß Sie, Mario, andere, tieferliegende gefühlsmäßige Motive haben müssen, um das spontane Opfer Lionellos anzunehmen...«

Martha *(schreiend):* Seine Mutter! Seine Mutter! Lello ist noch unausstehlicher, wenn meine Schwiegermutter kommt! Sie hat es nötig zu glauben, daß ihr Sohn mit mir unglücklich sei! Daß ich als Gattin eine Katastrophe sei! Daß ich auch als Mutter eine Katastrophe sei! Meine Mutter sagt mir ständig, ich hätte zuwenig Geduld mit Lello, und meine Schwiegermutter sagt mir, ich sei nicht energisch genug, ich sei nicht so streng, wie ich eigentlich sein sollte! So werde ich ganz nervös und brülle Lello an! ... Und mein Mann sitzt schweigend dabei und verteidigt mich nie!
Therapeutin: Denken wir alle bis zur nächsten Sitzung darüber nach. Inzwischen sei nur klargestellt, daß Lionello niemandes Opfer ist. *(An das Kind gewandt)* Nicht wahr, Lello? Du bist es, der sich vorgenommen hat, verrückt zu sein, um allen zu helfen und alle zu trösten ... Niemand hat dir das befohlen. *(An alle gewandt)* Sehen sie? Lionello sagt nichts, er weint nicht. Weil er entschlossen ist, so weiterzumachen wie bisher, und er macht es gut, da er ja davon überzeugt ist.

Wie bereits erwähnt, hatten die Therapeuten angesichts der Reaktion der jungen Mutter gleich den Eindruck, einen Fehler begangen zu haben. Die Mutter bestärkte sie auch darin, indem sie signalisierte, sie fühle sich als die Schuldige identifiziert: als schlechte Mutter, die ihr Kind der unaufgelösten Bindung an die eigene alte Mutter geopfert hatte. Die Tatsache, daß der Ehemann keinerlei Reaktion zeigte, bestärkte uns in der Meinung, daß auch Mario auf seine Weise unsere Intervention zurückgewiesen habe, etwa in der Form: »Da ich nun gesehen habe, daß meine Frau schuld an der Psychose Lionellos ist, bleibe ich unschuldig und gut und bin damit allen anderen überlegen.«
Die weitere Diskussion überzeugte uns jedoch, daß wir keinen Fehler gemacht hatten, sondern einen guten Schachzug, der einen neuralgischen Punkt bloßlegte. Was Martha nicht ertragen konnte, war, daß ihr Kind von den Therapeuten *nicht* zu einem »Opferlamm« gemacht, sondern vielmehr als aktives Element innerhalb des Systems gesehen

und, mehr noch, in eine echte Führungsposition versetzt wurde. Indem Martha die aktive Position Lionellos negierte und ihn neuerdings in die Rolle eines Objektes, eines passiven Opferlamms, zurückdrängte, handelte sie genau im Sinne der Erhaltung des Status quo des Systems.

Sie versuchte, die angemaßte Position der Überlegenheit wiederzuerlangen, indem sie sich als schuldig und damit als Ursache für die Psychose ihres Sohnes definierte.

Das war auch Mario recht, dessen angemaßte Überlegenheit im System darin bestand, tolerant und gut zu sein.

Um die gegenseitige Konkurrenz aufrechterhalten zu können, war es für beide notwendig, den Sohn wieder in die Rolle einer »Sache« zurückzuversetzen.

An diesem Punkt blieb uns nichts anderes übrig, als Mario in dieselbe Position zu versetzen wie Martha: Auch ihn hatten tiefe Gefühle dazu bewegt, Lionellos spontanes Opfer anzunehmen. Lionello mußten wir in eine überlegene Position versetzen, in die Rolle desjenigen, der die mutmaßlichen Bedürfnisse aller spontan zum Ausdruck brachte.

Dies machte den Weg frei für die paradoxe Verschreibung der psychotischen Führungsrolle.

Wir halten es für notwendig, besonders
bei Familien mit psychotischen Kindern,
schon am Ende der ersten Sitzung eine
»Verschreibung« zu geben. Diese mag
in manchen Fällen auf den ersten Blick
harmlos erscheinen; wir verfolgen damit jedoch vier Ziele:

8
Die Verschreibung in der ersten Sitzung

1. Ein therapeutischer Rahmen wird abgesteckt.
2. In der Familie wird eine Reaktion hervorgerufen, die über ihre Bereitschaft und Motivation zu einer eventuellen Behandlung Aufschluß gibt.
3. Ein Beobachtungsfeld wird abgegrenzt.
4. Die nachfolgende Sitzung wird strukturiert und geordnet.

Der erste Punkt — einen therapeutischen Rahmen abzustecken — ist besonders wichtig, wenn man bedenkt, wie gut es diese Familien verstehen, die therapeutische Situation zu negieren. Das ist bei den schwatzhaften Familien, die sich zur Sitzung einfinden, als handle es sich um eine Party, genauso der Fall wie bei den zurückhaltenden Familien. Es gibt auch Familien, die eine Art »Salontaktik« verfolgen. Eine solche Familie, die besonders versnobt war und über eine außergewöhnliche Phantasie verfügte, brachte es fertig, etliche Sitzungen hindurch das therapeutische Angebot in geradezu genialer Weise zu unterlaufen. Den Beginn der ersten Sitzung, der durch wiederholtes Gekicher, geistreiche Witze und Wortspiele, als Antwort auf die Annäherungsversuche der Therapeuten, charakterisiert war, könnte man so beschreiben: »Also da sind wir nun alle miteinander im Club versammelt, um uns die Zeit zu vertreiben.«

Der Beginn der zweiten Sitzung war nicht mehr so lustig, vermutlich aufgrund einer ernsten Intervention seitens der Therapeuten am Ende der ersten Sitzung. Die Familie wies alle unsere Angebote zurück, indem sie eine Reihe von Fragen stellte, die das Idealgewicht und die Diät der »Patientin«, eines ziemlich übergewichtigen jungen Mädchens, betrafen. Diese Situation hätte man mit der folgenden Überschrift versehen können: »Zu Besuch bei Margheritas Diätspezialist«.

Der Beginn der dritten Sitzung war noch phantastischer. Die Familie unterhielt sich zehn Minuten lang in allen Einzelheiten über die Teilnahme am Begräbnis einer Verwandten. Wir registrierten diese Negierung der therapeutischen Situation unter dem Titel: »Konferenz über Trauerkleidung und Bestattungsbräuche in der Val Badia«.

Doch auch die zurückhaltenden und unterkühlten Familien sind im Unterwandern des therapeutischen Rahmens nicht weniger findig. In der ersten Sitzung legen sie nicht selten ein typisches Verhalten an den Tag: Die Familienmitglieder sitzen dichtgeschlossen nebeneinander und fixieren die Therapeuten schweigend und mit fragendem Ausdruck. Niemand, der sie so sehen könnte, würde auf die Idee kommen, diese Familie habe selbst um ein Gespräch ersucht. In einem solchen Verhalten tritt die Verwerfung des therapeutischen Kontexts klar zutage. Sie äußert sich auf nonverbale Weise, eben durch das Schweigen und den fragenden Gesichtsausdruck. Das könnte, in die Umgangssprache übersetzt, ungefähr so lauten: »Wir sind nun freundlicherweise euren ständig wiederholten Einladungen gefolgt, und jetzt sind wir hier und möchten erfahren, was *ihr* wollt.«

Die Erfahrung hat uns gelehrt, daß der Versuch, mit den Familien über diese Verhaltensweisen zu sprechen (zu metakommunizieren), zu nichts anderem führt als zu Manifestationen des Erstaunens, des Verleugnens und Verwerfens; um so mehr, als eine kritisch moralisierende Bewertung dieser Verhaltensweisen ja unvermeidlich wäre. Eine einfache und gut dosierte Verschreibung, bei der wir uns von den in der Sitzung beobachteten Redundanzen (ständig wiederholten Verhaltensweisen) leiten lassen, ermöglicht es uns dagegen, eine kritisch moralisierende Bewertung sowie die sich daraus ergebenden Verwerfungen zu vermeiden und die Beziehung neu als eine therapeutische zu definieren. Außerdem dient eine derartige Verschreibung, wie wir bereits dargelegt haben, dazu, das Beobachtungsfeld abzugrenzen und die nachfolgende Sitzung zu strukturieren. Tatsächlich kommt es bei den erwähnten chaotisch schwatzenden Familien sonst immer wieder vor, daß die zweite Sitzung der ersten vollkommen gleicht, *als habe* die Familie schon alle Informationen gegeben und könne sich nur mehr wiederholen. Bekommt die Familie jedoch eine Verschreibung, so ist sie gezwungen, den Therapeuten in der nächsten Sitzung darüber Bericht zu erstatten, wie sie diese angewendet hat.

Ein Beispiel: Es handelt sich um die erste Sitzung mit einer dreiköpfigen Familie, den Eltern und deren zehnjähriger Tochter, die seit ihrem vierten Lebensjahr psychotisch war. Das Mädchen, das drei Jahre lang regelmäßig eine Sonderschule besucht hatte, konnte immer noch nicht in die erste Volksschulklasse aufgenommen werden. Während jener ersten Sitzung beobachteten die Therapeuten ein sich dauernd wiederholendes Phänomen: Wenn sie dem Mädchen eine Frage stellten, antwortete an seiner Stelle sofort die Mutter. Ohne daß die Therapeuten irgendeine Bemerkung darüber gemacht hätten, erklärten die Eltern spontan, das Mädchen könne nicht antworten, da es nicht fähig sei, ganze Sätze zu bilden; es spreche nur einzelne Wörter.

Am Ende der Sitzung gaben die Therapeuten jedem Elternteil ein Heftchen mit folgender Verschreibung: Während der kommenden Woche sollten sie, jeder in sein Heftchen, alle verbalen Äußerungen des Mädchens notieren. Sie sollten dabei äußerst genau sein, um ja nichts zu vergessen. Schon eine einzige Unterlassung könne der therapeutischen Arbeit schaden.

Diese Verschreibung diente verschiedenen Zwecken:
Wir wollten

a) uns der Bereitwilligkeit der Eltern, sie durchzuführen, versichern;
b) dem Mädchen eine neue Erfahrung vermitteln: die Erfahrung, angehört zu werden und es eventuell fertigzubringen, einige Sätze voll auszusprechen (da ja die Eltern, wenn sie sich auf das Schreiben konzentrieren mußten, sie nicht unterbrechen konnten);
c) therapeutisch wichtige Daten einholen;
d) die nächste Sitzung durch das Lesen der Heftchen strukturieren und so verhindern, daß die Familie wiederum in Tratschereien und Wiederholungen verfiel.

Im weiteren Verlauf der Behandlung geschah Unglaubliches. In der zweiten Sitzung wurden aus dem Heftchen, das die Mutter führte, vollständige, wenn auch sehr einfache Sätze vorgelesen. Der Vater aber las aus dem von ihm geführten Heft einen Satz vor, der angesichts des stumpfsinnigen Verhaltens, das wir während der Sitzung an dem Mädchen beobachtet hatten, wirklich verblüffend war (das Mädchen hatte diese Frage gestellt, als es allein mit seinem Vater im Auto saß): »Papa, sag, haben Traktoren auch eine Kupplung?« Zu unserem noch größeren Erstaunen begleitete der Vater das Vorlesen dieses Satzes mit heftigem Kopfschütteln, schlug das Heft dann plötzlich zu, blickte uns verlegen an und murmelte in geheimnisvollem Ton: »... Also nun hören Sie doch bloß, was dieses Kind so sagt...«, so, als handelte es sich um einen Satz, der ganz unmißverständlich zeigte, daß es verrückt war.

Doch auch eine so harmlos erscheinende Verschreibung wie die oben dargelegte kann zu Fehlern führen, und zwar dann, wenn die Therapeuten Verhaltensweisen, die ein bestimmtes familiäres Spiel anzeigen, nicht wahrnehmen bzw. nicht im vollen Ausmaß zu werten wissen. So erging es uns bei einer Familie mit einem sechsjährigen psychotischen Kind und einer anscheinend gesunden 16jährigen Tochter. Am Ende der ersten Sitzung beschlossen wir, die Mutter ein Heft führen zu lassen, in dem alle verbalen Äußerungen des kleinen Patienten aufgezeichnet wurden. Diese Verschreibung sollte nur an die Frau gerichtet sein, unter dem Vorwand, daß der Vater, der als Reisender viel unterwegs war, die ganze Woche hindurch nicht daheim sei. Unsere Absicht ging dahin, mit dieser List das Paar zu trennen. Das Verhalten dieser Familie hatte uns leider dazu veranlaßt, zu glauben (aber wie naiv war das!), daß die Frau, wenn sie zur nächsten Sitzung alleine käme, uns gewisse Informationen geben würde, die sie in Gegenwart des Mannes nicht zu geben wagte. Als wir nach der Teamdiskussion wieder in den Therapieraum zurückkehrten, um die Verschreibung zu geben, hatte sich der Mann in einigen Schritten Abstand vor seiner Familie, die sitzen geblieben war, aufgestellt. Er hielt die Arme etwas ausgebreitet, wie jemand, der einen ausschließlichen Besitzanspruch stellt. Eine so eindeutige Kommunikation, wie sie sich in dieser Haltung ausdrückte, hätte uns darauf aufmerksam machen müssen, daß wir dabei waren, einen Fehler zu machen. Leider achteten wir nicht darauf und bestellten die Frau zur nächsten Sitzung allein. Am Tage der vereinbarten Zusammenkunft rief uns der Mann an, um uns mitzuteilen, daß seine Frau nicht kommen könne; sie sei krank und liege im Bett. Vergeblich versuchten wir, die Familie in die Therapie zurückzuholen. Der Fehler war nicht wiedergutzumachen.

In anderen Fällen, besonders dann, wenn die Familie selbst gar nicht zu einer Behandlung motiviert ist, sondern lediglich von anderen dazu gedrängt wird, greifen wir, um die Familie in einen Krisenzustand zu versetzen, zu einer komplizierteren Taktik und zu Verschreibungen, die keineswegs harmlos sind.

Dies ist einer der schwierigsten therapeutischen Schachzüge, wobei man sehr leicht Fehler machen kann, besonders was die richtige Dosierung sowie die Möglichkeit betrifft, alle Familienmitglieder auf derselben Ebene miteinzubeziehen.

Wir beschreiben nun ausführlich die erste Sitzung mit einer uns gänzlich unbekannten Familie, die von sich aus fest entschlossen war, uns lediglich das äußerste Minimum an notwendigen Informationen zu geben. Dieser Familie wollen wir den Namen Villa geben.

Die Familie war uns von einer Kinderpsychiaterin geschickt worden, die kurz zuvor Kontakt mit einem Kollegen unseres Zentrums aufgenommen hatte. Sie kündigte den Besuch der Familie an, gab aber, da sie sehr unter Zeitdruck stand, nur äußerst knappe Informationen über sie. Der »Patient« war ein fünfjähriger Junge, mit Namen Lillo. Ihre Diagnose lautete: Kindlicher Autismus. Die Therapeuten unterließen es versehentlich, unmittelbar vor der Sitzung nochmals Kontakt mit der Kollegin aufzunehmen, um konkrete Informationen zu erhalten, wodurch sie sich selbst dazu verurteilten, herumraten zu müssen.

Auf dem Aufnahmeformular (das einige Monate zurücklag) war das Telefonat, das anläßlich der Voranmeldung mit der Mutter geführt worden war, fast wörtlich vermerkt.
In diesem Gespräch sagte sie, es habe sie sehr große Mühe gekostet, ihren Mann zu einem Besuch bei uns zu bewegen. Es sei ihr nur deshalb gelungen, weil die Psychiaterin, die Lillo mit Psychopharmaka behandelte, sich geweigert hätte, das Kind weiterzubehandeln, bevor nicht eine familientherapeutische Sitzung in unserem Institut stattgefunden habe.
Lillos Krankheit, so fuhr die Mutter fort, hatte begonnen, als er dreieinhalb Jahre alt war, *im Anschluß an eine starke Erkältung*. Diese Krankheit hatte Lillo vollkommen verändert. Er wollte nicht mehr spielen, weder allein noch mit anderen Kindern. Seit jener Zeit verhält er sich daheim ganz still, wie abwesend. Manchmal weint er anscheinend ohne Grund. Bei Tisch muß man ihn füttern, weil er ganz verträumt dasitzt und wie geistesabwesend ißt. Manchmal hat er plötzliche Wutanfälle ohne erkennbares Motiv; dabei schleudert er irgendwelche Gegenstände weit von sich. In solchen Fällen gibt die Mutter ihm zu essen, dann beruhigt er sich.
In der ersten Sitzung präsentiert sich ein Elternpaar, das in seinem Gebaren wesentlich älter wirkt, als es tatsächlich ist. Die Mutter schiebt ein Kind mit gelblichem Teint und dem Aussehen eines alten Mannes, mit starkem Bäuchlein und einem Schafsgesicht, vor sich her. Das Kind bleibt den größten Teil der Sitzung unbeweglich im Sessel sitzen. Es spricht nichts und beantwortet keine Frage. Die Therapeuten forschen kurz nach der Geschichte der Eltern. Es stellt sich heraus, daß die beiden verhältnismäßig spät geheiratet haben. Kennengelernt hatten sie sich durch eine katholische Heiratsvermittlung. Beide hatten zuvor keinerlei Erfahrungen mit Liebesbeziehungen gehabt. Nach eigenem Bekunden waren sie sich sofort einig gewesen, weil sie beide »einfach« waren und dieselben Ansichten hatten. (Sie unterstreichen dabei die Bezeichnung »einfach«, was im Laufe des Gesprächs mit höchster Redundanz wiederholt wird.) Ihr soziokulturelles Niveau ist sehr niedrig. Beide haben das Abgangszeugnis der fünften Elementarklasse.
Die sogenannten Kommunikationsstörungen zeigen sich bei beiden auf eindrucksvolle Weise. Die ewigen Reden und Gegenreden, die Negierungen und die Zurückweisung der Negierungen machen die Interaktion beinahe unerträglich; dazu kommt noch die Gewohnheit, die Sätze fast immer mit einem geheimnisvollen »aber« zu beenden, das den Fragenden mit leeren Händen zurückläßt. Als wir unsere besondere Aufmerksamkeit auf die Beziehung zu den entfernteren Verwand-

ten des Paares richten, glauben wir zu erkennen, daß die Familie der Frau eigentlich ziemlich im Hintergrund geblieben ist und keine besondere Rolle spielt. Äußerst verwickelt und kompliziert scheinen uns jedoch die Beziehungen zur Familie des Mannes.
Dieser hatte bis zu seinem 37. Lebensjahr mit seiner Mutter und einer jüngeren Schwester, Zita, zusammengelebt. In demselben dreistöckigen kleinen Haus wohnten auch seine beiden Brüder mit ihren Frauen und Kindern. Beide Brüder haben eine abgeschlossene Schulbildung und leben in guten wirtschaftlichen Verhältnissen. Das Haus war mit einem Bankkredit gebaut worden, der noch nicht getilgt ist.
Nina, die junge Frau, war von der Schwiegermutter und der Schwägerin »wegen ihrer Einfachheit« gut aufgenommen worden. Um den Neuvermählten Platz zu machen, wurde die Wohnung der Schwiegermutter durch einen Kasten, der quer im gemeinsamen Gang aufgestellt wurde, aufgeteilt. Bis zum Tod der Schwiegermutter ging alles gut. Sofort nach deren Tod jedoch begann Zita mit den Brüdern zu streiten: Sie forderte, daß ihr die Brüder ihren Hausanteil für eine horrende Summe abkauften. Nina, die doch alles recht machen wollte, wurde von Zita heftigst angeklagt, »die Ursache von allem« zu sein. Dies führte bei ihr zu einem seelischen Zusammenbruch und einer heftigen Empörung gegen ihren Mann, der sich gegen eine so ungerechte Anklage nicht zur Wehr zu setzen vermochte. Am Ende kamen die Brüder mit Hilfe von Freunden überein, Zita eine bestimmte Summe auszuzahlen; diese heiratete daraufhin und verschwand. Zu dieser Zeit (kurz vor Lillos Erkrankung) bestand Nina, die sehr depressiv war, bei ihrem Mann heftig darauf, die Wohnung zu wechseln und sich so den Streitereien zu entziehen, erreichte jedoch nichts.
Nachdem Zita weggezogen war, wurden die Beziehungen zu den Brüdern und Schwägerinnen merklich kühler. »Die schönen Zeiten, in denen wir uns abends alle in der Küche der alten Mama getroffen hatten, um fernzusehen, waren endgültig vorbei.« Trotz eindringlicher Fragen konnten wir den Grund für diese Entfremdung absolut nicht herausbekommen. Wie war denn das gewesen? War nicht Zita die einzige Ursache des Streits gewesen? Hatten sich nicht alle gegen sie verbündet? Die Fragen brachten nichts als vage Antworten, nach dem Motto: »Ein gebranntes Kind fürchtet das Feuer« ... Es war aber nicht möglich, festzustellen, wer sich verbrannt hatte.
Bald nach der Heirat Zitas wurde Lillo plötzlich anders. Unsere Bemühungen, etwas über die vorausgegangenen Ereignisse zu erfahren, gehen in einem Meer von Widersprüchen unter. Genauso unmöglich ist es, Näheres über die Anzeichen von Lillos Krankheit zu erfahren.

Dieser letzte Versuch der Therapeuten, an die Familie heranzukommen, hat lediglich zur Folge, daß Lillo zum ersten Mal von seinem Sessel aufsteht: Zweimal nähert er sich der Mutter, um ihr zärtlich den Mund zu verschließen, mehrere Male zupft er sich an den Ohren. Mit dem Vater, der am anderen Ende des Zimmers auf dem Sesselrand sitzt, nimmt er keinerlei Kontakt auf.

Bei der Diskussion über die Sitzung fällt uns auf, daß der Familie jegliche Motivation fehlt, sich einer Therapie zu unterziehen. Sie ist nur gekommen, um die Ärztin zufriedenzustellen; es ist jedoch offenkundig, daß sie uns entscheidende Informationen verschweigt.

Deshalb wäre es ein Fehler, dieser Familie eine Familientherapie anzubieten.

Dagegen erscheint es uns zweckmäßig, die Notwendigkeit einer Familientherapie zwar deutlich hervorzuheben, sie dieser Familie im Moment aber zu verweigern, um die Eltern dazu zu bringen, selbst um eine Behandlung zu ersuchen.

Aber wie? Der Hinweis der Therapeuten auf die Möglichkeit, die Wohnung zu wechseln, war bei beiden auf eine Mauer von Widerstand gestoßen: ein Umzug sei aus finanziellen Gründen gänzlich unmöglich. Es ist zwecklos, weiter darauf zu bestehen. Außerdem ist es klar, daß das Paar schon längst umgezogen wäre, wenn es sich dazu hätte entschließen können. Warum aber verlassen sie das Feld nicht? Wir halten die folgende Hypothese für die wahrscheinlichste: Vermutlich hoffen beide, irgend etwas von den Verwandten zu erhalten.[1]

In diesen stummen, verwickelten Kampf scheint Lillo schwerstens verstrickt zu sein. Es ist wahrscheinlich, daß er den verbalen Befehl bekommt, zu den Verwandten höflich zu sein und im Hofe mit den kleinen Vettern zu spielen, während gleichzeitig stillschweigend der Befehl an ihn ergeht, sich fernzuhalten. In diesem »double bind« entscheidet sich Lillo für ein psychotisches Verhalten: Er gibt sich künftighin mit niemandem mehr ab.

Nach dieser Diskussion entschließen wir uns zu der folgenden therapeutischen Intervention: Wir werden der Familie feierlichst ein von

---

[1] Diese Hypothese basiert auf Erfahrungen, die wir wiederholt mit Familien psychotischer Kinder gemacht haben. Häufig trafen wir Elternpaare, die in einer doppelten, verdeckten Symmetrie gefangen waren: der Symmetrie zwischen ihnen beiden und der Symmetrie mit irgendeinem wichtigen Mitglied der weitverzweigten Verwandtschaft. Die beiden Ehepartner konkurrierten miteinander, insofern jeder sich erwartete, daß er eines Tages die Siegespalme erringen, d. h. eine bedingungslose Bestätigung erhalten würde (die selbstverständlich nie eintritt).

uns verfaßtes Schreiben übergeben, das für die zuweisende Ärztin bestimmt ist, mit der die Familie sich in 14 Tagen treffen soll.
Dieses Schreiben wird aber nicht wie sonst in einem geschlossenen Umschlag überreicht. Vielmehr wird es von einem Therapeuten laut und deutlich vorgelesen, bevor es der Vater ausgehändigt bekommt. (Dies dient dem Zweck, die verschiedenen Reaktionen »einzufangen«.)
Das Schreiben hat folgenden Inhalt:

Sehr geehrte Frau Kollegin,

wir stimmen völlig mit Ihnen überein, daß bei der Familie Villa ca. zehn familientherapeutische Sitzungen notwendig sind. Jedoch kann zum gegenwärtigen Zeitpunkt die Therapie nicht fortgesetzt werden. Der Grund dafür ist die außergewöhnliche Sensibilität Lillos. Lillo ist ein außergewöhnlich empfindsames Kind: Schon im Alter von dreieinhalb Jahren wollte er nicht mit Leuten spielen, die seine Mutter nicht schätzten.
Leider sehen wir, soweit wir das in der Sitzung feststellen konnten, zur Stunde keinerlei Möglichkeit, daß die Mutter jene Achtung, die die Schwiegermutter ihr aufgrund ihrer Einfachheit zollte, wiedergewinnen kann. Aus diesem Grunde kann Lillo sich nicht wie andere Kinder benehmen und wieder zu spielen anfangen. Gerade weil es sich um Probleme mit den Verwandten handelt, ist Lillo so feinfühlend, daß er, um niemanden zu verletzen, weder allein noch mit anderen Kindern spielt. Nur wenn Frau Villa einen Weg findet, die Wertschätzung ihrer Verwandten wiederzuerlangen, sehen wir uns in der Lage, eine zweite Sitzung anzubieten.

Dieses Schreiben, das laut und mit gut dosierten Pausen von einem Therapeuten vorgelesen wird, ruft bei Lillo dramatische Reaktionen hervor. Als der Therapeut zu den Worten kommt: »Lillo ist so feinfühlend, daß er, um niemanden zu verletzen ...«, beginnt sich das Gesicht des Kleinen zu verzerren. Die Therapeuten hinter dem Spiegel beobachten ihn intensiv. Sein Kinn beginnt zu zittern, er preßt die Lippen aufeinander, versucht, an sich zu halten, aber schließlich bricht er in heftiges Weinen aus. Dann springt er plötzlich auf, wirft sich auf die Mutter und beginnt sie zu küssen und zu liebkosen. Die Mutter ihrerseits wendet sich, während sie diese Liebkosungen über sich ergehen läßt, lebhaft an die Therapeuten: »Das ist aber nicht einfach! Wie soll ich denn einen Weg finden, um von meinen Schwägern anerkannt zu werden?« Eine Reaktion der Bestätigung — wie die von Lillo –, doch völlig überraschend, da diese Frau sich so verhält, als sei sie selbst es gewesen, die den Therapeuten diese Information gegeben hat! Der Vater dagegen, der sich am anderen Ende des Zimmers befindet, bleibt stumm und unbeweglich. Dann stehen die Therapeuten auf, um sich zu verabschieden; Lillo wirft sich schreiend und strampelnd zu Boden,

während er haßerfüllte Blicke auf die Therapeuten wirft. Die Eltern bringen ihn mühsam weg.
Einige Zeit nach dieser Sitzung telefonierten wir mit der zuweisenden Kollegin. Im Laufe des Gesprächs gab sie uns wesentliche Informationen. Sie berichtete uns, daß das psychotische Verhalten Lillos vor eineinhalb Jahren mit einer Krise, während der er wild agiert hatte, begonnen habe; im Verlauf dieser Krise hatte der Kleine heftig immer dieselben Worte wiederholt: »Ziehen wir aus, ziehen wir aus ...« Während eines diagnostischen Gesprächs, bei dem man ihn aufforderte, etwas zu zeichnen, hatte er einen Hof voll kleiner Männchen gezeichnet. Eines von ihnen, das *größer war als die anderen,* war auf die Seite gestellt, isoliert in einem Kreis und bedeckt von einem schwarzen Vogelkäfig.
Darüber hinaus berichtete die Kollegin, sie dringe seit einem Jahr darauf, die Eltern möchten doch ausziehen. Sie war sogar so weit gegangen, ihnen genau vorzurechnen, daß das finanziell durchaus nicht unmöglich sei. Selbstverständlich jedoch liegen die Motive, das nicht zu tun, ganz woanders!
Unsererseits erklären wir der Kollegin, daß das Schreiben, das ihr die Familie übergeben werde, der Versuch einer paradoxen Intervention sei; d. h., wir machten die Fortsetzung der Therapie von der Verwirklichung einer unmöglichen Forderung abhängig: von der Forderung, die Wertschätzung der Verwandten wiederzuerlangen. Denn falls dies möglich wäre, wäre die Therapie nicht mehr notwendig. Lillo wäre geheilt. Da es jedoch unmöglich ist, die Wertschätzung der Verwandten wiederzugewinnen, sind die Eltern in einer Zwickmühle: Sie haben die Wahl, entweder auf die Therapie zu verzichten oder das Feld zu verlassen, d. h. die Forderung, die verlorene Wertschätzung wiederzuerlangen, aufzugeben.
Nach einem Monat meldete sich die Mutter wieder. Sie telefonierte mit der Therapeutin und berichtete ihr, daß die behandelnde Ärztin eine Besserung bei Lillo festgestellt habe, doch dringe sie darauf, daß die Familie um eine zweite Sitzung ersuchte. Im Moment sei das jedoch unmöglich. Zum ersten Mal in ihrem Leben hatten sie beschlossen, gemeinsam für 14 Tage ans Meer zu fahren. »Ich weiß«, fügte sie hinzu, »daß das nichts nützt, aber es ist das erste Mal, seit wir verheiratet sind, daß wir das Haus gemeinsam verlassen. Wie auch immer, Frau Doktor, ich bin jetzt überzeugt, daß alles nur meine Schuld ist!«
Nach einem weiteren Monat telefonierte die Frau wieder mit der Therapeutin: »Wir waren mit Lillo wieder bei einer Kontrolluntersuchung. Die Ärztin hat eine Besserung festgestellt, sie sagt jedoch, es sei not-

wendig, daß wir Sie wieder aufsuchen. Mein Mann ist aber wegen der Kosten nicht damit einverstanden. Ich weiß nicht, was ich machen soll...« Nach diesem Telefonat besprachen wir den Fall aufs neue und überlegten, welche therapeutische Intervention angezeigt wäre. Wir sagten uns, daß die Intervention in den wesentlichen Zügen stark genug und auch richtig gewesen sei und einen gewissen Erfolg gebracht habe. Doch stellten wir fest, daß wir zwei Dinge vergessen hatten: Erstens hatten wir versäumt, den Vater direkt miteinzubeziehen; wir hätten in dem Schreiben feststellen sollen, daß er derjenige sei, der am meisten litt unter dem Verlust der Wertschätzung, der seine Frau getroffen hatte. Zweitens hatten wir vergessen, das Paradoxon, das wir am Ende der ersten Sitzung aufgestellt hatten, durch ein weiteres zu vervollständigen: durch das Paradoxon, einen nachfolgenden Termin zu fixieren — und sei es auch erst zu einem viel späteren Zeitpunkt —, in auffälligem Gegensatz zu unserem Schreiben, in dem wir festgestellt hatten, es sei unmöglich, die Therapie fortzusetzen.

Weniger groß sind die Schwierigkeiten in der ersten Sitzung, wenn die Familie voller Kummer oder mitten in einer Krise zu uns kommt, und nicht nur auf Drängen anderer.[2] Es ist dann durchaus möglich, schon in der ersten Sitzung das Symptom des »Patienten« zu verschreiben, und man erreicht damit oft einen erstaunlichen Erfolg, vorausgesetzt, daß man darauf achtet, das Symptom positiv im Sinne des Systems zu bewerten und damit die homöostatische Tendenz zu unterstützen.

Wir berichten nun von der ersten Sitzung mit einer Familie, die wir Lauro nennen wollen. Das Gespräch war ziemlich rasch (drei Wochen nach der ersten Anfrage) vereinbart worden, sei es, weil uns der Fall so dringend erschienen war, sei es wegen der wiederholten Anrufe des Vaters, der äußerst bedrängt und verzweifelt wirkte. Die Familie war von einer jugendpsychiatrischen Station, auf der der Sohn untersucht und einer Reihe psychodiagnostischer Tests unterzogen worden war, zu uns geschickt worden. Die Diagnose lautete: Akute psychotische Syndrome eines intellektuell überbegabten Zehnjährigen. Man hatte ihm in ziemlich hohen Dosen Psychopharmaka verschrieben und verabreicht, jedoch ohne Erfolg.

In der ersten Sitzung stellt sich der Vater als ein leicht erregbarer Mann von etwas schlaffem Aussehen dar. Die Mutter, schlank und ge-

---

[2] Wir lehnen es aufgrund schlechter Erfahrungen übrigens grundsätzlich ab, eine Familie anzunehmen oder das Gespräch mit ihr fortzuführen, wenn ein Familienmitglied in Einzeltherapie ist. In diesem Fall ist, selbst wenn der Kollege zustimmt oder sogar selbst der Überweisende wäre, ein Wettstreit zwischen den beiden Therapien unvermeidlich.

pflegt, wirkt dagegen kontrolliert und distanziert. Der zehnjährige Ernesto, das einzige Kind des Paares, ist für sein Alter sehr groß und weit entwickelt und frappiert durch ein seltsames, ans Possenhafte grenzendes Verhalten. Er geht steif, etwas nach vorne geneigt, mit kleinen, schleppenden Schritten, wie ein Greis. Genau in der Mitte zwischen Vater und Mutter sitzend, antwortet er auf die Fragen der Therapeuten in nasalem Tonfall, mit Falsettstimme. Er verwendet ungebräuchliche, schwierige Wörter, abwechselnd mit Ausdrücken aus Schulbüchern des frühen 19. Jahrhunderts. Er unterbricht z. B. eine Rede des Vaters mit folgendem Satz: »Es ist vonnöten, mit der klärenden Feststellung einzugreifen, daß wir Männer uns kein X für ein U vormachen lassen.«

Wir erfahren, daß jenes Betragen Ernestos vor drei Monaten plötzlich einsetzte, nachdem die Familie kurze Zeit eine Verwandte zu Gast gehabt hatte. Ernesto zog sich in sich zurück, brach häufig in anscheinend unmotiviertes Weinen aus und ballte oft drohend die Fäuste, ohne sich gegen jemand Bestimmten zu wenden. Er, der in den vorausgegangenen Jahren immer der Klassenbeste war, ist gegenwärtig der Schlechteste in der Klasse. Er will trotz der hänselnden Bemerkungen der Kameraden, zu denen er nur feindselige Beziehungen hat, von der Mutter in die Schule geführt werden. Mit dem Vater will er nicht mehr ausgehen, weil er fürchtet, irgend jemand würde auf den Vater schießen und, das Ziel verfehlend, ihn treffen. Trotz der tiefbetrübten Proteste des Vaters behauptet er, immer wenn er mit diesem gehe, werde er von einem mageren, streng blickenden Mann mit Bart verfolgt: »Ich sah ihn von hinten, dann sah ich ihn von vorne, und da ich nicht an Sinnestäuschungen leide, erkannte ich ihn jedesmal sehr genau wieder.«

Aus der Geschichte der Familie Lauro geht hervor, daß sie immer mit der Familie der Frau zusammengewohnt hatte; diese bestand aus dem Vater und drei älteren Brüdern (die Mutter war jung gestorben). Giulia, Ernestos Mutter, mußte sie alle jahrelang versorgen und war dadurch chronisch erschöpft. Als endlich zwei Brüder verheiratet waren, mieteten die Lauros ein eigenes Haus, und der Großvater zog zu ihnen. Dort blieb er vier Jahre lang, bis zu seinem Tode. Ernesto war sechs Jahre alt, als er starb. Danach zog die Familie noch einmal um.

Nach Aussage der Eltern litt Ernesto sehr unter dem Tod des Großvaters, an dem er sehr gehangen hatte. Er war immer ein altkluges Kind gewesen, doch aufgeschlossen und lustig. Nach dem Tod des Großvaters schloß er sich zu Hause ein und besuchte seine Freunde nicht mehr; die Nachmittage verbrachte er mit seinen Hausaufgaben oder mit Lesen. Die Eltern waren damit zufrieden, da seine Schulerfolge außerordentlich gut waren.

Im September, nach der Abreise der Tante, veränderte sich Ernesto auf plötzliche und dramatische Weise. Die Eltern können sich nicht erklären, warum. Man erfährt nur, daß Giulia mit der Schwägerin eine äußerst glückliche Zeit verlebt hatte. Sie hatte die Schwägerin, die sonst nur während der Sommerferien kam, einen Monat lang zu Gast gehabt; diese war ausnahmsweise gekommen, weil sie sich einer Reihe ärztlicher Untersuchungen unterziehen mußte.»Ich war so glücklich, denn ich hatte immer nur mit Männern zusammengelebt, und ich konnte es gar nicht fassen, nun mit einer Frau zusammenzusein, mit der ich so viele Dinge besprechen konnte.« Mehr bekommen die Therapeuten nicht heraus. Sie gehen dann dazu über, die Eltern zu fragen, was ihrer Meinung nach mit Ernesto geschehen solle, der wie ein Achtzigjähriger wirke und wie ein Buch aus dem vorigen Jahrhundert rede. Der Vater schweigt sich aus. Die Mutter spielt die Sache herunter, indem sie sagt, Ernesto sei immer schon ein sehr frühreifes Kind gewesen und habe von jeher über einen großen Wortschatz verfügt. Sie gibt jedoch zu, daß das Phänomen sich seit kurzem sehr gesteigert habe. Ernesto unterbricht mit einem geheimnisvollen Satz in seinem geschraubten Stil: »Ihre Frage verwundert mich gar nicht, nein, sie verwundert mich keineswegs. Es ist dies schon festgestellt worden. Ich glaube, es kommt daher, daß mir die Zusammenfassungen keineswegs gefallen.« (Spielt er vielleicht auf die vage, ungenaue Art an, in der sich seine Angehörigen ausdrücken?) »Ich stelle niemals Fragen. Ich lese viel. Ich suche die Antworten in den Texten. Ich ziehe es vor, die Texte zu lesen.«

An dieser Stelle rufen die beiden Supervisoren hinter dem Spiegel einen der Therapeuten heraus. Inzwischen ist klargeworden, daß Ernesto den Großvater mimt. Es ist besser, keine weiteren Fragen mehr zu stellen, da die Familie offensichtlich entschlossen ist, allen Fragen auszuweichen. Es ist notwendig, Ernesto direkt miteinzubeziehen, mit ihm zu arbeiten. Nach einigen Minuten bittet der Therapeut Ernesto, ihm zu erzählen, wie der Großvater gewesen sei, wie er sich benommen habe. Ernesto weist den Angriff zurück, schweift ab und sagt, er könne sich nicht mehr erinnern. Dann bittet der Therapeut Ernesto, vorzumachen, wie der Großvater mit der Mama gesprochen habe. Nachdem Ernesto etwas nachgedacht hat, entschließt er sich, das zu tun. Indem er sich feierlich in seinem Sessel zurechtsetzt, ruft er aus: »Aber geh, Giulia, aber geh...« (Der Ton ist sehr überlegen, begleitet von einer Geste, die zu sagen scheint: »Hör mit den Dummheiten auf...«) An-

schließend bittet der Therapeut Ernesto zu zeigen, wie Papa mit der Mama daheim spricht. Wieder zögert Ernesto lange, dann wendet er sich an den Vater und sagt: »Papa, ich möchte dich nicht verletzen..., aber wenn es da von Nutzen sein kann...« Der Vater gibt ein vages Zeichen der Zustimmung. Ernesto fährt daraufhin mit der Imitation fort: »Giuuulia..., Giuuulia... (mit weinerlicher Stimme), ich werde für alles sorgen — ich bitte dich..., geh dein Mittagsschläfchen machen.«
Danach stehen die Therapeuten auf und verlassen das Zimmer.
Die zwei Beobachter hinter dem Spiegel verweilen noch etwas. Sie sehen, daß der Vater Ernesto heftige Vorwürfe macht: »Warum hast du den Ärzten all diese Dinge erzählt?« Ernesto antwortet ihm: »Damit sie es wissen..., daß du gut bist, herzensgut...« Die Mutter wirkt während der ganzen Zeit in sich gekehrt, unbeweglich, wie gelangweilt.
In der Teamdiskussion setzt sich die Hypothese durch, daß Ernesto, der sich zwischen einem unversöhnlichen Paar befand, gleich nach dem Tode des Großvaters vor einem möglichen Unglück gewarnt habe. Indem er sich lesend und studierend zu Hause einschloß, wollte er den Großvater ersetzen. Mit der Ankunft der Tante — wodurch möglicherweise ein Bündnis der beiden Frauen drohte — mußte ihm die Gefahr einer Veränderung noch größer erscheinen. Das Team kommt überein, daß Ernesto im Innersten mehr an den Vater gebunden, jedoch von dessen Unfähigkeit überzeugt sei, eine männliche Rolle zu übernehmen, um die wachsende mütterliche Macht auszubalancieren. Um die Homöostase zu verstärken, ließ Ernesto den Großvater wiederauferstehen, den einzigen Menschen, der fähig gewesen war, die Mutter zu überwachen und sie auf ihren Platz zu verweisen. Mehr zu verstehen, gelingt dem Team im Moment nicht. Wir beschließen jedoch, die Sitzung mit einem Kommentar zu beenden, der Ernestos Verhalten positiv anerkennt; die Eltern sollen dabei keineswegs kritisiert werden, doch wird auf versteckte, nonverbale Art darauf angespielt, daß Ernesto eine gewisse Angst um den Vater habe, dieser könne möglicherweise eine Niederlage erleiden.
Nachdem dieser Kommentar auch im Hinblick auf die nonverbalen Aspekte minuziös vorbereitet ist, betreten die beiden Therapeuten wieder das Sitzungszimmer. Die Ansicht, zu der das Team gekommen ist, wird durch den Platzwechsel, den Ernesto inzwischen vorgenommen hat, unmittelbar bestätigt. Er hat seinen Sessel weit näher an den seines Vaters herangeschoben, ihn jedoch etwas vorgezogen, so, als wolle er den Vater vor den Therapeuten verbergen.

Als erstes bringen die Therapeuten ihre Entscheidung zum Ausdruck, daß es notwendig sei, die Familientherapie fortzusetzen. Diese wird mit zehn Sitzungen, die in Abständen von ca. einem Monat stattfinden sollen, geplant.

Ernesto *(aufgebracht, aber immer im Falsett-Ton eines Greises)*: Aber die Antwort? Wie ist die Antwort?

Therapeut: Am Ende dieser Sitzung wollen wir uns an dich wenden, Ernesto, um dir zu sagen, daß du etwas Gutes tust. Wir haben verstanden, daß du im Großvater sozusagen den Hauptpfeiler deiner Familie gesehen hast *(die Hand des Therapeuten bewegt sich in vertikaler Richtung, wie um eine imaginäre Säule anzuzeigen),* der sie stützte und ein gewisses Gleichgewicht herstellte *(der Therapeut streckt die Hände waagrecht auf derselben Höhe aus).* Nachdem der Großvater fehlte, hast du Angst bekommen, daß sich etwas ändern könnte. Deshalb legtest du dir die Rolle des Großvaters zu, vielleicht aus Angst, daß das Gleichgewicht gestört werden könnte *(der Therapeut senkt langsam die rechte Hand, auf der Seite, auf der der Vater sitzt).* Im Augenblick ist es gut, wenn du in dieser Rolle, die du dir spontan zugelegt hast, weitermachst. Du darfst bis zur nächsten Sitzung, die am 21. Januar sein wird, nichts verändern. *(Dazwischen liegen fünf Wochen.)*

Anschließend stehen die Therapeuten auf, um sich zu verabschieden. Die Eltern scheinen sprachlos, verwirrt. Ernesto aber springt, nach einem kurzen Schockmoment, von seinem Sessel auf und stürzt sich, das Benehmen eines Achtzigjährigen vergessend, auf die Therapeutin, die gerade hinausgehen will. Er hält sie an und ruft:

Ernesto: Und die Schule? ... Wissen Sie, daß ich in der Schule entsetzlich schlecht bin? Wissen Sie das? ... Wissen Sie, daß ich möglicherweise die Fünfte wiederholen muß? ... Wissen Sie das?

Therapeutin *(liebevoll)*: Im Moment bist du durch die Aufgabe in der Familie, die du dir selbst großmütig auferlegt hast, so ausgefüllt, daß es nur natürlich ist, wenn dir für die Schule keine Energie mehr bleibt... Wie könnte das auch anders sein? ...

Ernesto *(die Stimme erhebend, mit verzweifeltem Ausdruck)*: Aber wie viele Jahre muß ich denn die fünfte Klasse wiederholen, um sie zusammenzubringen? Und wird mir das gelingen? Sagen Sie mir das! ...

Therapeutin: Darüber werden wir am 21. Januar sprechen. Jetzt kommen die Weihnachtsferien.

Mutter *(sehr aufgebracht)*: Ich bin gar nicht dazu gekommen zu sagen, was im September passiert ist ..., ich wollte sagen ...

Therapeut: Wir verlegen das alles auf die nächste Sitzung.

Der Vater verwirft alles Geschehene, indem er banale Ratschläge, die die Weihnachtsferien betreffen, fordert.

Aus den unmittelbar erfolgten Reaktionen ging hervor, daß diese erste Intervention richtig war. In der zweiten Sitzung stellten wir weitere Veränderungen fest. Ernesto hatte das greisenhafte Gebaren aufgegeben, sprach jedoch noch etwas geschraubt. Seit zwei Wochen hatte er gute Schulerfolge und sprach nicht mehr von Verfolgern mit streng blickenden Gesichtern. Diese Veränderungen ermöglichten es uns, weitere Informationen zu erlangen und Schritt für Schritt neue, wirksame Interventionen zu finden. Diese wiederum führten zu weiteren Verhaltensänderungen und, davon ausgehend, zu weiteren Informationen. Nach zehn Sitzungen hatte sich nicht nur Ernesto, sondern die ganze Familie völlig verändert.

Die siebte Sitzung mit der Familie Lauro wird im elften Kapitel beschrieben.

9

Familienrituale

Eine therapeutische Taktik, die sich als äußerst wirkungsvoll erwiesen hat, besteht darin, der Familie Rituale zu verschreiben, sowohl Rituale, die nur einmal zur Anwendung kommen, als auch solche, die mehrmals wiederholt werden. Unter den verschiedenen Familienritualen, die wir bisher verschrieben haben, und die zu erstaunlichen Erfolgen führten, ist eines, das wir aus verschiedenen Gründen besonders ausführlich darstellen wollen.

Um dieses Ritual zu verstehen, ist es notwendig, daß der Leser die Geschichte der Familie Casanti, der wir es verschrieben haben, und die sich über Generationen hinziehende Entwicklung ihres Mythos kennenlernt.

Die Darstellung der wenn auch verkürzten Gespräche im Verlauf der therapeutischen Behandlung erlaubt es uns, die Fehler, die unser Team gemacht hat, im einzelnen zu analysieren. Fehler sind ja in der Regel wesentlich lehrreicher als Erfolge. Und gerade die Fehler, die wir machten, und die darauffolgenden Reaktionen brachten uns schließlich darauf, das Ritual zu verschreiben.

Wir geben die sich über drei Generationen erstreckende Familiengeschichte der Casanti so wieder, wie wir sie rückblickend am Ende der Therapie zu rekonstruieren vermochten.

Ein Ritus gegen einen tödlichen Mythos

Die Geschichte der Casanti beginnt in den ersten Jahren des 19. Jahrhunderts auf einem großen, abgelegenen Landgut in einem der am wenigsten entwickelten Gebiete Mittelitaliens. Seit vielen Generationen arbeiten die Casanti, die keine Gutsbesitzer, sondern Halbpächter sind, dort im Schweiße ihres Angesichts um ein karges Auskommen. Die erste Generation besteht aus dem Vater, »il capoccia« (dem Anführer), einem Mann mit eiserner Faust, der hart arbeitet, und dessen unbestrittene Autorität sich auf eine alte, patriarchalische, noch gänzlich aus der Feudalepoche stammende Tradition stützt — und der Mutter, einer Frau, die nach dem Modell der »Familienbücher« (»Libri della famiglia«) von Leon Battista Alberti (um 1400) geformt zu sein scheint: eine unermüdlich arbeitende, unendlich sparsame Frau, ganz und gar davon überzeugt, daß Frauen lediglich dazu da seien, zu dienen, Kinder zu gebären und aufzuziehen, ohne jemals die Rechte und die Überlegenheit der Männer in Frage zu stellen, und dies alles um nicht mehr und nicht weniger als um den Lohn der Befriedigung, sich tugendhaft fühlen zu können. Sie hat ihrem Mann fünf Söhne geboren, die die zweite Generation bilden; der jüngste, Siro, ist der Vater unserer Familie.

Von jeher wurden diese Menschen als Bauern geboren, und sie sterben auch als Bauern. Die Arbeit ist hart, und die Viehhaltung erlaubt keinen freien Tag, nicht einmal sonntags. Die Söhne, die im nächstgelegenen Dorf auf irgendeine Weise Lesen und Schreiben gelernt haben, werden so früh wie möglich auf die Felder geschickt, wo man noch schwer mit den Händen arbeitet. Die menschliche Arbeitskraft ist deshalb besonders wertvoll. Es ist keine Alternative denkbar, und es gibt keine Möglichkeit, auszubrechen. Was könnte ein unwissender Bauer auf einem Hof, der gerade groß genug ist, um alle zu ernähren und noch einiges an Ersparnissen bringt, schon anderes tun, als mit den Seinen beisammenzubleiben? Die einzige Möglichkeit ist, zu schuften und zusammenzuhalten.

In jenen Gebieten, die in den dreißiger Jahren von der übrigen Zivilisation noch fast gänzlich abgeschnitten waren, sah man in der bäuerlich-patriarchalischen Familie die einzig sichere Gewähr für das Überleben und die Würde der Angehörigen. Fortzugehen bedeutete zu emigrieren, entwurzelt zu werden und im Falle von Krankheit und Unglück ohne jeglichen Halt und die Solidarität der Gruppe völlig allein dazustehen. In einer solchen Kultur ist der Vater von Söhnen zu beneiden. Nicht nur, daß er über genügend Arbeitskräfte für die Feldarbeit verfügt — er hat zu gegebener Zeit auch folgsame und fleißige Schwiegertöchter, die wiederum dazu bestimmt sind, in Haus und Hof zu arbeiten. Die Söhne der Casanti wurden deshalb angehalten, einer nach dem anderen, möglichst früh zu heiraten. Die Braut würde, wenn sie die nötige Zustimmung der Familienmitglieder gefunden haben würde, mit der großen Familie zusammenwohnen und dem »capoccia«, der Schwiegermutter, dem Ehemann, den Schwägern und Schwägerinnen, die vor ihr dagewesen waren, untergeben sein.

Durch solche jahrhundertealten Gepflogenheiten waren die Casanti geprägt. Die ersten vier Brüder waren bereits längere Zeit verheiratet, als Siro, der jüngste, aus dem Krieg heimkehrte. Er war von 1940 bis 1945 fort gewesen, er hatte gekämpft und viel gesehen. Beim Militär hatte er eine gewisse Ausbildung erhalten, einen Kurs als Mechaniker absolviert und den Führerschein für Lastkraftwagen erworben. Nach seiner Rückkehr aus dem Kriegsdienst fühlte er sich depressiv und dem

Leben auf dem Hof völlig entfremdet. Er konnte einige Zeit nicht arbeiten und wurde wegen »Erschöpfung« ärztlich behandelt. Nach und nach erholte er sich und nahm die Arbeit wieder auf. Bald fing der »capoccia« an, ihn zu bedrängen: Es war Zeit, daß er heiratete. Zwei Schwiegertöchter waren schwanger, und man brauchte eine Frau, die in der Küche arbeiten und die Aufsicht über das Vieh führen konnte.
Es gab auch schon eine Kandidatin, eine Bauerntochter. Aber Siro hatte Pia, eine zierliche Schneiderin, im Kopf, die er vor Jahren während seines Militärdienstes in der Stadt kennengelernt hatte. Er suchte sie wieder auf und fand sie in ziemlich niedergedrückter, trauriger Stimmung. Sie war nach einer jahrelangen Verlobungszeit von ihrem Bräutigam verlassen worden und fühlte sich als Frau am Ende. So entschloß sie sich, entgegen allen Vorhaltungen ihrer Eltern und ihrer Freundinnen, den Bauern zu heiraten. Man warnte sie: »Du wirst das Leben dort nicht aushalten...«, »Du wirst sehen, bald kommst du wieder zurück...«. Pia wußte nur zu gut, daß sie nicht wiederkommen würde: Es war, als ginge sie ins Kloster. Die Casanti nahmen sie nach langem Zögern und großem Mißtrauen gegen »das Stadtmädchen« auf. Sie sahen jedoch bald, daß Pia eine ernste junge Frau war, die hart arbeiten konnte und den Mund nie aufmachte.
Die Zeiten haben sich jedoch geändert, und die Familie ist voller Spannungen. Man hört Radio, und wenn man gelegentlich in die Stadt fährt, sieht man elegante Frauen, die rauchen und selbst Auto fahren. Die jungen Schwiegertöchter verwünschen den Alten, der das Kommando nicht abgibt und schon wegen einer neuen Schürze schimpft; genauso wütend sind sie auf die Schwiegermutter, die sich immer auf die Seite ihrer Söhne stellt. Nur sie haben z. B. das Recht, sich am Sonntag im Dorf zu vergnügen. Sie brausen auf ihren Motorrädern ab, und die Frauen bleiben daheim, um ihre Arbeit zu verrichten: die Kühe zu melken und die Ställe sauberzumachen. Einige Schwiegertöchter denken daran, wegzugehen, die Mutigeren unter ihnen säen Zwietracht und versuchen, ihre Ehemänner aufzuhetzen. Gegen diese Gefahr bilden die Männer jedoch mit den Alten zusammen eine Front, sie schließen eine schweigende Koalition. Die wahren Casanti sind sie, die Männer. Sie müssen die Frauen beherrschen und sie zum Schweigen bringen. Jede Klage, jeder Ausdruck von Groll oder Eifersucht muß sofort verworfen werden. In der Verteilung der Aufgaben wie der Kosten darf es keine Unterschiede geben: Alle werden absolut gleich behandelt. Und die Kinder? Sie müssen alle gleich sein, es ist verboten, Vergleiche zu ziehen oder Urteile abzugeben. Rivalitäten sind undenkbar. Die Kinder der einen sind auch die Kinder der anderen.

So wird der Familienmythos geboren, der sich von der Familie auf alle ausdehnt, die ihr nahekommen. »Es gibt keine Familie in der ganzen Region, die so zusammenhält wie die Casanti, eine so große Familie, in der sich alle gern haben, ohne je zu streiten, ohne Zerwürfnisse oder Tratschereien.«
An der Konstruierung dieses Mythos hatte Pia großen Anteil. Sie ist als letzte dazugekommen und allen anderen im Rang unterstellt, aber sie wird von der Schwiegermutter als eine Heilige bezeichnet, was in einer solchen Kultursphäre eine nicht geringe Anerkennung bedeutet. (Freilich kann man, wie jeder weiß, von den Heiligen auch profitieren.) Sie ist die Weise, die Unterwürfige, die unparteiische Mutter aller Kinder des ganzen Clans.
Bei den Geburten hatte sie nicht viel Glück gehabt. Sie hatte nur zwei Mädchen zur Welt gebracht, Leda und Nora, die sie mit derselben Sorgfalt pflegte und versorgte wie ihre Neffen, ohne je eines der Kinder vorzuziehen. Sie hatte sogar, da ihr die schwierige Aufgabe des Nähens und der Essensverteilung übertragen worden war, ständig darauf geachtet, ihre Kinder zuletzt zu versorgen und ihnen die weniger begehrten Bissen zuzuteilen. Das kostete sie keinerlei Anstrengung, sie empfand es nur als natürlich. Wohl sahen ihre beiden Töchter sie manchmal in ihrem Zimmer weinen; sie erklärte dann jedoch immer, sie fühle sich nicht ganz wohl. Wenn ihr Mann erschöpft vom Pflügen nach Hause kam und bei ihr darüber schimpfte, daß seine Brüder ihm die schwersten Arbeiten überließen, beruhigte sie ihn, indem sie ihm erklärte, das sei nicht wahr, das Leben sei eben für alle miteinander hart.
In dieser Familie werden alle von Ferreira beschriebenen Aspekte des Familienmythos wirksam. In der ersten Generation, die für unsere Forschungen noch zugänglich ist, stehen wir am Ende einer Gläubigkeit, die innerhalb einer bäuerlich-patriarchalischen, in ihrer Isolation homogenen Subkultur noch bei allen lebendig ist.
»Das Überleben, die Sicherheit, die Würde des einzelnen hängen von der Familie ab. Wer sich absetzt, ist verloren.« Da Alternativen, Informationen und Vergleiche vollständig fehlen, gibt es keinen Konflikt. Als jedoch die zweite Generation das Erwachsenenalter erreicht, beginnen die Spannungen, die das ehemals so feste Gefüge zu zerbrechen drohen. Der Faschismus mit seiner Emphase der »Getreideschlacht« ist überholt. Es herrscht die Demokratie. Die Parteiführer kommen auf die Marktplätze der abgelegensten Dörfer. Die Arbeit der Halbpächter wird eindeutig als erniedrigend und ausbeuterisch deklariert. Über Kino, Radio und über die Märkte, die in den Städten abgehalten werden, sickert die industrielle Kultur langsam ein; man hat Kontakte zu

Städtern, zu Leuten, die zu leben verstehen und das Geld auf leichte Art verdienen.
Die Brüder Casanti jedoch, noch immer vom Alten regiert, trauen dem nicht. Für sie sind das alles Manifestationen einer verrückt gewordenen Welt. Ihre Kraft beruht noch immer auf dem alten Motto: Schwer arbeiten und zusammenhalten. Um durchzuhalten, müssen sie einen Mythos konstruieren, ein Kollektivprodukt, dessen Entstehung, Beharrungsvermögen und Wiederbelebung der Stärkung der Homöostase der Gruppe dient, allen zerstörenden Kräften zum Trotz. »Wir bleiben eine Familie nach altem Muster, in der alle zusammenhalten und alle sich gern haben.«

Wie jeder Mythos
»bringt auch der Familienmythos von allen geteilte Überzeugungen über die Menschen und ihre Beziehungen in der Familie zum Ausdruck, Überzeugungen, die trotz aller darin enthaltenen Falschheiten a priori angenommen werden.
Der Familienmythos schreibt den Mitgliedern ihre Rollen und Obliegenheiten in den gegenseitigen Transaktionen vor. Diese Rollen und Verpflichtungen werden, und seien sie auch noch so falsch und illusorisch, von jedem einzelnen als etwas Heiliges, als ein Tabu angenommen, und niemand würde wagen, sie zu überprüfen, noch weniger, sie zu verändern.
Ein einzelnes Mitglied kann wissen, und manchmal ist das tatsächlich der Fall, daß vieles an dem Familienimage falsch ist und nicht mehr als eine Parteilinie darstellt. Ein solches Wissen wird jedoch, sofern es vorhanden ist, strikt geheimgehalten. Ja, der einzelne ist sogar bereit, dagegen anzukämpfen, daß der Mythos offenkundig wird. Indem er sich weigert, dieses Wissen zur Kenntnis zu nehmen, tut er sein Bestes, um den Familienmythos aufrechtzuerhalten. Denn der Familienmythos ›erklärt‹ das Verhalten der einzelnen Mitglieder der Familie, während er deren Motive verbirgt.«[1]

Der Mythos, so schließt Ferreira, ist nicht das Erzeugnis einer Dyade, sondern eines Kollektivs oder, besser, Ausdruck eines Systems, Eckpfeiler zur Aufrechterhaltung der Homöostase der Gruppe, die ihn hervorgebracht hat. Er wirkt wie eine Art Thermostat, der sich immer dann einschaltet, wenn die familiären Beziehungen in Gefahr sind zu zerfallen, wenn Desintegration oder Chaos drohen. Darüber hinaus stellt der Mythos seinem Inhalt nach eine Loslösung der Gruppe von der Realität dar, eine Loslösung, die wir eindeutig als »pathologisch« bezeichnen können. Gleichzeitig jedoch konstituiert er durch seine bloße Existenz ein Bruchstück des Lebens, einen Ausschnitt der Realität, der

---
[1] Ferreira, A. J. (1963): Decision-Making in normal and pathologic families. In: Arch. Gen. Psychiatry, 8, S. 68—73.

man gegenübersteht, und formt auf diese Weise wiederum die Kinder, die in ihm geboren werden.

Der Mythos der Casanti, der sich zu jenem Zeitpunkt gefestigt und auf die dritte Generation ausgedehnt hatte, überlebt auch den Tod der beiden Alten, ja, er lebt weiter, nachdem alle das Landgut verlassen haben. Gegen Ende der sechziger Jahre beschließen die fünf Brüder im Zusammenhang mit der Krise, in der sich die Halbpächter damals befanden, das Land zu verlassen und in die Hauptstadt zu ziehen. Sie sind nun Exbauern, Arbeiter, Traktorfahrer. Wie könnte man sich jetzt trennen, das mühsam Ersparte in wenige Groschen aufsplittern? Da ist es besser, beisammenzubleiben und einen Betrieb zu gründen, der den Fähigkeiten aller entspricht. So gründen sie eine Transportfirma für Baumaterialien und profitieren sofort vom großen Bauboom. Geld steht nun reichlich zur Verfügung. Man nimmt teil an den Konsumgütern, man kann in städtischen Wohnungen leben. Aber natürlich diktiert auch hier der Mythos die Art zu wohnen: Sie wohnen alle miteinander in einem Gebäude, zwar in getrennten Appartements, die jedoch immer auch für nichtangemeldete Besucher offenstehen.

Mit dem Heranwachsen der dritten Generation wird die Situation noch komplizierter. Der Mythos muß noch starrer werden, da die Voraussetzungen sich verändert haben und die Spannungen immer stärker werden. Töchter und Söhne müssen studieren, die Ambitionen, die der neuerrungene Wohlstand den Kleinbürgern auferlegt, erfüllen. Die hochgesteckten Erwartungen machen Vergleiche und Gegenüberstellungen unvermeidlich: bei den Studienerfolgen, dem Aussehen, den Freundschaften, der Beliebtheit. Eifersüchteleien und Neid nehmen zu. Gerede und Nachrichten laufen von Wand zu Wand. Die Fenster des gemeinsamen Wohnhauses werden zu Sehschlitzen und Schilderhäuschen.

Der Mythos ist extrem starr geworden und wird jetzt von der dritten Generation geteilt: »Auch die Vettern Casanti sind ›wahre‹ Brüder, sie teilen Leid und Freud miteinander, gemeinsam leiden sie unter dem Mißerfolg der anderen, gemeinsam freuen sie sich mit den anderen über Erfolge.« Die niemals ausgesprochene eiserne Regel verbietet, eine von Neid, Groll oder Wettbewerbsgedanken diktierte Geste oder Kommunikation auch nur wahrzunehmen, geschweige denn darüber zu sprechen.

Als Siro mit seinem Clan in die Stadt übersiedelt, sind die beiden Töchter 15 bzw. acht Jahre alt. Leda, die ältere, die immer jungenhaft gewesen ist, braun, etwas vierschrötig, in das Landleben und die körperliche Arbeit geradezu verliebt, leidet unter den neuen Lebensbedin-

gungen. Sie lernt, weil ihr das keine große Mühe macht, hat aber weder Elan noch Ehrgeiz. Sie fühlt sich fremd in ihrer Umgebung, ist von dem Leben in der Stadt enttäuscht und träumt von nichts anderem, als eines Tages aufs Land zurückzugehen. Als sie ungefähr 16 Jahre alt ist, zeigt sie einige Monate lang das Syndrom einer Anorexie, von der sie jedoch plötzlich wieder gesundet. Die zweite Tochter, Nora, ist noch ein Kind. Sie ist völlig anders als ihre Schwester und verbringt ihre Tage mit der Kusine Luciana, die im gleichen Alter wie sie und ihre Klassenkameradin ist. An dieser hängt sie mehr als an ihrer Schwester. Luciana ist mager und wenig hübsch, jedoch willensstark und ehrgeizig; sie ist Klassenbeste. Nora dagegen hat kein Interesse an der Schule und zeigt auch keinerlei Neid wegen der Erfolge ihrer Kusine.
Zu Beginn ihres dreizehnten Lebensjahrs verändert sich Nora körperlich: das zierliche Kind entwickelt sich zu einem Mädchen von außerordentlicher Schönheit. Außerdem ist sie anders als alle anderen, fein und süß, sie ähnelt einer Madonna der toskanischen Renaissance. Siro, der Vater, ist über die Maßen stolz. Im Geldbeutel hat er eine Fotografie seiner strahlenden Tochter, die er jedem zeigt. Nora scheint das nicht zu gefallen. Sie reagiert nervös auf alle Bemerkungen über ihre Schönheit. Zusammen mit Luciana und den anderen Kusinen und Freunden wird sie sonntags zu Ausflügen oder zum Tanzen eingeladen. Fast immer kehrt sie traurig zurück, ohne sagen zu können, weshalb. In der Schule wird sie immer schlechter: Auch wenn sie eine Lektion kann und lange daran gelernt hat, vermag sie, wenn sie gefragt wird, keine Antwort zu geben, sie ist völlig blockiert. Unmittelbar nach ihrem vierzehnten Geburtstag beginnt sie auf drastische Weise die Nahrung zurückzuweisen. Nach einigen Monaten ist sie wie ein Skelett.
Sie muß die Schule verlassen.
Drei Krankenhausaufenthalte und der Versuch einer Individualtherapie zeitigen keinerlei Erfolg. Auf Anraten eines Psychiaters nimmt die Familie nach langer Zeit schließlich mit unserem Zentrum Kontakt auf. Im Januar 1971 findet die erste Sitzung statt.
Unserer damaligen Praxis entsprechend, vereinbaren wir mit der Familie ein Maximum von zwanzig Sitzungen. Die Sitzungen erfolgen in ziemlich großen Zeitabständen, nach unserem Gutdünken, etwa alle drei bis vier Wochen. Die Familie nimmt die Bedingungen an.
Die Anfahrt stellt der großen Entfernung wegen eine ziemliche Belastung dar. Die Familie verbringt eine ganze Nacht im Zug und muß sofort nach der Sitzung zurückfahren. Zu Beginn der Therapie ist Siro, der Vater, 50 Jahre alt. Pia, die Mutter, ist 43. Leda ist fast 22; sie ist

an der Universität immatrikuliert, studiert aber im Moment nicht. Die fünfzehnjährige Nora ist ein erschreckendes Skelett. Sie ist 175 cm groß und wiegt 33 Kilo. Ihr Verhalten ist psychotisch. Dem, was in der Sitzung besprochen wird, steht sie völlig fremd gegenüber; sie beschränkt sich darauf, gelegentlich zu stöhnen und alle Augenblicke den stereotypen Satz zu wiederholen: »Ihr müßt mir wieder zu mehr Gewicht verhelfen, ohne mich zum Essen zu zwingen.« Es wird uns berichtet, daß sie seit Monaten das Bett nicht mehr verläßt, außer um sich zu Freßorgien zu begeben. Diesen folgt heftiges Erbrechen, das sie wieder in völlige Erschöpfung zurücksinken läßt.

Der erste Teil der Therapie, insgesamt neun Sitzungen, die in der Zeit von Januar bis Juni stattfinden, ist durch einige auffallende Fakten gekennzeichnet:

1. durch die Beharrlichkeit der Therapeuten, seit der zweiten Sitzung den Beziehungen zwischen den Mitgliedern der Kernfamilie und dem großen Clan nachzuforschen;
2. die ironische Haltung [2] der Therapeuten in bezug auf den Mythos und ihren Versuch, ihn »am Schopf zu packen«, sei es durch verbale Aufklärungen, sei es durch »geniale« Verschreibungen, die dazu dienen sollten, die Familie direkt in die »Rebellion« zu treiben;
3. die nicht dem Systemmodell, sondern dem linearen, moralisierenden Modell entsprechende Überzeugung, daß der »wahre« Sklave des Familienmythos der Vater sei, und nicht, wie es tatsächlich der Fall war, alle Familienmitglieder;
4. den Versuch, der in der sechsten und siebenten Sitzung offensichtlich fehlschlug, die drei Frauen allein einzubestellen, in der Hoffnung, daß sie, in Abwesenheit des Vaters, »die Katze aus dem Sack lassen« würden;
5. die Unfähigkeit, eine charakteristische Redundanz aufzudecken, was wir später beim Abhören der Bandaufnahmen feststellen konnten: Jedesmal, wenn ein Mitglied, sichtlich mit dem Therapeuten verbündet, den Clan kritisierte, war sofort ein anderes Mitglied bereit, alles herunterzuspielen, zu verwerfen, oder das Gespräch auf Nebengeleise zu lenken;
6. das progressive Verschwinden des Symptoms bei Nora vom Beginn der vierten Sitzung an, bis sie sich in der sechsten Sitzung schließlich in blühender körperlicher Verfassung präsentierte;
7. den Verdacht, daß auch Nora, indem sich ihr Krankheitszustand

---

[2] Wie man an den von uns gemachten Fehlern sehen kann, hatten wir damals das Prinzip der positiven Symptombewertung noch nicht erkannt.

besserte, das System verteidigte (das ja in Wirklichkeit gar nicht verändert worden war), und die Unfähigkeit des therapeutischen Teams, das sich von dieser Besserung ziemlich irreführen ließ, aus der Sackgasse herauszukommen.
Am Ende der neunten Sitzung beschloß das Therapeutenteam, die Behandlung zu beenden; es erklärte, daß der Wunsch der Familie, die körperliche Besserung Noras, erfüllt sei. Wir sagten deutlich, daß noch elf weitere Sitzungen zur Verfügung stünden, auf die jedoch auch verzichtet werden könne. Nora erfreute sich damals bester Gesundheit und stand im Begriff, eine Lehrstelle in einem Friseurgeschäft anzunehmen. In Wirklichkeit wollte man die Familie auf die Probe stellen. Falls Noras Besserung nicht echt gewesen war, hatten die Therapeuten, abgesehen davon, daß sich vermutlich neue, klärende Phänomene ergeben würden, noch elf weitere Sitzungen zur Verfügung. Man setzte fest, daß sich die Familie am 5. September wieder telefonisch melden sollte. Das Telefonat kam pünktlich, und zwar rief der Vater an. Nora war körperlich gut beisammen, hatte aber die Arbeit wieder aufgegeben und neigte dazu, zu Hause zu bleiben. Der Ton des Vaters war geheimnisvoll und unsicher.
Er fragte die Therapeuten, ob man nun eine Sitzung abhalten solle oder nicht. Die Therapeuten gaben diese Entscheidung an die Familie zurück. Die Familie wollte gemeinsam darüber beraten und dann nochmals telefonieren, ließ aber zunächst nichts mehr von sich hören.
Eine so dramatische Fortsetzung, wie sie sich dann ergab, hätte das Team jedoch keineswegs erwartet.
Gegen Ende Oktober rief der Vater an. Er berichtete, Nora habe einen schweren Suizidversuch unternommen und befinde sich auf einer Intensivstation. Sie hatten sie im Koma, mit einer Vergiftung durch Alkoholika und Barbiturate, am Boden des Badezimmers liegend gefunden. Sie war an einem Sonntag heimlich von einer Tanzveranstaltung, die sie mit Luciana zusammen besucht hatte, heimgekommen und nützte die Abwesenheit ihrer Familie aus, um ihr tragisches Vorhaben auszuführen.
In der Sitzung, die auf die Entlassung Noras aus dem Krankenhaus folgt, läßt die Familie, die nunmehr am Ende ihrer Weisheit angekommen ist, wichtige Informationen heraus. Der Vater berichtet, daß der Clan sich feindselig gezeigt habe, als es im September darum ging, die Familientherapie wieder aufzunehmen: Es sei völlig unnötig, war die Meinung der anderen Familienmitglieder gewesen, daß der Vater so viele Arbeitsstunden verliere und soviel Geld ausgebe, wo Nora nun doch ihr Idealgewicht wiedererlangt habe.

Leda, Noras Schwester, wagt nun ihrerseits eine entscheidende Enthüllung: Vielleicht spielten in dem Drama um Nora Luciana und deren Mutter, Tante Emma, eine wichtige Rolle? Nora habe ihr im Sommer gestanden, sie habe den Eindruck, Luciana verfolge sie seit Jahren. Sie habe Angst, mit ihr zusammenzusein, sie fühle sich dabei immer ängstlich und zerstreut, wenn sie auch nicht verstehe, warum ... Gleich darauf verwirft Leda das Ganze wieder: »Vielleicht ist das nur so eine Einbildung, die Nora hat.« Während Nora weiter schweigt, verteidigen die Eltern die Kusine: »Sie ist wie eine Schwester zu Nora, liebevoll und aufmerksam. Auch wir waren von Noras unverständlichem Verhalten schmerzlich betroffen, von ihrem Widerstreben, Lucianas so freundliche, immer wiederholte Einladungen anzunehmen ...«
Die Therapeuten gehen dieses Mal jedoch noch nicht auf diese Enthüllungen ein. Wenn einige Mitglieder bereit zu sein scheinen, Informationen herauszulassen, die sonst verschwiegen werden, sollten sich die Therapeuten auf keinen Fall neugierig zeigen, und noch viel weniger werden sie so naiv sein, wieder in das Spiel einzusteigen. Sie beschränken sich vielmehr darauf, die Sitzung zu unterbrechen, um im Team zu diskutieren.
Der in den ersten Sitzungen begangene Fehler ist offenkundig geworden. Einen so eingefleischten Mythos am Schopf packen zu wollen, konnte zu nichts anderem führen als zu einer Verstärkung des Mythos. Der Druck einer drohenden Veränderung hatte bei allen die Angst vor dem Auseinanderbrechen des Familienzusammenhalts erhöht und Nora gezwungen, das Symptom aufzugeben, um den Status quo zu bestärken.
In Wirklichkeit hatte sich jedoch nichts verändert.
Da Nora selbst an dem Mythos teilhatte, hatte sie an der Realität ihrer Wahrnehmungen zu zweifeln begonnen. Wie konnte sie es wagen zu denken, daß Tante Emma und Luciana sie nicht gern hatten? Und wenn sie Luciana für heuchlerisch, neidisch und böse hielt, dann vielleicht nur deshalb, weil sie, Nora, schlecht, neidisch und böse war.
Das Team entschied, sich jedes verbalen Kommentars zu enthalten. Es beschloß, ein Ritual zu verschreiben, das jetzt, in dieser dramatischen Situation, Aussicht hatte, befolgt zu werden. Gleichzeitig schien es notwendig, »die Pathologie« zu verschreiben, das heißt die Treue zum Mythos, um die Familie zu beruhigen und sie zugleich in eine paradoxe Situation zu versetzen.
Die zwei Therapeuten verhielten sich nach ihrer Rückkehr in die Sitzung folgendermaßen: Sie zeigten sich der Dramatik der Situation wegen äußerst besorgt und begründeten diese Sorge vor allem damit, daß

sie den Eindruck hätten, in dem großen Clan seien offensichtlich Feindseligkeiten aufgekommen, die das gute Einvernehmen, das für das Wohl aller so wichtig war, gefährdeten.

Sie sagten, es sei von äußerster Wichtigkeit, daß nichts aus dem engsten Familienkreis zu den anderen durchsickere. Genauso wichtig sei es, daß die Familie sich ernsthaft vornehme, die Verschreibung, die die Therapeuten ihr geben würden, zu befolgen. Nachdem man die Zustimmung der Familie erhalten hatte, wurde folgende Verschreibung gegeben:

In den zwei Wochen bis zur nächsten Sitzung sollte jeden Abend nach dem Essen die Wohnungstüre zugesperrt werden. Die vier Familienmitglieder sollten rund um den Eßtisch Platz nehmen, der völlig leer sein sollte. In die Mitte sollten sie einen Wecker stellen. Alle Familienmitglieder hatten, in der Reihenfolge ihres Alters, je 15 Minuten Zeit, um zu sprechen. Jeder sollte seine eigenen Gefühle, Eindrücke und Beobachtungen bezüglich des Verhaltens der anderen Clanmitglieder aussprechen. Wer nichts zu sagen hatte, mußte die ihm zugebilligte Zeit hindurch schweigen, ebenso wie die restliche Familie. Wenn einer sprach, sollten alle zuhören. Jeder Kommentar, jede Geste, jeder mimische Ausdruck und jede Unterbrechung waren absolut untersagt. Ebenso war es ausdrücklich verboten, außerhalb der festgelegten Zeit dieses Thema aufzugreifen; es sollte ganz und gar auf die abendliche Sitzung beschränkt bleiben, die ritualhaft strukturiert war. Im Hinblick auf die Clanmitglieder war eine Verdoppelung der Höflichkeiten und der Dienstleistungen vorgeschrieben.

Das Ritual verfolgte verschiedene Ziele, die folgendermaßen zusammengefaßt werden können:

1. Die Kernfamilie sollte als eine Einheit vom Clan abgegrenzt werden, indem an die Stelle des Verbots die Verpflichtung trat, gemeinsam über das tabuisierte Thema zu sprechen, das Familiengeheimnis aber trotzdem zu wahren.

2. Nora sollte ihren Platz als Familienmitglied mit sämtlichen Rechten in ihrer Kernfamilie wiedergewinnen.

3. Das aufkeimende Intergenerationen-Bündnis zwischen den beiden Schwestern sollte ermutigt werden.

4. Ohne es direkt anzusprechen, sollte dadurch das Recht jedes einzelnen gewährleistet werden, seine eigenen Wahrnehmungen auszusprechen, ohne daß ihm widersprochen wurde, und ohne daß man ihn abwertete.[3]

---

[3] Die Therapeuten deckten dieses Phänomen, das sich ständig wiederholte, im Gespräch mit der Familie nicht auf. Sobald ein Familienmitglied es wagte, einige kritische Bemerkungen über den Clan zu machen, wurde es regelmäßig

5. Sollte ein Mitglied nichts sagen, so würde es der beklemmenden Angst des Schweigens ausgesetzt.
6. Durch das Verbot, das Gespräch außerhalb der abendlichen Zusammenkünfte aufzunehmen, sollte verhindert werden, daß verdeckte Koalitionen weitergeführt würden.

Die Verschreibung der ehrfürchtigen Scheu und der Heuchelei gegenüber dem Clan, wodurch der Eindruck entstand, daß die Therapeuten mit der homöostatischen Tendenz verbündet wären, versetzte die Familie in eine paradoxe Situation: Sie befand sich einem unerwarteten Meinungswechsel der Therapeuten gegenüber, und das gerade in dem Augenblick, als sie im Begriff war, zuzugeben, wie sehr die Treue zum Mythos ihre Existenz und selbst das Überleben Noras bestimmte.

Die Familie befolgte das Ritual getreulich und fand sich zur nächsten Sitzung stark verändert ein.

Nora, die kaum wiederzuerkennen war, erzählte, wie sehr sie Lucianas Manöver nun zu durchschauen vermöge. Ihre Kusine habe sie weniger durch direkte Provokationen gequält — wie etwa durch das Auftrumpfen mit ihrer Bildung oder die Tatsache, daß sie ihr keine Initiative gelassen habe; subtilere Botschaften hätten sie wegen eines jeden Erfolges, den sie selbst gehabt habe, in Schuldgefühle gestürzt: Die Kusine habe sich dann in Schweigen zurückgezogen, sich von ihr abgewendet, sie sei verstimmt gewesen oder habe ihr eine gewisse Kühle entgegengebracht, ja sie habe mit einer bestimmten Miene ihr Mitleid erregt, fast, als bedeute ihr Erfolg eine Schande. Pia, die Mutter, berichtete ihrerseits, sie habe »entdeckt«, wie sehr die Tante Emma von ihrem Konkurrenzdenken beherrscht werde und mit ihrem Neid und ihren Ambitionen allen das Leben unerträglich mache. Der Vater fügte in konziliantem Ton hinzu, es handle sich hier um Dummheit und *nicht* um *böse Absicht*. Nora gestand dann, daß sie sich *böse* vorkomme, wenn sie Dinge wie eben über Luciana sage.

Nachdem die Regel zerbrochen war, war es endlich möglich, über sie zu metakommunizieren: »Wer schlecht über die Verwandten redet, ist böse.«

Endlich waren wir auf dem therapeutisch richtigen Weg, und es stellten sich nun rasch aufeinanderfolgende Veränderungen ein. Nachdem der Mythos mit Hilfe seiner Verschreibung aus dem Wege geräumt und die Kernfamilie als eine Einheit vom Clan abgegrenzt worden war, war die Bahn frei, um an ihren inneren Problemen zu arbeiten.

von einem anderen abgewertet. Indem sie das Ritual in der oben beschriebenen Weise verschrieben, veränderten sie, ohne es zu sagen, genau jene Regel, die dafür sorgte, daß das Spiel ewig fortgesetzt wurde.

Wie kann man ein Familienritual definieren?

Formal gesehen ist ein Familienritual eine Handlung oder eine Serie von Handlungen, die gewöhnlich von Formeln oder verbalen Äußerungen begleitet sind, an die sich alle Familienmitglieder halten müssen. Wenn das Ritual wirksam sein soll, müssen alle Familienmitglieder daran beteiligt sein. Es wird, wie jedes Ritual, minuziös von den Therapeuten ausgearbeitet, oft schriftlich: die Art und Weise, wie es ausgeführt werden muß, der Zeitplan, der eventuelle Wiederholungsrhythmus, in dem die verbalen Formeln ausgesprochen werden müssen, deren Reihenfolge usw.

Ein grundlegender Aspekt des Familienrituals betrifft unsere besonderen Bemühungen um Zugang zur schizophrenen Familie.[4] Wie kann man die Spielregeln und damit die Familienepistemologie ändern, ohne in das Erklären, in die Kritik, kurz, in den Gebrauch des sprachlichen Instruments zurückzufallen? Shands hat uns hier den Weg gewiesen mit seiner Feststellung:

»Es mag als Wiederholung betrachtet werden, doch ist es wichtig, den grundlegenden Gedanken noch einmal hervorzuheben: Es besteht ein grundlegender Unterschied zwischen der Welt der Objekte und der Welt des symbolischen Prozesses, zwischen dem ›Tun‹ und dem ›Bezeichnen‹, der Ebene der Aktion und der Ebene der Beschreibung.«[5]

Und weiter:

»Die Relation zwischen Verhalten und Beschreiben entspricht etwa der Relation zwischen der kreisförmigen Bewegung der Räder eines Autos und der linearen Strecke, die es gefahren ist und die man auf einer Landkarte einzeichnen kann. Verhalten ist immer ein Prozeß, der durch eine Kreisbewegung (mit Feedback) von Botschaften zwischen zentralen und peripheren Mechanismen kontrolliert wird, wobei die regelmäßig von der Peripherie kommenden Daten mindestens genauso wichtig sind wie der Informationsfluß in die andere Richtung des Kreises.«[6]

Dies deckt sich mit den Beobachtungen, die Piaget über die epigenetische Entwicklung des menschlichen Seins machte: Die Fähigkeit zum Ausführen konkreter Handlungen geht der Fähigkeit zum Ausführen formaler Handlungen voraus; die Fähigkeit, wahrgenommene Prozesse zu »zentrieren«, geht der Fähigkeit des Dezentrierens voraus, das wie-

---

[4] Die Verschreibung eines Familienrituals hat sich auch bei Familien, die durch andere Interaktionsbilder charakterisiert waren, als äußerst wirksam erwiesen.
[5] a.a.O., S. 30.
[6] a.a.O., S. 34.

derum die Voraussetzung ist für die Fähigkeit, abstrakte Operationen auszuführen. Die Phase der konkreten Handlungen ist daher die notwendige Voraussetzung für die Phase der formalen Handlungen. Das bedeutet: Um zu einem digitalen Code zu kommen, ist eine vorausgehende analoge Adaptation unerläßlich. Hat das Individuum einmal diese Ebene der formalen Handlungen erreicht, so integrieren sich die beiden Prozesse — der analoge und der digitale — und können außer durch einen sprachlichen Kunstgriff nicht mehr voneinander unterschieden werden.

Das Familienritual ist, gerade insoweit es sich auf die Handlungsebene bezieht, dem analogen Code viel näher als dem digitalen. Die vorherrschende analoge Komponente ist ihrer Natur nach viel geeigneter als Worte, um die Teilnehmer in einem starken kollektiven Erleben zu vereinen und eine alle verbindende Grundidee einzuführen. Man denke nur an die verbreitete Verwendung von Ritualen in der Massenerziehung im neuen China. Im Gegensatz zu Thesen oder Slogans, denen gegenüber sich die Individuen durch gezielte Nichtbeachtung immunisieren können, werden Ideen — etwa der Gedanke der Einheit und Zusammenarbeit oder der Gedanke, einander zum Wohl der Allgemeinheit zu ergänzen — durch Rituale viel wirksamer eingehämmert. Jeder Ritus setzt sich (im Übergang vom *Zeichen* zum *Signal* und vom *Signal* zur *Norm*) aufgrund seines normativen Charakters durch, d. h. aufgrund seines Anspruchs auf Normativität, der einer jeden kollektiven Handlung, bei der das Verhalten aller auf einen einzigen Zweck gerichtet ist, innewohnt.

Wir können deshalb davon ausgehen, daß sich durch die Verschreibung eines Rituals ein verbaler Kommentar über die Normen, die das Spiel in Gang halten, vermeiden läßt. Das Familienritual ist vielmehr die ritualisierte Verschreibung eines Spiels, dessen *neue* Normen stillschweigend die vorhergehenden ersetzen.

Die Verschreibung eines Rituals stellt an die Therapeuten große Anforderungen. Sie müssen sehr genau beobachten und die Fähigkeit zu einem kreativen Vorgehen besitzen, denn man kann ja nicht davon ausgehen, daß ein Ritual, das bei der einen Familie wirksam war, auch bei einer anderen wirksam ist. Das Ritual muß genau auf eine bestimmte Familie zugeschnitten sein, so, wie jeder Familie gewisse Regeln (und damit ein gewisses Spiel) eigen sind, in einem bestimmten Hier und Jetzt ihrer Lebensgeschichte, in welche auch das therapeutische Hier und Jetzt einbezogen ist.

10

Von der
Geschwisterrivalität
zum Opfer des Helfens

Im nun folgenden Kapitel wollen wir eine therapeutische Intervention darlegen, die sich als besonders wirksam erweist. Es geht darum, das Etikett »krank« möglichst bald von dem designierten Patienten auf ein oder mehrere Geschwister zu übertragen, die von der Familie als gesund angesehen werden. Dabei stellen wir deutlich fest, daß der vermeintlich Kranke der einzige in der Familie sei, der erfaßt habe, in welch alarmierendem Zustand der oder die anderen sich befänden — in einem viel alarmierenderen Zustand als er selbst —, und wie sehr sie seiner Hilfe bedürften. Wir vermeiden jedoch sorgfältig, die Eltern zu kritisieren oder zu beschuldigen. Wir erklären einfach, wir seien voller Bewunderung für die Empfindsamkeit und die Intuition, die der designierte Patient aufbringe. Wir sagen, daß wir aufgrund des gesammelten Materials und aufgrund der Beobachtungen, die wir in der Sitzung gemacht hätten, gut verstünden, warum dieser eine so lebhafte Besorgnis für den vermeintlich Gesunden hege. Anhand der konkreten Daten, die wir zu diesem Zweck gesammelt haben, fällt es uns leicht, aufzuzeigen, wie bei dem (oder den) vermeintlich Gesunden hinter einer Fassade ständiger Heiterkeit, oberflächlicher Leichtfertigkeit, pflichtbewußten Eifers oder erbitterten Protests in Wirklichkeit die Illusion steht, autonom zu sein. Wir machen der Familie klar, daß solche Verhaltensweisen das unbewußte Ziel haben, sich eines der beiden Elternteile zu bemächtigen, der sich, seiner eigenen Aussage nach, dessen weder bewußt ist, noch sich zu entziehen vermag. Wir stellen weiter fest, daß ein solch unbewußtes Sich-Bemächtigen für den Betroffenen äußerst gefährlich werden kann. Es hindert ihn nämlich daran, zu wachsen und selbständig zu werden. Nur der sogenannte Patient hat dank seiner ungewöhnlichen Empfindsamkeit schon frühzeitig die Gefahr gespürt, in der sich eines (oder mehrere) seiner Geschwister befindet. Um ihm (oder ihnen) zu helfen, hat er sich entschlossen, sich zu opfern, indem er die »Krankheit« entwickelte, d. h. Verhaltensweisen, die seine Existenz und seine Entwicklung auf verschiedenste Art beeinträchtigen. Wir fügen noch hinzu, daß er auf diese Weise die ganze Beachtung und Sorge der Eltern auf sich ziehe, wovon der Bruder oder die Schwester indirekt profitieren, indem sie sich befreien und selbständig machen können. Wir schließen ganz entschieden aus, daß der designierte Patient dabei etwas

für sich selbst tue: Wir sagen, er selbst sei in keiner Weise daran interessiert, jemanden für sich zu vereinnahmen; er fühle sich zu diesem Opfer berufen.
Diese Art der therapeutischen Intervention haben wir für Familien mit anorektischen Patienten entwickelt und bei ihnen auch mit Erfolg angewendet; auch bei verschiedenen anderen Familien, die einen als neurotisch oder charakteropathisch identifizierten Patienten brachten, hatten wir damit Erfolg; allerdings handelte es sich dabei immer um Familien mit mehr als einem Kind.
Die Behandlung von Familien mit Einzelkindern erwies sich als wesentlich schwieriger. Es gelang uns nicht, zu verhindern, daß wir in die offensichtlich symmetrische oder pseudokomplementäre Beziehung zwischen den Eltern hineingezogen wurden. (Die Taktiken, die wir bei Familien mit Einzelkindern entwickelt haben, wollen wir im nächsten Kapitel beschreiben.)
Bei den Familien mit schizophrener Transaktion, mit denen unser Forschungsprogramm begonnen hatte, erwies sich die Verschiebung des Etiketts »krank« von dem designierten Patienten auf die »Gesunden« als äußerst wertvoll; sie bot sich als eine Art Zwischentaktik an, die dazu angetan war, in den gegnerischen Reihen Verwirrung hervorzurufen. Die Verwirrung drückte sich häufig in unmittelbar darauffolgenden dramatischen Reaktionen aus, die alle dazu dienten, den Status quo zu verteidigen. Es wirkte sich katastrophal aus, wenn wir, in der Vorstellung, einen Fehler begangen zu haben, uns von derlei Reaktionen erschrecken oder mitreißen ließen. Zu diesen Reaktionen gehören angstvolle Telefonate über wirkliche oder vermeintliche Verschlechterungen im Zustand des Patienten (so, als wollte man sagen: »Hört doch endlich mit dieser Geschichte auf, der Kranke, das steht nun einmal fest, ist er«); die Bitte um Vorverlegung der Sitzung, um Einzelberatungen; die bereitwilligen Selbstanklagen der Eltern; die Versuche, in der nächsten Sitzung mit Hilfe verschiedener Manöver alles zu verwerfen: etwa durch eine minuziöse Darstellung aller Symptome des Patienten, beinahe so wie in der ersten Sitzung, das Einführen von Scheinproblemen (»Es belastet uns so, daß wir uns entscheiden müssen, was wir in den Ferien machen« ; »Was sollen wir bezüglich Giovanninos weiterer Schulbildung unternehmen?« usw.); Versuche, alles auf ein totes Geleise zu schieben, bis zur klassischen Verwerfung des totalen Vergessens. (»... Welche Wirkung Ihre Bemerkungen aus der letzten Sitzung hatten? ... Welche Bemerkungen denn? Aber mein Gott, es ist doch so viel geredet worden...«)
Die soeben beschriebenen dramatischen Reaktionen hatten in der ersten

Zeit, in der wir diese Interventionen anwendeten, die praktische Wirkung, uns in Zweifel zu versetzen, dann in Angst oder Widersprüche, so lange, bis wir die Intervention zurücknahmen und das Ergebnis annullierten.

Die negativen Reaktionen des totalen »Vergessens« lösten in uns eine Art Verwirrung aus (»Haben wir es wohl klar genug ausgedrückt? ... Wieso haben sie es denn nicht verstanden?«), oder die Familie machte uns so gereizt, daß wir uns dazu verleiten ließen, depressive und strafende Antworten zu geben.

Es dauerte einige Zeit, bis uns klar wurde, daß die Reaktionen dieser Familien deshalb so negativ sind, weil diese Art von Intervention dem Status quo einen so mächtigen Schlag versetzt. Dieser Status quo beruht auf dem Glauben, der auch offiziell ausgesprochen wird, daß in der Familie, die sonst aus lauter gesunden Mitgliedern besteht, sich unerklärlicherweise ein Kranker befindet. Dahinter steht aber auch die Meinung, die offiziell nicht ausgesprochen wird, daß die Krankheit des designierten Patienten zumindest teilweise damit zusammenhänge, daß er neidisch sei und mit den gesunden Geschwistern rivalisiere; eine Meinung, die mit einem geheimen Schuldgefühl vermischt ist, in dem Sinne, daß der Patient ja nicht so ganz unrecht habe, da es in den Beziehungen gewisse Unstimmigkeiten gibt oder gab, die jedoch nicht zugegeben werden dürfen.

An dieser Stelle ist eine Klarstellung notwendig. Die Rivalität zwischen Geschwistern ist ein ganz allgemeines und normales Phänomen und erzeugt keine signifikanten Dysfunktionen, solange sie sich in einem klar definierten Kontext der Eltern-Kind-Beziehung entwickelt. In Familien mit schizophrener Störung erstreckt sich die versteckte Symmetrie der Eltern jedoch auch auf die folgende Generation, so daß die Geschwisterrivalität zu einem Instrument des familiären Spiels wird; dabei werden Koalitionen gebildet, die immer dann verneint und verworfen werden, wenn die Gefahr auftaucht, daß sie entdeckt werden. Es ist in einem solchen Spiel unvermeidlich, daß sich immer einer anerkannt und ein anderer weniger anerkannt vorkommt, daß einer sich geliebt und ein anderer sich ausgeschlossen fühlt.

Der versteckte Kampf zwischen dem scheinbar Privilegierten und dem scheinbar Vernachlässigten garantiert die Fortsetzung des Spiels. Der scheinbar Privilegierte führt es fort, um das vermeintliche Privileg beizubehalten, der scheinbar Vernachlässigte, um die vermeintliche Chance zur Rache zu bekommen. Das Ganze spielt sich in einem Netz von geheimen und verleugneten Koalitionen ab, das nicht leicht zu entwirren ist. So verhielt es sich z. B. bei einer Familie mit drei Töchtern, von denen eine psychotisch war. Wir benötigten etliche Sitzungen, bis wir herausfanden, daß die »Patientin« heimlich mit dem Vater und der zweitgeborenen Tochter verbündet war, und zwar zu dem Zweck, ihre Mutter dafür zu bestrafen, daß sie für Bianca, die Älteste, immer in besonderem Maße Liebe gezeigt hatte. Durch aufsehenerregende psychotische Verhaltensweisen war es der »Patientin« sogar gelungen, Bianca dazu zu zwingen, das Haus zu verlassen.

Es gelang uns, die Epistemologie der Familie umzustülpen, indem wir die älteste Schwester Bianca für krank erklärten. (Tatsächlich war sie untätig und depressiv und lebte seit Monaten auf dem Lande, im Hause zweier uralter Onkel, mit dem einzigen Trost, daß sie täglich mit der Mutter telefonierte.) Wir bewunderten die Feinfühligkeit und das Opfer, das die Patientin brachte, indem sie mit ihrem Verhalten — wenn auch im Augenblick mit wenig Erfolg — erreichen wollte, daß Bianca, die immerhin schon 28 Jahre alt war, außerhalb der Familie Fuß fassen konnte.

In der folgenden Sitzung jedoch zeigten wir, daß auch Bianca nicht »krank« war. Sie war nur ein besonders sensibles und großmütiges Mädchen, das gewisse Gefühlsausbrüche der Mutter, die diese gelegentlich wegen dem Vater hatte, zu dramatisch aufnahm. *So hatte sie es sich in den Kopf gesetzt,* daß Mama sehr unglücklich sei und ein großes Bedürfnis danach habe, ständig ihre älteste Tochter um sich zu wissen. Ein derartiges Bedürfnis konnten wir Therapeuten jedoch in keiner Weise feststellen, zumindest nicht zum gegenwärtigen Zeitpunkt. Mama konnte doch nichts so aus ganzem Herzen wünschen, als daß Bianca sich von ihr loslöste und selbständig machte... (Alles Worte, die von der Mutter mit heftiger Bestätigung aufgenommen wurden.)

Die in diesem Kapitel beschriebene therapeutische Taktik ist unserer Auffassung nach eine der wirksamsten Methoden, um konstruktive Veränderungen hervorzubringen, vorausgesetzt, man vermag den oben erwähnten, darauffolgenden negativen Reaktionen zu widerstehen. Die Elterngestalten werden vorläufig in den Hintergrund gedrängt, während die Therapeuten das Spiel der jüngsten Generation aufdecken.

Die Therapeuten beginnen dieses Spiel damit, daß sie die Interpunktion taktisch auf den Kopf stellen: Der scheinbar Privilegierte wird, indem er sich eines Elternteils bemächtigt und sich so in seiner eigenen Entwicklung hemmt, zum Benachteiligten. Wenn die Therapeuten die Interpunktion in dieser Weise auf den Kopf stellen, so tun sie das nicht aufgrund von mehr oder weniger unbegründeten Hypothesen und Meinungen, sondern aufgrund konkreter Daten, die die Familie selbst liefert oder die in der Sitzung beobachtet werden.

Zeigt sich die Familie nach einiger Zeit bereit, eine solche Umkehrung der Interpunktion aufzunehmen (deren »Realität« genausowenig beweisbar ist wie die vorhergehende), dann nehmen die Therapeuten einen neuerlichen Kurswechsel vor und bringen die Eltern wieder ins Spiel.

Wir sagen, daß auch jenes Kind, das sich der Mutter bemächtigen wollte, dies nicht für sich selbst tat, sondern um der Mutter willen, allerdings aufgrund eines Mißverständnisses, in der falschen Annahme nämlich, daß dies für die Mutter notwendig sei. Die Therapeuten hätten jedoch *keineswegs* den Eindruck, daß die Mutter dies nötig habe ... (Jetzt kann die Mutter nichts anderes tun, als lautstark bestätigen, was die Therapeuten festgestellt haben.)

Wie wir oben ausgeführt haben, handelt es sich bei dieser Taktik um ein wichtiges Zwischenmanöver, um auf versteckte Weise den Status quo des Systems zu untergraben. Die Dysfunktion entstand aufgrund der falschen Voraussetzung, die Familie selbst sei »gesund«, während sie unerklärlicherweise ein »verrücktes« Kind habe. Die Erklärung, daß nicht dieses Kind »verrückt« sei, sondern ein oder mehrere andere Geschwister, stellt die Familie vor ein Dilemma bzw. vor eine Alternative:

Entweder sind alle »verrückt«,
oder keiner ist »verrückt«.

Wenn man korrekt vorgeht, *löst sich das Dilemma von selbst:* Es gibt keine »Verrückten«. Es gab nur ein verrücktes Spiel [1], um das das gesamte Interesse der Familie kreiste. Von Sitzung zu Sitzung tritt das Spiel immer mehr in den Hintergrund und löst sich auf, ohne daß die Therapeuten es je als ein solches bezeichnet hätten. Mit ihm verschwinden auch jene besonderen Kommunikationsweisen, die die Voraussetzung und die Garantie für die Fortsetzung des Spiels bildeten.

---

[1] In diesem Zusammenhang erinnern wir uns an einen Grenzfall, eine fünfköpfige Familie, in der die »Patientin« ein anorektisches, psychotisches Mädchen von zehn Jahren mit Namen Minna war. Nachdem Minna, neben hundert anderen bizarren Vorstellungen, erklärt hatte, ihre Schwierigkeit zu essen komme von der Angst, das Essen könne verunreinigt sein, beschloß die Familie, die Küche in eine Art Operationssaal zu verwandeln, wo alles abgekocht wurde. Alle setzten sich in weißen Kitteln, mit sterilisierten Handschuhen und Operationskappen zu Tisch (»O, du lieber Gott, nur damit Minna etwas essen konnte...«). Die Qual der Wahl war in diesem Fall offensichtlich. Dennoch hatte auch diese Familie, als sie zu uns in die Behandlung kam, keinerlei Zweifel: Es gab nur eine »Verrückte«, und das war selbstverständlich Minna.

11

Die Therapeuten nehmen das Dilemma der Beziehung zwischen Eltern und Kind auf sich

Schon im vorangegangenen Kapitel haben wir angedeutet, daß die Behandlung von Familien, in denen der designierte Patient ein Einzelkind ist, besondere Schwierigkeiten mit sich bringt. Diese bestehen einerseits darin, eine Kritik an den Eltern zu vermeiden, zu der uns das Kind selbst ja vehement auffordert; andererseits darin, zu verhindern, daß wir in die verdeckte Symmetrie des Paares miteinbezogen werden, was wiederum sehr leicht dazu führt, daß die Therapeuten aufgespalten und in Koalitionen und Parteikämpfe hineingezerrt werden, die eine exakte Wiederholung des Spiels darstellen.

Nachdem wir eine ganze Reihe von Fehlern gemacht hatten, fanden wir endlich eine brauchbare Lösung: Wir bezogen die Probleme in der Beziehung zwischen den Generationen zum gegebenen Zeitpunkt ausschließlich auf uns selbst, in ähnlicher Weise, wie etwa die Interpretation der Übertragung in der psychoanalytischen Behandlung gehandhabt wird. Der wesentliche Unterschied zur psychoanalytischen Einzelbehandlung besteht darin, daß dies in Anwesenheit der Eltern geschieht, die, obwohl sie ausdrücklich aus dem Spiel herausgenommen werden, die Anspielung auf die interfamiliären Probleme begreifen. Es ist taktisch sehr günstig, die Eltern von dem Spiel auszuschließen, denn auf diese Weise können sie weder etwas negieren noch abwerten. Wer spricht denn von ihnen?

Um dies näher zu erläutern, beschreiben wir die siebente Sitzung mit der Familie Lauro, die wegen einer psychotischen Krise ihres zehnjährigen Jungen, Ernesto, zu uns gekommen war, und über die wir schon im 8. Kapitel ausführlich berichtet haben.

Schon nach der ersten Sitzung, die kurz vor den Weihnachtsferien stattgefunden hatte, hatte Ernesto infolge der therapeutischen Intervention sein psychotisches Verhalten aufgegeben und die Schule wieder mit bestem Erfolg besucht.

Er hielt jedoch an einigen Verhaltensweisen fest, die seinen Eltern viel Kummer bereiteten: Er weigerte sich strikt, sich mit seinen Kameraden außerhalb der Schule abzugeben, Freundschaften zu schließen oder zum Spielplatz zu gehen. Während der ersten fünf Sitzungen (die je einmal im Monat stattfanden) hatte der Junge an der therapeutischen Arbeit lebhaften Anteil genommen, wobei er eine hohe Intelligenz zeigte.

In der sechsten Stunde war Ernesto äußerst übellaunig gewesen und um keinen Preis zur Mitarbeit zu bewegen. Seinen üblichen Platz zwischen den Eltern hatte er verlassen und sich abseits von ihnen hingesetzt. Er hatte im Lauf der Sitzung äußerst wenig gesprochen, wobei er banale oder dumme, beinahe einfältige Dinge von sich gab und sich offensichtlich von allen, die Therapeuten eingeschlossen, gelangweilt fühlte. Den Eltern, die sich wegen seiner körperlichen Faulheit und seiner strikten Weigerung, das Haus zu verlassen und den Einladungen seiner Freunde zu folgen, besorgt äußerten, hatte er lediglich mit ungeduldigem Schnauben geantwortet.

In der Teamdiskussion am Ende der Sitzung setzten wir alles daran, um das auffällige Phänomen richtig zu beurteilen: das veränderte Verhalten Ernestos. Wir kamen nur zu unbefriedigenden Hypothesen und entschlossen uns daher, die Sitzung mit einer lapidaren Verschreibung zu beenden: Die Verabreichung der Medikamente, die seinerzeit von dem überweisenden Neurologen verschrieben worden waren, sollte sofort und endgültig eingestellt werden. Wir hofften, diese Verschreibung, die wir ohne jegliche Erklärung gaben, werde in der Gruppe einige aufklärende Reaktionen zeitigen.

In der siebenten Sitzung (es war Ende Juni) zeigte sich Ernesto störrischer und teilnahmsloser denn je. Auch dieses Mal nahm er etwas abseits von den Eltern Platz, die die Sitzung sofort mit bitteren Klagen über sein Benehmen eröffneten. Über seine Schulleistungen hatten sie nicht zu klagen: Er hatte das Schuljahr glänzend abgeschlossen. Ernestos Verhalten daheim jedoch erfüllte sie mit unverminderter Sorge, ja mit Verzweiflung. Vor allem hatte Ernesto bald nach der letzten Sitzung wieder begonnen, die Fäuste zu ballen, wie er es in der schlimmsten Zeit getan hatte, und dies ohne jeden ersichtlichen Grund. Die Eltern, die entsetzt darüber waren, hatten ihm sofort wieder die Medikamente verabreicht, obwohl sie ein schlechtes Gewissen dabei hatten, da sie uns nicht gefragt hatten. Die Verabreichung der Medikamente hatten sie jedoch für unbedingt notwendig gehalten, damit Ernesto wenigstens das Schuljahr beenden konnte. Dennoch hatte sich Ernesto daheim weiterhin katastrophal aufgeführt. Wenn er von der Schule nach Hause kam, weigerte er sich, sich zu waschen und anzuziehen. Er wollte den ganzen Tag im Pyjama verbringen, entweder auf seinem Bett oder in einen Fauteuil gelümmelt, und »Comics« lesen. Wenn er nicht las, saß er in seinem Zimmer, den Kopf zwischen den Händen. Auf die Fragen der Mutter antwortete er: »Ich denke nach.« Es gab harte Kämpfe, ihn so weit zu bringen, daß er sich anzog und auf einen nahegelegenen Sportplatz ging. Nur ein einziges Mal war ihnen das gelungen.

Äußerst besorgt über Ernestos »Nachdenken«, waren die Eltern übereingekommen, ihm abwechselnd Gesellschaft zu leisten und ihn zu zerstreuen. Wenn sich die Mutter nachmittags völlig erschöpft hinlegte, mußte der Vater die nahegelegene Firma verlassen, um Ernesto dazu zu zwingen, mit ihm Schach oder Karten zu spielen; so lange, bis die Mutter aufwachte, um ihren Wachtposten wieder zu übernehmen.
Nach diesem gemeinsamen Ausbruch, der an die Adresse der Therapeuten gerichtet war, wandte sich die Mutter gequält an Ernesto: »Der Mama mußt du die Wahrheit sagen, Ernesto! Tust du das nur aus Widerspruchsgeist, oder tust du das aus einem anderen Grund?« Ernesto, der sich bis dahin darauf beschränkt hatte, die Eltern reden zu lassen, antwortete ihr, es sei nicht seine Schuld, wenn er das Haus nicht verlassen könne. Der Ton, in dem er das sagt, ist nicht lebhaft, sondern kindlich quengelnd, albern.
Dieses Gespräch wird vom Vater, der sich direkt an die Therapeuten wendet, mit der Frage beendet: »Was wir heute erfahren wollen, ist, ob wir das Kind richtig behandeln oder ob wir alles falsch machen, und ob wir es anders machen sollen.«
In der Diskussion nach der Sitzung ist sich das Team darüber einig, daß man es vermeiden müsse, in die Falle zu gehen, die uns die Gruppe, besonders durch die Frage des Vaters, gestellt hatte. Es ist selbstverständlich unmöglich, eine solche Frage zu umgehen. Andererseits darf man auf keinen Fall auf die Inhalte eingehen, um Verwerfungen zu vermeiden, die vorhersehbar sind. Wir entschlossen uns daher, die therapeutische Intervention auf der Beziehung Ernestos zu den Therapeuten aufzubauen.
Das Team bereitete die Art der Intervention minuziös vor und versuchte, die darauf folgenden möglichen Reaktionen im voraus zu bestimmen, um nicht in unerwartete Fallen zu geraten. Wir erwarteten, daß Ernesto sein möglichstes tun würde, um die Therapeuten dazu zu bringen, die Eltern zu kritisieren. Wir nahmen an, daß er böse auf uns war, weil wir das nicht taten.
Wir geben das Ende der Sitzung wieder, die auf Band aufgenommen wurde.

Therapeut: Vor kurzem haben Sie, Herr Lauro, uns eine wichtige Frage gestellt: die Frage, ob Sie sich Ernesto gegenüber richtig oder falsch verhalten. Unsere Antwort ist, daß das vollkommen unwichtig ist.
Vater *(unterbrechend)*: Sie wollen also sagen, daß ich es falsch mache?
Therapeut: Nein, ganz und gar nicht. Ich will damit sagen, daß es vollkommen unwichtig ist, ob Sie etwas so oder anders machen. Weil Er-

nesto ein Problem mit uns Therapeuten hat, nicht mit Ihnen. *(Pause)* Und warum? Weil Ernesto nicht ganz verstanden hat, was wir Therapeuten uns von ihm erwarten, oder besser, Ernesto hat verstanden, daß wir wegen unserer Rolle als Therapeuten, auch wenn wir nichts sagen, uns tief drinnen nichts anderes erwarten können, als daß er wachse, daß er ein Mann werde. Hier liegt jedoch das Problem, das er mit uns hat. Wenn er wächst, wie wir es uns erwarten, wächst er in Wirklichkeit nicht, weil er uns wie ein Kind folgt. Wir meinen, das sei das Problem, an das Ernesto ständig denkt, wenn er den ganzen Tag daheim sitzt, das Problem, das er mit uns hat. Und er hat recht damit. Wir sind Gefangene unserer Rolle als Therapeuten und können daher nicht nicht wünschen, daß Ernesto wachse. Dies ist tatsächlich ein Problem, das uns einsperrt. Wir haben gesehen, daß Ernesto, um ein Mann zu werden, sich in allen Einzelheiten ein Vorbild gewählt hat: den Großvater. Vielleicht muß er jetzt, um zu wachsen, an eine eigene Art denken...

Ernesto *(unterbrechend, sich schlagartig in einen hochintelligenten und teilnehmenden Jungen verwandelnd)*: Ihr sagt, wenn ich so wachse, wie die anderen es sich erwarten, daß ich dann in Wirklichkeit nicht wachse, weil ich *(schreiend)* nicht meine Unabhängigkeitserklärung abgebe!

Therapeut: Genau!

Ernesto: Aber das betrifft sie auch *(zeigt mit dem Daumen auf die Eltern)*, auch sie haben mit der Angelegenheit zu tun ... diese Herrschaften.

Therapeut *(in der Absicht, die Gefahr, an den Eltern Kritik zu üben, zu vermeiden)*: Die Sache ist sehr komplex, Ernesto. Schauen wir uns gemeinsam die Sache mit den Medikamenten an. In der vergangenen Stunde haben wir angeordnet, die Medikamente wegzulassen. Ist es nicht so? Es war eine Botschaft, die dir zeigte, daß wir erwarteten, du seiest bereit, erwachsen zu werden, eigentlich war es fast ein Befehl ... Du jedoch hast angefangen zu weinen, dich schlecht zu fühlen, und deine Eltern gaben dir die Medikamente erneut. Das zeigt, daß du ein Problem mit uns hattest und noch hast. Indem du dir die Medikamente geben ließest, hast du uns wissen lassen, daß *du* entscheiden willst. *wann* und *wie* du wachsen willst. Ich würde nicht sagen, daß es Widerspruchsgeist ist ... vielmehr, wie du auch sagst, ist es unserer Meinung nach eine Unabhängigkeitserklärung.

Ernesto *(aggressiv)*: Was soll ich denn dann mit den Medikamenten tun?

Therapeutin: Du sollst darüber entscheiden, ob du sie nehmen willst oder nicht.

Ernesto *(anmaßend)*: Dann entscheide ich sofort, daß ich sie nicht mehr nehme!
Therapeut *(aufstehend, um sich zu verabschieden)*: Die nächste Sitzung wird nach den Ferien, am 3. September, sein. Ernesto wird Zeit haben, um über das Problem, das er mit uns hat, nachzudenken ...

Die Mutter hat kein Wort mehr gesagt, ihrem Gesichtsausdruck nach ist sie jedoch sehr betroffen. Ernesto, der wieder lebhaft und sympathisch geworden ist, schüttelt den Therapeuten herzlich die Hand. Der Vater zeigt einen verwirrten Gesichtsausdruck, verweilt noch etwas länger im Zimmer und flüstert: »Aber wie? ... Machen Sie mir Hoffnung?«, worauf der Therapeut lediglich mit einer Handbewegung in Ernestos Richtung antwortet, der schon hinter seiner Mutter in den Korridor gehüpft ist.
Wir können uns vorstellen, daß sich der Leser fragen wird, warum wir uns so fest vorgenommen haben, ja nicht auf direktem Weg über die Beziehung zwischen den Eltern und dem Jungen zu sprechen.
Eine Hauptursache, die wir schon im siebten Kapitel erwähnt haben, ist die positive Symptombewertung.
Die Beantwortung der Frage des Vaters hätte uns nur eine Alternative gelassen:
a) entweder willkürlich das Verhalten der Eltern als Ursache für das Verhalten des Kindes zu interpunktieren und sie damit zu kritisieren;
b) oder willkürlich das Verhalten des Sohnes als bewußt provokatorisch zu interpunktieren und so den Sohn negativ zu bewerten.
In beiden Fällen wären wir abgewertet und entweder sofort oder in der nächsten Sitzung auf unsere Handlungsunfähigkeit zurückgeworfen worden: vom Sohn, dem es ein leichtes gewesen wäre, die Illusion, daß es eine Alternative gebe, zu verwerfen, indem er (wie er es der Mutter gegenüber schon getan hatte) erklärt hätte, es sei nicht seine Schuld, daß er sich so aufführe, er könne nichts machen; und von den Eltern, die (entweder verwirrt oder depressiv) zur nächsten Sitzung gekommen wären, um uns zu sagen, daß alle Versuche, sich anders zu verhalten, völlig unwirksam gewesen seien.
Die positive Symptombewertung ist, obwohl sehr entscheidend, nicht die einzige Ursache für unser Vorgehen. In den ersten Jahren unserer Forschungsarbeit begingen wir (leider hartnäckig) immer wieder den Fehler, zu glauben, daß ein Jugendlicher nicht »gesund« werden könne, wenn es uns nicht gelinge, die intrafamiliären Beziehungen zu verändern, besonders die Beziehungen zwischen den Eltern. Zu diesem Zweck stiegen wir auf direkte, verbale Weise in das Problem ein, indem wir

alles erklärten, was in der Sitzung vorkam, sei es in der Beziehung zwischen allen dreien, sei es in der Beziehung des Paares zueinander, um alles zu verändern, was »falsch« war. Abgesehen davon, daß wir durch dieses Vorgehen lediglich Unterbrechungen, Verwerfungen oder, in günstigeren Fällen, eine oberflächliche Dressur erreichten, lag der größte Fehler unsererseits in der Botschaft, die wir den Jugendlichen auf diese Weise vermittelten: Die Conditio sine qua non für ihre konstruktive Entwicklung sei, daß ihre Eltern sich änderten. Wir hatten noch nicht begriffen, daß die symmetrische Forderung, die Eltern zu »reformieren«, vielleicht den wichtigsten Kern jugendlicher Verhaltensstörungen, einschließlich der psychotischen, bildet.

Tatsächlich gibt es keinen gestörten Jugendlichen, der nicht zutiefst davon überzeugt wäre, daß er nicht »guttut«, weil seine Eltern nicht »guttun«. Umgekehrt denken das auch die Eltern, nur mit der Variante, daß jeder der beiden felsenfest davon überzeugt ist, die Verantwortung dafür liege beim Partner.

In sehr schwer gestörten Systemen, wie in jenen mit psychotischer Transaktion, legen sich die Kinder (und nicht nur der designierte Patient) freiwillig die Rolle des »Reformators« zu: sei es mit dem Vorsatz, einen unzufriedenen Elternteil zu trösten, einen unterdrückten zu rächen, einen instabilen an die Familie zu binden oder, wie wir es bei einer psychotischen Jugendlichen erlebt haben, einen schwach und unfähig scheinenden Vater dadurch zu ersetzen, daß sie selbst das Verhalten eines autoritären Vaters annahm und fluchend, vulgär und gewalttätig auftrat. Eine Rolle, die so bereitwillig übernommen wird, ist offensichtlich durch die Eltern vorgegeben, doch immer verdeckt und aufgrund heimlicher Koalitionen, die man bei der geringsten Gefahr, entdeckt zu werden, leugnet.

Die Aufgabe der Therapeuten besteht jedoch darin, sich so zu verhalten, daß der falsche Glaube zerstört und die falsche Epistemologie durch eine ganz andere Botschaft umgedreht wird.

Welche Botschaft sollte das sein? Die Botschaft, daß es durchaus nicht die Aufgabe der Kinder ist, die Beziehung der Eltern zu verbessern oder sie in ihren Funktionen zu vertreten, und daß ein Jugendlicher sich ausgezeichnet entwickeln kann, wie auch immer diese Beziehung beschaffen sein mag. Entscheidend ist, daß er die Überzeugung gewinnt, die Angelegenheit gehe ihn nichts an. Aber eine so gesunde Überzeugung kann sicherlich nicht entstehen, wenn der Jugendliche in den Sitzungen unseren ohnmächtigen Streitereien mit seinen Eltern assistiert; denn diese Streitereien sind denen ja vollkommen gleich, die ihm auch sonst zu schaffen machen.

Es darf deshalb nicht verwundern, wenn ein designierter Patient, der Zeuge solcher Auseinandersetzungen wird, nach einiger Zeit die Sitzungen schwänzt. Er kann sich, weiß Gott, einige Freistunden gönnen, hat er doch so gute Stellvertreter, die bereit sind, sein Mandat aufzunehmen!

Unsere Torheit gipfelte in dem Glauben, daß wir auf diese Weise einerseits den Jugendlichen von seiner unbequemen Rolle befreien und außerdem allen miteinander ein Beispiel »besserer« Eltern geben könnten [1].

---

[1] Die Gültigkeit des »neuen« Kurses bestätigte sich noch häufig. Drei Familien, bei denen wir keine befriedigenden Resultate hatten erzielen können, kamen nach einigen Jahren spontan wieder zurück, eine davon (mit einer psychotischen Patientin) drei Jahre nach dem ersten Behandlungsversuch, mit dem nicht einmal so verborgenen Ziel, uns unsere Ohnmacht direkt spüren zu lassen. Wenige Sitzungen genügten, um das Spiel zu verändern und eine konstruktive Transaktion einzuleiten.

12
Die Therapeuten akzeptieren ohne Einwand die verdächtige Besserung

Diese Taktik wurde schon in dem Kapitel über die *Familienrituale* beschrieben.

Diese therapeutische Intervention besteht darin, die Besserung oder das Verschwinden eines Symptoms, dem keine entsprechende Veränderung im System der familiären Transaktion gegenübersteht, ohne Einwände anzuerkennen. Es besteht der Verdacht, daß wir es mit einem Schachzug zu tun haben, an dem alle Mitglieder der natürlichen Gruppe beteiligt sind, auch wenn nur einer sich zu deren Sprecher macht. Der Zweck einer solchen Besserung ist, den Therapeuten etwaige Nachforschungsmöglichkeiten zu entziehen, die für den Status quo als gefährlich empfunden werden. Kennzeichnend ist, daß sie unvorhergesehen und unerklärbar eintritt und nicht selten von Optimismus und Engagement begleitet ist, nach dem Motto: »Tout va très bien, madame la marquise«. Diese Haltung ist jedoch keineswegs von überzeugenden Fakten untermauert. Damit versucht die Familie (ohne dies auszusprechen), den Therapeuten ihre Absicht mitzuteilen, daß sie auf den nächsten vorbeifahrenden Zug aufspringen werde.

Auch in diesem Fall lehrte uns die Erfahrung, daß die Therapeuten die Initiative nicht aus der Hand geben dürfen. Eine Möglichkeit wäre, Bedeutung und Zweck eines derartigen Familienverhaltens als »Flucht in die Genesung« zu enthüllen. Unserer Erfahrung nach ist das jedoch ein Fehler, weil damit eine kritische Haltung verbunden ist, die zu der goldenen Grundregel der positiven Symptombewertung in völligem Widerspruch steht und nur Verleugnungen und Verwerfungen hervorruft oder, noch schlimmer, eine Demonstration der eigenen Stärke. Nicht selten ist der Anstoß zur Flucht, wie wir am Beispiel der Familie Casanti zeigten, ein Fehler der Therapeuten oder eine an sich richtige therapeutische Intervention, die die Gruppe jedoch nicht ertragen kann.

Unsere Methode ist, die Besserung ohne jeden Einwand zu akzeptieren, gleichzeitig aber selbst die Initiative zu ergreifen und die Therapie zu beenden.

Wir verhalten uns geheimnisvoll und machen gewisse Andeutungen.

Die Familie ist in solchen Fällen meist noch nicht soweit, uns ausdrücklich um die Beendigung der Behandlung zu bitten, sondern eifrigst mit der Vorbereitung verschiedener Schachzüge beschäftigt, um gerade dies

zu erreichen; wir kommen ihr zuvor, indem wir selbst — autoritär — das Aussetzen der Therapie beschließen.
Der Hauptzweck ist, sowohl die Initiative wie die Kontrolle über die Situation in der Hand zu behalten, damit den Taktiken des Gegners zuvorzukommen und sie zu annullieren.
Das zweite Ziel, das wir verfolgen, hängt eng mit der Art des Vertrags, der mit der Familie abgeschlossen wurde, zusammen: Der Vertrag wurde ja über eine ganz bestimmte Anzahl von Stunden abgeschlossen.
Wenn das Symptom des designierten Patienten auf unerklärliche Weise verschwindet, was mit den oben beschriebenen kollektiven Widerständen zusammenhängt, ziehen wir es vor, die Therapie zu beenden, ohne dabei die Echtheit der »Heilung« auf die Probe zu stellen; wir haben jedoch immer noch eine gewisse Anzahl von Sitzungen »in Reserve«, falls die »Heilung« nicht lange anhalten sollte.
Wir sind sorgfältig darauf bedacht, *unsere* Meinung über die plötzliche Besserung keinesfalls auszusprechen, viel weniger noch, letztere zu bestärken. Bei der Rückkehr in die Sitzung beschränken wir uns auf einen einfachen Kommentar, in dem wir erklären, daß wir die von der Familie ausgedrückte Zufriedenheit über die erreichten Erfolge zur Kenntnis nehmen. Weiterhin teilen wir mit, daß wir uns entschlossen hätten, die Therapie mit dieser Sitzung zu beenden. Nachdrücklich weisen wir jedoch auf unsere vertragliche Verpflichtung hin, die noch ausstehenden Sitzungen, falls nötig, der Familie zur Verfügung zu stellen.
Auf diese therapeutische Intervention hin erfolgen zumeist einige typische Reaktionen der Familie, deren Intensität unterschiedlich ist, die jedoch immer auf einen ganz bestimmten Schachzug hinweisen. Eine dieser Reaktionen ist: »Aber was denkt *ihr* denn darüber?« Eine Frage, die eindeutig darauf hinzielt, uns in die Falle zu locken und eine Diskussion über unsere Zweifel oder Einwände zu beginnen, die dann sofort verworfen würden. Die Therapeuten bekräftigen jedoch hintergründig, daß ihre Entscheidung lediglich auf der von der Familie ausgedrückten Zufriedenheit beruhe. Auf diese Weise befindet sich die Familie in der paradoxen Falle: Sie wird zur Initiatorin einer Entscheidung gemacht, die in Wirklichkeit von den Therapeuten gefällt wurde.
In anderen Fällen reagiert die Gruppe mit einer Grabesstille, die bald danach von Protesten, Zweifelsäußerungen, Unsicherheit und Pessimismus abgelöst wird; gleichzeitig versucht man, sofort die nächste Zusammenkunft zu fixieren, um von den Therapeuten das feierliche Versprechen zu erlangen, daß eine später geäußerte Bitte um Wiederaufnahme der Therapie nicht eine verlängerte Wartezeit mit sich bringe.

Die Therapeuten bleiben jedoch fest bei ihrer Entscheidung, der Familie die Initiative zu überlassen, die noch ausstehenden Sitzungen zu fordern; das ist jedoch erst nach einem gewissen Zeitraum, den die Therapeuten bestimmen, möglich.

Durch diese paradoxe Taktik gelingt es, den sabotierenden Schachzug zu annullieren: Man bringt die Familie in die Lage, jetzt oder später selbst um die Fortsetzung der Therapie zu ersuchen.

Diese Taktik praktizieren wir auch bei anderen Familien, z. B. bei jungen Paaren, die wegen irgendeiner Störung eines Kleinkindes zu uns in Therapie kommen. Manchmal, wenn man in derartigen Fällen ein rasches Verschwinden des Symptoms bei dem Kind erzielt, signalisieren die Eltern in Anspielungen meist sofort die gemeinsame Absicht, aus der Therapie zu entfliehen. Auch in diesen Fällen ziehen wir es vor, nicht auf der Therapie zu bestehen, um die aufgebaute Beziehung nicht durch Verdächtigungen, Kritik oder Interpretationen zu zerstören. Die Erfahrung hat uns gelehrt, daß solche Widerstände unüberwindlich sind. Der Versuch, ihnen zu Leibe zu rücken, führt nur zu negativen Konsequenzen. In diesen Fällen entscheiden wir uns mit Rücksicht auf den Widerstand dafür, selbst die Initiative zu ergreifen und mit der Therapie auszusetzen; dabei lassen wir jedoch die Aussicht auf eine Wiederaufnahme der Therapie offen: Eine solche Haltung der Therapeuten verstärkt in dem Paar, das durch die bei dem Kind erzielten Erfolge schon Vertrauen gefaßt hat, das Gefühl der Freiheit bezüglich der Therapie.

Viele Paare kommen nach einiger Zeit wieder, um dann mit den Therapeuten die Schwierigkeiten ihrer eigenen Beziehung zu besprechen.

In anderen Fällen setzen wir einen Termin für ein Telefonat oder eine Sitzung fest (der einige Monate später liegen sollte), obwohl die Therapie offiziell beendet ist; wir tun das, um neue Informationen zu erhalten und eine globale Bilanz ziehen zu können. Auf diese Weise behalten wir die Familie »in Therapie« und kommunizieren ihr implizit das Weiterbestehen unserer Bereitschaft und unseres Interesses für sie.

13
Wie Abwesende zurückgeholt werden [1]

Unter den Familienmanövern, die alle der Wahrung des Status quo dienen, ist das Fernbleiben eines Familienmitglieds vermutlich das bekannteste. Es ist auch von verschiedenen Forschern bereits ausführlich beschrieben worden.

Sonne, Speck und Yungreis, die sich als erste diesem speziellen Problem widmeten, erkannten, daß dieses Manöver, auch wenn es nur von einem einzelnen Familienmitglied und offensichtlich auf dessen eigene Initiative hin ausgeführt wird, »in Wirklichkeit ein Manöver der ganzen Familie ist, an dem mehr oder weniger alle übrigen beteiligt sind«. Wie man diesem Manöver zuvorkommen oder es verhindern kann, darüber schweigen die Autoren sich aus, mit dem Hinweis, daß in dieser Hinsicht noch weitere Forschungsarbeit notwendig sei.

Unsere persönliche Meinung, die aus der unmittelbaren Erfahrung kommt, stimmt mit den Ergebnissen besagter Autoren überein: Es handelt sich eindeutig um einen Widerstand der gesamten Familie; darüber hinaus jedoch sind wir der Auffassung, daß bei der dynamischen Analyse dieses Geschehens auch die Verhaltensweisen der Therapeuten, insbesondere deren Fehler, mit einzubeziehen sind. Es wurde uns klar, daß diese Fehler hauptsächlich von der Tendenz der Therapeuten kamen, andere und »bessere« Verhaltensmodelle anzubieten, indem sie sich auf die Seite der Veränderung anstatt auf die Seite der Homöostase stellten. Die Häufigkeit dieses Fehlers in den ersten Jahren unserer Arbeit führte ebenso häufig dazu, daß eines der Familienmitglieder den Sitzungen fernblieb, was uns in allergrößte Verlegenheit brachte. Was sollten wir unternehmen, um die Abwesenden zurückzuholen?

Natürlich konnten wir, unwissend wie wir waren, nichts anderes tun, als unseren Fehlern, die dieser Reaktion zugrunde lagen, weitere hinzuzufügen. So versuchten wir immer wieder verzweifelt, durch eine autoritäre Haltung die Kontrolle über die Situation wiederzuerlangen:

---

[1] Diese Taktik bezieht sich auf die Abwesenheiten, die sich im Laufe der Therapie ergeben, nicht jedoch auf die erste Sitzung, die erst abgehalten wird, wenn alle Mitglieder versammelt sind. Aus diesem Grund weisen wir Versuche der Eltern, mit uns vorher ein Gespräch zu führen, systematisch zurück. Sobald das Telefonformular ausgefüllt ist, findet das Gespräch immer in Anwesenheit aller Familienmitglieder statt.

»Unser Patient ist die Familie. Wir machen nur dann eine Sitzung mit euch, wenn ihr vollzählig erscheint!«[2] Oder wir legten uns eine »nonchalante« Haltung zu, was ebenso falsch war. Noch häufiger jedoch verbissen wir uns in eine minuziöse Analyse der Motive für dieses Wegbleiben, natürlich ohne jeden Erfolg. Das abwesende Familienmitglied blieb abwesend oder tauchte, je nach Laune, hin und wieder auf, ein heißersehnter Gast, der sofort mit Fragen und Interpretationen bezüglich seiner Abwesenheit und der Bedeutung seiner Rückkehr bombardiert wurde — Interpretationen, die nur zu leicht abgewertet werden konnten.

Seit es uns endlich gelungen ist, diese banalen Fehler zu erkennen und zu vermeiden, kommt es nur noch ganz selten vor, daß ein Familienmitglied wegbleibt. Wenn es doch ab und zu vorkommt, dann infolge eines Fehlers, den wir sofort in der Teamdiskussion zu identifizieren suchen, und der meist im Zusammenhang mit einer therapeutischen Intervention gemacht wird, die vielleicht zwar richtig war, jedoch, weil sie zu früh kam, von der Familie schlecht ertragen wird und deshalb diese Gegenreaktion hervorruft. Wie wir bereits mehrfach festgestellt haben, kann die Familienforschung, insbesondere die Forschung über die Familie mit schizophrener Transaktion, nur auf dem Weg über Versuch und Irrtum vorangetrieben werden. Es ist wichtig, jeder Reaktion Beachtung zu schenken, *da diese eine Konsequenz unseres Verhaltens* und damit ein Maßstab für unser weiteres Vorgehen ist.

Was unser Verhalten während der Sitzung betrifft, so haben wir jede autoritäre Haltung und jeden Versuch, analytisch vorzugehen, abgelegt. Wenn ein Familienmitglied fernbleibt, nehmen wir die Familie in der gleichen Weise auf wie sonst und zeigen, daß wir die Motive, die als Entschuldigung für das Fernbleiben angegeben werden, billigen, auch wenn es sich dabei meist um absurde, banale oder ganz allgemeine Gründe handelt: »Er kann seinen Chef nicht um Urlaub bitten, er hat ein so schwieriges Verhältnis zu ihm«; »Sie will die Schule nicht versäumen, an dem Tag, an dem die Sitzung stattfindet, hat sie gerade eine so wichtige Klassenarbeit«; »Er will nicht mehr kommen, er sagt, er sei enttäuscht, er sieht keinerlei Erfolge . . .« usw.

Obwohl wir die vorgebrachten Gründe also scheinbar akzeptieren, passen wir genau auf, was in der Sitzung gesagt wird; wir behalten die Tatsache, daß ein Familienmitglied weggeblieben ist, immer im Blick

---

[2] Eine solche Haltung erinnert etwas an die Predigten mancher alter Landpfarrer, die ihre zornigen Ermahnungen wegen des zu geringen Kirchenbesuchs auf die *anwesenden* Gläubigen niederprasseln lassen.

und bringen das gesamte Material der nachfolgenden Sitzungen damit in Verbindung. Dieses Problem steht also für uns im Mittelpunkt.
Die Taktik, die wir ausgearbeitet haben, um das abwesende Mitglied wieder in die Therapie zurückzuholen, ist eng an unser, sagen wir, Sitzungsritual geknüpft: Wir teilen jede einzelne Sitzung (wenn auch nicht starr) in fünf Abschnitte ein: die Vorsitzung, das Gespräch mit der Familie, die Teamdiskussion und die Rückkehr der Therapeuten, wonach die Sitzung abgeschlossen wird, normalerweise mit einem einfachen Kommentar oder einer Verschreibung und dem Sitzungsprotokoll. Den Kommentar bzw. die Verschreibung geben wir normalerweise unmittelbar am Ende der Sitzung, indem wir uns direkt, verbal an die gesamte Gruppe wenden.
Bei einer Familie jedoch, die nach einer gewissen Anzahl von Sitzungen nicht mehr vollständig bei uns erscheint, liegt die Sache anders. Welchen Sinn hätte es, die Sitzung mit einem Kommentar oder einer sofortigen Verschreibung zu beschließen? Es wäre sicher ein Fehler, denn es würde bedeuten, daß wir uns dem Manöver der Familie unterwerfen und den therapeutischen Rahmen sowie die therapeutische Rolle aufgeben. In dieser Situation findet eine wirksame Kommunikation nicht durch das statt, was man sagt, sondern durch das, was man tut. Selbst wenn die Therapeuten verbal erklären würden, daß sie die Teilgruppe zurückweisen, würden sie sie de facto doch bestätigen, wenn sie sich mit einem Kommentar oder einer Verschreibung an sie wenden würden.
Um dieses Hindernis zu überwinden, haben wir einen sechsten Abschnitt in die Sitzung eingebaut. Der Abschluß der Sitzung muß bei der Familie zu Hause stattfinden, wenn diese vollzählig versammelt ist. Für diesen Zweck wird der abschließende Kommentar, der in der Teamsitzung diskutiert und beschlossen wird, schriftlich ausgefertigt; er wird von den Teammitgliedern unterschrieben und in einem verschlossenen Kuvert übergeben. Bei der Rückkehr ins Sitzungszimmer kündigen die Therapeuten ohne weitere Erklärungen an, daß die Sitzung bei der Familie zuhause beendet würde, und zwar am Abend, wenn alle sich zum Essen versammeln. Eines der Mitglieder, das, der Situation entsprechend, sorgfältig ausgesucht werden muß, ist für den Brief verantwortlich. Es soll ihn in Anwesenheit der ganzen Familie öffnen und laut vorlesen. Wenn nicht alle Familienmitglieder anwesend sind, muß das Öffnen des Umschlags auf einen anderen Tag verlegt werden.
Mit Hilfe dieses Schachzugs durchkreuzen wir, ohne darüber zu sprechen, das Familienmanöver, indem das abwesende Familienmitglied »anwesend gemacht wird«.

Es wäre überflüssig, zu erklären, wie schwierig es ist, einen geschriebenen Kommentar zu verfassen, in dem jedes einzelne Wort auf die Goldwaage gelegt werden muß. Um so mehr, da wir uns anstrengen müssen, ihn so abzufassen, daß der Abwesende einbezogen und auf diese Weise gezwungen wird, wiederzukommen.
Manchmal fiel uns das so schwer, daß wir, um die Familie nicht stundenlang warten zu lassen, uns entschlossen, den Kommentar als Einschreibbrief zu senden; die Familie wurde davon unterrichtet und bekam Anweisungen für die Lektüre. Eine allzulange und aufreibende Diskussion ist außerdem ein Zeichen für die Verwirrung des Teams, ein Zustand, der angesichts der schizophrenen Transaktion leicht eintreten kann. Damit nicht-wiedergutzumachende Fehler vermieden werden, empfiehlt es sich in diesem Fall, das Ganze einige Tage auf sich beruhen zu lassen, bevor man sich wieder zusammenfindet, um den Kommentar zu redigieren.
Das hier beschriebene Manöver hat auch eine stark dramatisierende Wirkung. Wenn die Therapeuten wieder in die Sitzung kommen, um das Schreiben auszuhändigen oder anzukündigen, daß man es mit der Post senden werde, reagiert die Familie mit dramatischem Schweigen oder zeigt in Mimik und Gesten ihre Überraschung über das Zunichtewerden ihres so geschickt aufgebauten Manövers.
Der Dramatisierungseffekt wird durch die Erwartung der Familie, was in dem Dokument wohl stehen möge, noch gesteigert, da zwischen der Verabschiedung und der Lektüre ja eine gewisse Zeitspanne liegt. Wenn uns die Formulierung gut gelungen ist, so findet dieser Effekt seine Krönung in dem Inhalt des Dokuments selbst.
Das läßt sich am Beispiel eines Vaters zeigen, der in der fünften Sitzung wegen eines »immer stärker werdenden und unbezwingbaren Mißtrauens gegen die Familientherapie« weggeblieben war; dies gerade zu dem Zeitpunkt, als bei dem designierten Patienten eine geringfügige Besserung eingetreten war.
Es handelte sich um eine vierköpfige Familie; der »Patient« war ein dreizehnjähriger Junge, den wir Ugo nennen wollen, und der einen sechsjährigen Bruder mit Namen Duccio hatte. Als Ugo vier Jahre alt war, hatte man in einer Universitätsklinik eine Pseudo-Oligophrenia psychotica diagnostiziert, wegen der er von einem ganzen Stab Neurologen behandelt wurde. Schließlich landete er in einer Individualtherapie, die ebenfalls keinen Erfolg brachte. Die Therapeutin selbst hatte eine Familientherapie vorgeschlagen.
In der ersten Sitzung zeigte sich der Bub heboid. Dick, feminin, mit albernem Gesichtsausdruck und offenem Mund, saß er in seinen Sessel

versunken da. Auf Fragen reagierte er überhaupt nicht oder gab dumme, verschlüsselte, unpassende Antworten. In der Schule der Kleinstadt, in der die Familie wohnte, wurde er toleriert, obwohl er keinerlei Leistung erbrachte und einige seltsame Verhaltensweisen zeigte; offenbar war dies auf das hohe soziale Prestige seines Vaters zurückzuführen und auch darauf, daß der Hausarzt der Familie sich sehr für ihn einsetzte. Er hatte überhaupt keine Freunde und auch keinerlei sportliche Interessen, doch war er ein Meister im Schachspielen. Seine Nachmittage verbrachte er, indem er dauernd hinter seiner Mutter herlief. Er machte ihr ungeheuer viel Arbeit, weil er von Zeit zu Zeit einkotete und Bett und Kleider beschmutzte. Das Einkoten wurde wie ein Geheimnis, dessen man sich schämen muß, selbst vor der Bedienerin verschwiegen.

In der vierten Sitzung zeichnete sich bei Ugo eine leichte Besserung ab. Er zeigte sich teilnehmend und lebendig, voller Scharfsinn und Humor, was bei seinem Vater großes Erstaunen hervorrief. Wir waren jedoch, wie sich im folgenden herausstellte, nicht davon informiert worden, daß das Einkoten seit Wochen aufgehört hatte.

Zu der fünften Sitzung, die einen Monat später stattfand, erschien die Familie nicht mehr. Einer unserer Therapeuten rief bei der Familie an, um Auskunft zu erhalten. Die Mutter war am Telefon äußerst verlegen und zeigte sich sehr verwundert darüber, daß ihr Mann uns nicht von seinem Büro aus benachrichtigt habe. Sie berichtete uns, ihr Mann habe sich geweigert zu fahren; er habe das mit einem »wachsenden, unbezwingbaren Mißtrauen gegen die Familientherapie« begründet. »nicht zu reden von den Strapazen einer so langen Reise und dem finanziellen Verlust so vieler Arbeitsstunden«. Sie sagte uns, Ugo habe die väterliche Entscheidung verzweifelt aufgenommen und sich weinend in sein Zimmer eingesperrt. Auf die Frage des Therapeuten, was *sie selbst* denn von der Therapie halte, gab sie an, sehr ambivalent eingestellt zu sein, und zeigte sich überdies besorgt wegen der Reaktion ihres Mannes, mit dem sie nicht uneins werden wollte. Sie wollte jedoch alles nochmals überdenken und in einem passenden Moment mit ihm darüber reden.

Vierzehn Tage später rief die Frau wieder an. Sie gab an, ihr Mann weigere sich, weiterhin zu kommen, habe aber nichts dagegen, daß die anderen die Therapie wieder aufnähmen. Sie selbst wünsche sehr, mit Ugo zusammen zu einem Gespräch zu kommen, um sich bezüglich der Schule einen Rat zu holen. Der Direktor habe sich entschlossen, Ugo zu versetzen, obwohl er das Klassenziel nicht erreicht habe, vorausgesetzt, daß die Therapeuten damit einverstanden seien. Am Ende murmelte sie zu unserem Erstaunen, daß Ugo, »der schon ganz sauber geworden war«, nun wieder einkote. Nach einer Teamdiskussion rief der Therapeut zurück, um den Termin für die erbetene Sitzung zu fixieren; wir sahen keinen anderen Weg, die gesamte Familie zurückzuholen.

In der fünften Sitzung betrug Ugo sich wieder so albern wie früher. Die Mutter berichtete in zerstreutem Konversationston Einzelheiten über die Strapazen der Fahrt und über Ugos Pech in der Schule. Über das Einkoten sprach sie erst auf Befragung der Therapeuten (die kein Wort darüber verloren, daß sie nicht darüber informiert worden waren, daß das Einkoten inzwischen aufgehört hatte). Schließlich erklärte sie, sie habe es bis oben hin satt und habe ihren Mann unter der Drohung, endgültig und für immer wegzugehen, gezwungen, in Florenz ein kleines Appartement zu kaufen, damit sie ab und zu einmal entkommen könne; Florenz sei ihre Heimatstadt, und dort habe sie Bekannte und Freunde. Die Sitzung wurde nach der Teamdiskussion von den Therapeuten mit der Bekanntgabe des nächsten Termines beendet. Es wurde außerdem angekündigt, daß man einen eingeschriebenen Brief an die Adresse des Vaters senden werde. Dieser Brief sollte in Anwesenheit aller gelesen werden. (Wir waren durchaus nicht überzeugt, daß diese Verschreibung ausgeführt würde, hielten das aber nicht für besonders wichtig. Wichtig war, daß der Vater den Brief las und infolgedessen wieder zu den Sitzungen kam. Für den Rest würde schon Ugos und der Mutter Neugierde sorgen.)

Der schriftliche Kommentar lautete wie folgt:

Wir sind äußerst betroffen über die Ergebenheit Ugos, der, ohne daß ihn jemand darum gebeten hat, sich die Verpflichtung auferlegt, den Vater zu beruhigen. Ugo hat nämlich die Vorstellung, daß Papa große Angst hat, Mama gehe für immer fort. Infolgedessen hat er es sich zur Aufgabe gemacht, die Mutter dadurch festzubinden, daß er den Idioten spielt und einkotet. Dieser Überzeugung opfert er großmütig seine Jugend, den Sport und die Schule. Er wird deshalb, das sehen wir voraus, weil er das Appartement in Florenz als bedrohend empfindet, sich in Zukunft noch dümmer stellen und noch stärker einkoten, um seine Mutter dadurch so fest wie möglich anzubinden und den Vater zu beruhigen.

Bei der nächsten Zusammenkunft erschien die Familie vollzählig. Der Vater saß, verlegen dreinschauend, etwas abseits. Vielleicht fürchtete er, daß die Therapeuten ihn tadeln oder nach den Motiven seines Fernbleibens bzw. seines Wiederkommens fragen würden. Natürlich taten die Therapeuten nichts dergleichen. Sie hatten schon eine neue Überraschung auf Lager: eine Sitzung, bei der Duccio, der sogenannte Gesunde, im Mittelpunkt stehen sollte.

14
Wie man die Entwertung umgeht

Wie wir gezeigt haben, ist die Entwertung der eigenen Person sowie der Person des anderen das wichtigste Manöver, dessen sich die Familie mit schizophrener Transaktion bedient: »Ich existiere nicht, und daher existierst du auch nicht.« (Auch eine andere natürliche Gruppe mit einer Geschichte kann eine schizophrene Transaktionsweise etablieren, um zu vermeiden, daß die Beziehung definiert wird.)
Die schwerste und wichtigste Aufgabe, der sich die Therapeuten stellen müssen, ist, dieses Manöver offen zutage treten zu lassen. Wenn ihnen das gelingen soll, müssen sie gelernt haben, selbst das schizophrene Spiel zu spielen, und die Fähigkeit besitzen, das therapeutische Paradoxon in geeigneter Weise, d. h. systemgerecht zu verwenden.
Dazu gehört eine Reihe von Voraussetzungen, die auf den ersten Blick Anstoß erregen könnten, jedoch gänzlich unerläßlich sind, um eine derartige Intervention mit Aussicht auf Erfolg anwenden zu können.
Die Therapeuten müssen vor allem gelernt haben, so unbeteiligt und kühl wie möglich zu spielen, so, als handle es sich um einen Schachwettbewerb, bei dem man von den Gegnern als Individuen so gut wie nichts weiß. Wichtig ist nur, ihr Spiel zu begreifen, damit man sich entsprechend verhalten kann.
Auch müssen sich die Therapeuten von den möglichen Motiven, die zu ihrer Berufswahl führten, hinlänglich befreit haben: sei es das romantische Bedürfnis »zu helfen« oder das weniger romantische Bedürfnis, Macht zu erlangen. Wir wissen ja, daß diese beiden Motive mit Sicherheit nichts anderes sind als Ausdruck der zutiefst in uns verwurzelten Tendenz, uns in symmetrische Beziehungsmuster zu verstricken. Gerade das macht uns ja so empfindlich (d. h. verletzlich) und führt uns dazu, die Manöver der Familie mit schizophrener Transaktion für echt zu halten, zumal diese Familien sehr geschickt darin sind, andere in ihr Spiel hineinzuziehen.
Wenn es uns dagegen gelingt, uns davon zu überzeugen, daß alles, was uns gezeigt wird, eine »Einladung« darstellt, sei es in der Absicht, uns zu verführen, oder in der Absicht, uns abzuwerten, bringen wir es fertig, darauf vernünftigerweise nicht zornig oder geschmeichelt zu reagieren. Darüber hinaus werden wir uns dabei, was sehr wichtig ist, sogar amüsieren und fähig sein, den »Gegnern« die ihnen gebührende

Bewunderung, Respekt und Sympathie entgegenzubringen. Wie oft haben wir uns, vollkommen verwirrt von der Familie eines braven Postangestellten mit einer ungebildeten Frau und einem »Patienten«, dessen Zustand sich verschlechtert zu haben schien, bei der nachfolgenden Diskussion im Sitzungszimmer laut lachend in die Sessel fallen lassen und ausgerufen: »Wie gut, wie unwahrscheinlich gut sind die doch...«

Es hat jedoch lange gedauert, bis wir soweit waren, daß wir in einem solchen Fall nicht mehr rot sahen vor Wut oder uns nicht lächerlich oder schuldig fühlten [1]. Nachdem es uns gelungen war (wir wissen selbst nicht genau, wie), nicht mehr vollständig in das schizophrene Spiel einzusteigen, ermöglichten es uns die verrückten Schachzüge, denen wir uns gegenübersahen, unsere eigene symmetrische Hybris neu zu dimensionieren, anstatt sie zu verstärken. Die volle Erkenntnis, wie klein unsere Gruppe und wie stark unsere »Gegner« waren, hatte unsere Ansprüche zurückgeschraubt. Gegen eine derartige Übermacht konnte man wenig ausrichten!

Was unsere Ausrüstung betraf, so erging es uns wie David, der beim Kampf mit Goliath nichts anderes bei sich hatte als eine Schleuder und einen Stein, wohl aber über tägliche Übung verfügte, so daß er imstande war, genau zu zielen und den gewünschten Punkt auch zu treffen. Was wir im Vergleich zu David dagegen nicht besaßen, waren die Inspiration und die Sicherheit des göttlichen Beistands. Unser Unternehmen war eindeutig bescheidener und verdient keinerlei epischen Überschwang. Die Hauptsache war, den Geist des Spiels zu erfassen und den Gegner nie zu unterschätzen, verlieren zu können, ohne sich zu ärgern — weder über sich selbst noch über die Partner im Spiel —, und vor allem die Fähigkeit, das Spiel auch unterhaltsam zu finden. Dies alles könnten wir genausogut wieder in einem Paradoxon zusammenfassen: Die einzige Art, unsere Klienten zu lieben, ist die, sie nicht zu lieben, oder, besser, sie in einem metaphysischen Sinn zu lieben.

Wir halten diese Vorrede für nötig, weil wir alle warnen möchten, die sich in ein solches Unternehmen einlassen wollen. Aber vielleicht ist das ein sinnloser Versuch. Vielleicht muß man gewisse Erfahrungen einfach selbst machen, um zu einer bestimmten Überzeugung zu gelangen.

---

[1] Die Gefühle ängstlichen Eifers, von Wut, Kleinlichkeit, Ermüdung, feindlicher Abwehr (»Wenn sie wollen, sollen sie so bleiben, wie sie sind, es ist ihre Sache...«) sind ein sicheres Zeichen dafür, daß die Therapeuten symmetrisch in das Spiel verwickelt sind.

Im folgenden stellen wir eine therapeutische Intervention dar, die den Zweck hat, die Entwertung zu »vernichten«: Es geht um zwei junge Eheleute, die wir Luigi und Jolanda nennen wollen. Sie sind seit neun Jahren verheiratet und haben zwei Jungen, den sechsjährigen Bruno, der von den Fachärzten als autistisch diagnostiziert worden war, und den scheinbar gesunden dreijährigen Chicco.

Die entscheidende Intervention findet in der zehnten Stunde statt, der letzten einer Reihe von Sitzungen, die wir mit dieser Familie zuvor vereinbart hatten.

Von Anfang an hatten wir uns dazu verleiten lassen, den verwickelten Beziehungen mit der entfernten Verwandtschaft nachzuspüren; auch die mütterlichen Großeltern waren bereits einmal in einer Sitzung zugegen gewesen. Dabei hatten wir längere Zeit hindurch nicht erkannt, daß diese verwickelten Beziehungen lediglich darauf abzielten, das zentrale Problem, nämlich die Beziehung des Paares zueinander, zu verwirren und zu verdunkeln.

In der neunten Sitzung entschloß sich das Therapeutenteam, diesem Manöver mit einer Verschreibung beizukommen.

Am Ende der Sitzung (wie üblich ging eine Teamdiskussion voraus) übergaben die Therapeuten einen geschriebenen Text, der während der Zeit bis zur nächsten Sitzung (ca. ein Monat) mehrmals gelesen werden mußte. Die Lektüre dieses Textes war folgendermaßen ritualisiert worden: Jeden Donnerstag mußte er von der Mutter und jeden Sonntag vom Vater abends, unmittelbar bevor die Familie zu essen begann, gelesen werden; es durften keinerlei Kommentare dazu abgegeben werden. Der Text war so abgefaßt, daß er ohne Veränderungen sowohl vom Vater als auch von der Mutter gelesen werden konnte. Der Inhalt zielte darauf hin, die Kernfamilie endlich von der restlichen Familie abzugrenzen, Großeltern, Onkel und Tanten weitgehend auszuschalten und so die Betroffenen der bedrohlichen Notwendigkeit auszusetzen, ihre Beziehung zu definieren. Von diesem etwas gewaltsamen Schachzug erwarteten wir uns eine entscheidende Reaktion und damit zugleich eine aufdeckende Wirkung.

Der Text lautete folgendermaßen:

Jetzt, Bruno, habe ich verstanden, warum Du den Verrückten spielst: um Deinem Papa zu helfen. Du bildest Dir ein, Papa sei zu schwach und allein nicht fähig, die Mama zu bewachen.
Deswegen benimmst Du Dich so, daß Du die Mama ganz vereinnahmst und festbindest; dabei hilft Dir Chicco etwas mit seinen Launen. Da Du die Arbeit, Mama zu überwachen, übernommen hast, kann Papa ruhig sein und hat mehr Zeit, sich seinen eigenen Angelegenheiten zu widmen.

In der darauffolgenden Sitzung ergaben sich folgende Reaktionen: Luigi, der Vater, der sich wie immer unbeteiligt gibt, jedoch ein böses Gesicht macht, erklärt sofort, daß die Verschreibung durchgeführt worden sei, aber keinerlei Wirkung auf Bruno gehabt habe. Jolanda sagt zitternd und äußerst ängstlich, sie habe schrecklich gelitten. Außerdem seien beide Kinder unerträglicher gewesen denn je, und ihr Mann, Luigi, habe sich zum ersten Mal ängstlich gezeigt.
Von dem Therapeuten über den Grund dieser Veränderung befragt, führt Jolanda sie auf die Lektüre des Textes zurück. Der Text habe bei ihr zu einem unglaublichen Flashback geführt, zu einer totalen Rückkehr in die Vergangenheit! Sie habe an die Eltern ihrer Eltern gedacht, an die ganze Geschichte ihrer Familie, dann an ihren Vater, der immer getobt und ihr alles und jedes verboten hatte; an ihre Mutter, die nur ihren Bruder Carlo geliebt und sie gezwungen hatte, während sie selbst noch ein Kind war, seinen Babysitter und seine Lehrmeisterin zu spielen. Sie haßte das alles, und deshalb ist Bruno heute für sie nichts anderes als Carlo ... Ihre Familienangehörigen sind es, die sie immer festgebunden haben! Sie hat auch Angst, weil die letzte Sitzung naht, Angst, daß wir sie verlassen würden ... Um sich uns etwas näher zu fühlen, hatte sie begonnen, ein Buch der Frau Dr. Selvini (der Therapeutin) zu lesen ... Sie hat die Autobiographie der Patientin immer wieder und wieder gelesen und das Gefühl gehabt, daß sie diese Patientin sei, ganz genau, besonders in gewissen Episoden. (Sie bricht in Tränen aus.)

Therapeut: Durch diesen Text, Jolanda, mußten Sie also an uns denken. Welche Gefühle hegen Sie für uns? [2]
Jolanda *(sofort ruhig, mit einem einladenden Lächeln)*: Ich muß ehrlich zu Ihnen sein, Herr Doktor. Sie sind für mich im Moment noch ein Schatten ... Die Frau Dr. Selvini aber, die ist in meinem Herzen! Wenn sie mich anlächelt ... das ist für mich alles ... Das Lächeln, das sie mir schenkt, wenn sie sich von mir verabschiedet, das begleitet mich ... hilft mir ...
Therapeut: Und Sie, Luigi, welche Gefühle haben Sie für uns?
Luigi: Ich halte euch für zwei anständige Leute ... hm ... ich könnte

---

[2] Eine solche Frage ist ein taktischer Schachzug; wir hatten sie vorher im Team beschlossen, um aufgrund der Reaktion Aufklärung zu bekommen über das Spiel, das mit den Therapeuten gespielt wurde. Man beachte, daß die Therapeuten die Antworten ohne jeden Kommentar aufnehmen. Die Reaktion, die sie bekommen haben, dient ihnen als Leitfaden für die therapeutische Intervention.

nicht sagen ... *(entschlossen)* ich kann nicht sagen, daß ich Haßgefühle habe.
Therapeut: Aber welche Gefühle hatten Sie beim Lesen des Textes? Jolanda hat uns die ihrigen geschildert. Und Sie? Was haben Sie gedacht?
Luigi: ... nichts Besonderes ... ihr habt gesagt, ich sei schwach ... das ist wahr ... aber ... was soll ich machen? *(Zuckt mit den Achseln.)*
Therapeut: Jolanda hat uns gesagt, daß Sie ängstlich waren, es war das erste Mal, daß man das merkte.
Luigi *(in bagatellisierendem Ton)*: Angst ... bah ... um es genau zu sagen ... es hat mir schon etwas ausgemacht, daß Jolanda in einem solchen Zustand war ... und dann die Aussicht, in dieser Situation die Therapie zu beenden ... eine Aussicht ... ein bißchen ...
Jolanda: Du hattest Angst, mehr als ich!
Therapeut: Und Sie, was dachten Sie wegen Luigi? Was dachten Sie nach diesem Text?
Jolanda *(erstaunt)*: Was ich dachte? Ich dachte ... ich denke, daß es sein müßte ... jetzt sage ich etwas, das Sie zum Lachen bringen wird ... *(lacht infantil, sich den Mund zuhaltend)*, daß meine Mutter nicht bei mir war! ... aber ich weiß, daß er das nicht fertigbringt ... und wenn ... *(plötzlich dramatisch schreiend)*, würde ich mich anklammern, würde ich ihn in Stücke reißen, würde ihn vernichten ...

Wir bemerken, daß während dieser Transaktionen Luigi zum ersten Mal sich damit befaßt, Bruno stillzuhalten. Mehrmals steht er auf und zwingt ihn grob, sich hinzusetzen. Was Bruno betrifft, so hat sich sein Zustand keineswegs verschlechtert, sondern stetig gebessert. Seit einigen Sitzungen schon hat er mit der Echolalie aufgehört, mit den verbalen Interaktionen, den unartikulierten Schreien, die er in der ersten Sitzung dargeboten hatte. In der heutigen Sitzung benimmt er sich wie ein hyperaktives Kind, er ist nur für wenige Augenblicke folgsam, hüpft herum, spielt mit den Aschenbechern, beugt sich aus dem Fenster, während Chicco es ihm, so gut er kann, nachmacht. Die Eltern berichten, daß Bruno sich seit der letzten Sitzung andere Opfer gesucht habe: Er spielt den »Blöden« nicht mehr bei Frauen, sondern bei Männern.

Kommentar: Das Verhalten des Paares scheint den Therapeuten die Bedeutung eines großen Umklammerungsmanövers zu haben, das ausgeführt wird, um die drohende Gefahr der Definition ihrer Beziehung zurückzuweisen. Tatsächlich hatten die Therapeuten in dem Text, den

sie der Familie ausgehändigt hatten, die Kernfamilie abgegrenzt und das eigentliche Interaktionsspiel angedeutet. Das große Manöver manifestiert sich in vielerlei Schachzügen.
Der erste, der zu Beginn der Sitzung durch den Vater erfolgte, ist eine Verwerfung und könnte so übersetzt werden: Wir haben die Verschreibung getreulich ausgeführt, die jedoch keinerlei positive Wirkung auf den *einzigen Patienten,* mit dem ihr euch befassen sollt und der Bruno heißt, gebracht hat. Daher war eure Verschreibung ein Fehlschlag.
Der nächste Schachzug, der von dem Paar gemeinsam ausgeführt wird, besteht darin, ein einziges Wort aus dem Text herauszunehmen und es so zu manipulieren, daß die Definition der Beziehung mit dem Partner und mit dem Sohn verworfen werden kann.
Jolanda hat aus dem Text die Bezeichnung »festgebunden« herausgenommen, wobei sie den Bezug zu Luigi und Bruno ignorierte. Ein mysteriöses Flashback hat sie indessen gleich zwei Generationen zurückgeschleudert! Mittels dieser Taktik schließt sie ihren Mann und den Sohn aus der Interaktion aus. Wie kann man jemanden festbinden, der schon von anderen festgebunden worden ist? Das ist unmöglich.
Außerdem, Luigi ist nicht Luigi, sondern ihre Mutter, oder besser, Luigi sollte das sein, *was ihre Mutter nicht für sie war.* Wenn er das aber je fertigbrächte (was unmöglich ist), würde er von ihr, als Mutter, vernichtet werden.
Bei Bruno ist Jolanda überhaupt nicht, weil sie, wenn sie bei Bruno ist, im Grunde bei ihrem Bruder Carlo ist ... Im Moment jedoch hat sie eine einzige große Liebe, die Frau Doktor Selvini.
Was die Frau Doktor Selvini anlangt, so ist sie (im Moment) die einzige, die ihr mit ihrem Lächeln am Ende der Sitzung hilft. Doktor Boscolo hingegen ist für sie (im Moment) nur ein Schatten. Ihm wird jedoch angedeutet, daß er, falls die Therapie wieder aufgenommen wird — wer weiß —, eventuell auch noch ein Mensch aus Fleisch und Blut werden kann, vielleicht noch liebenswerter als die Frau Doktor Selvini! Im Moment ist er zwar nur auf der Reservebank, er soll aber fest trainieren und sich bereithalten für den Zeitpunkt, wenn er aufs Spielfeld gerufen wird! Auf alle Fälle wird ihm Hoffnung gemacht.
Mit diesem großartigen Manöver kommuniziert Jolanda mit allen auf verschiedenen Ebenen und zu verschiedenen Zwecken. Der eindeutigste Zweck ist, die Therapeuten zu spalten, sie zu verführen und zur Fortsetzung des Spiels anzureizen.
Die Therapeuten ihrerseits haben Gelegenheit, die Wirksamkeit des schizophrenen Spiels, dessen Verführungskraft man sich so schwer entziehen kann, am eigenen Leib zu erfahren.

Luigi, der Ehemann, hat lediglich die Bezeichnung »schwach« aus dem Text herausgenommen, und zwar in einem abstrakten, verabsolutierenden und daher indiskutablen Sinn. Den Hinweis auf sein eventuelles Bedürfnis, Jolanda festzubinden, ignoriert er total und genauso die Anspielung auf seine verdeckte Koalition mit Bruno.
Was seine Gefühle den Therapeuten gegenüber betrifft, versichert er, daß er keine feindlichen Gefühle hege. Auf diese Weise verwirft er den Text und verhindert, daß seine Beziehung zu seiner Frau und seinem Sohn sowie seine Beziehung zu den Therapeuten definiert werden. Darüber hinaus versucht er, indem er den Jungen grob zurückweist, seine Koalition mit Bruno zu verleugnen, auf die der schriftliche Kommentar der Therapeuten angespielt hatte.
Die dominierende Kommunikationsweise in dieser Sitzung ist die Verleugnung der eigenen Person sowie die des anderen in der Beziehung mit ihm. Dies ist bei Jolanda am offenkundigsten.
In der Tat ist Jolanda in der Beziehung *nicht vorhanden*. Weder in der Beziehung mit ihrem Mann, noch in der Beziehung mit dem Kind. Sie ist bei ihrer Ursprungsfamilie, wenn sie leidet, und bei der Frau Doktor Selvini, wenn sie liebt und hofft.
Die Verleugnung seiner selbst in der Beziehung mit seiner Frau und seinem Sohn ist bei Luigi weniger dramatisch, weniger phantastisch, jedoch gleichfalls radikal. Luigi greift nicht auf Jolandas Manöver zurück, die zwischen sich und ihren Mann Menschen zum Hassen (die Eltern, den Bruder) oder zum Lieben (Dr. Selvini) stellt, um nicht definieren zu müssen, ob sie Luigi liebt oder haßt, oder ob sie sich von ihm irgend etwas Konkretes erwartet. Luigi reagiert auf dieses Manöver nicht, weil ihm das sehr zustatten kommt. Es ist, als sage Jolanda zu ihm: »Jetzt ist zwischen mir und dir eine neue Person, die Frau Selvini. Vielleicht enttäuscht sie mich auch, *aber du nicht*, da ich dich um nichts bitte, höchstens um etwas Unmögliches.«
Luigi seinerseits erklärt, er nehme die Charakterisierung durch die Therapeuten an: Er ist in ganz allgemeiner Weise »schwach«. Aber eine solche Annahme bedeutet auch eine Verwerfung; Luigi wurde im Text absolut nicht als schwach bezeichnet, es wurde lediglich gesagt, daß ihn sein Sohn in der Beziehung zu seiner Mutter dafür halte.
Luigi verwirft darüber hinaus auch die Verwerfung selbst durch den Ton und die Gesten, mit denen er das sagt, indem er die Achseln zuckt.
Wenn er zugibt, Angst gehabt zu haben, so nur, behauptet er, weil er Jolanda aufgrund ihrer übermächtigen, traumatisierenden Vergangenheit in diesem Zustand gesehen habe.
Aber auch Luigi ist nicht wirklich da, auch nicht in der Beziehung mit

den Therapeuten; er definiert seine Gefühle ihnen gegenüber in keiner Weise.

Nachdem die Therapeuten auf alles, was in der Sitzung geschah, genau geachtet hatten, entschlossen sie sich zu einer Intervention, die das Kernproblem des Paares angreifen sollte: das Verbot, ihre Beziehung zu definieren.

Es schien nun dringend geboten, ein therapeutisches Paradoxon zu finden. Wir entschlossen uns, dem Ehemann eine Verschreibung durch einen Brief zu geben. Darin gaben wir eine überaus klare Definition ihrer Beziehung, um so beide Gatten auf ein und dieselbe Stufe zu stellen.

Man mußte die Beziehung der beiden willkürlich als eine Liebesbeziehung definieren, die jedoch verleugnet werden muß, weil sie unerträglich und zu gefährlich wäre. Nachdem wir gesehen hatten, daß die am häufigsten gebrauchte Waffe der beiden die Verleugnung war, entschlossen wir uns, die Verleugnung zu verschreiben, wobei wir darauf achteten, sie positiv zu bewerten.

Wir geben das Ende der Sitzung wörtlich wieder.

Die Therapeuten kommen wieder in das Sitzungszimmer. Das Team hat entschieden, daß Frau Dr. Selvini die Sitzung beschließen und die Verschreibung geben solle.

Therapeutin: Wir alle sind sehr beeindruckt von der tiefen Liebe, die euch verbindet *(Pause)*. Noch mehr jedoch beschäftigt uns die Gefahr, die diese Liebe bringen kann.

Jolanda *(in überzeugtem Ton)*: Das ist wahr ...

Therapeutin: Wie sind wir darauf gekommen? *(Pause)* Dadurch, daß wir uns klarmachten, daß wir in der letzten Sitzung einen groben Fehler begingen. Indem wir euch diesen Text zu lesen gaben — wobei das erste Mal keine Fremden dabei waren, nur ihr vier allein — haben wir die Gefahr vergrößert, daß diese Liebe sich erklären könnte; so haben wir in euch beiden die Angst hervorgerufen, die ihr uns heute gezeigt habt. Es ist dringend notwendig, diesen Fehler zu korrigieren. Aus diesem Grund geben wir euch heute eine neue Verschreibung. Wir geben jedem von euch ein Blatt zu lesen, eines für Jolanda, eines für Luigi. Da heute Mittwoch ist, soll jeder von euch dem anderen jeden Mittwoch vor dem Schlafengehen dieses Blatt vorlesen, und das bis zur nächsten Sitzung nach den Sommerferien. Wir haben nämlich beschlossen, euch weitere zehn Sitzungen anzubieten, mit Beginn am 31. August. Natürlich nur, wenn ihr einverstanden seid.

Jolanda *(sofort):* Danke!

Auf Jolandas Zettel, die ihn zuerst lesen muß, steht folgender Satz:

Luigi,
ich sehe Dich nicht, ich höre Dich nicht, ich bin nicht da, weil ich bei der Selvini bin. Das tue ich für Dich, denn wenn ich Dir sagen würde, wie sehr ich Dich liebe, würde ich Dich in eine unerträgliche Situation bringen.

Auf dem Zettel, den Luigi bekommt, steht:

Jolanda,
ich darf nicht sagen, daß ich feindliche Gefühle gegen die Dr. Selvini habe. Falls ich sie hätte und sie aussprechen würde, wäre das so, als ob ich Dir sagen würde, ich liebe Dich. Das würde Dich in eine unerträgliche Situation bringen.[3]

Nachdem sie den Text laut gelesen haben, bleiben beide unbeweglich, wie gelähmt. Die beiden Kinder sind ebenfalls völlig ruhig und höchst aufmerksam. Sie schauen die Eltern mit unterschiedlichem Gesichtsausdruck an. Bruno scheint beinahe verlegen. Chicco wendet die Augen von einem zum andern, den Mund vor Staunen halb offen. Niemand spricht. Die Therapeuten stehen auf und verabschieden sich.
Im Team diskutieren wir die beobachteten Reaktionen. Wir stellen uns wieder die Frage, ob es richtig gewesen sei, zu erklären, daß wir mit der Übergabe des ersten Textes einen groben Fehler begangen hätten. Wir stellen fest, daß es richtig war, weil paradox. Wir haben die Verwerfung der Familie angenommen, indem wir etwas als falsch definierten, was richtig war: die Abgrenzung der Kernfamilie, samt den Problemen ihrer Beziehungen untereinander, von der restlichen Familie. Wir konnten auf diese Weise beobachten, daß die Familie diese Intervention nicht ertragen konnte, denn sie zeigte das Bedürfnis, zu verdunkeln, indem sie wieder Fremde einführte.
Mit der letzten Verschreibung haben wir ihr eigenes Spiel wieder aufgenommen. Wir haben jemand Fremdes eingeführt, die Frau Dr. Selvini. Auf diese Weise haben wir die Tatsache, daß es dem Paar unerträglich ist, sich direkt gegenüberzustehen und die Beziehung zu defi-

---

[3] An diesem Punkt wird sich mancher fragen, wie es zugeht, daß Familien, die so seltsame Verschreibungen bekommen, diese nicht nur ausführen, sondern auch noch zur nächsten Sitzung wiederkommen. Die Tatsache, daß das so ist, zeigt wieder einmal, daß die positive Symptombewertung, das heißt die totale Anerkennung des Familiensystems von seiten der Therapeuten, es den Therapeuten ermöglicht, vollkommen in das Familienspiel aufgenommen zu werden, wo Dichotomien wie rational-irrational, real-irreal kein echtes Problem, ja, sogar ein Hindernis für das therapeutische Gegenspiel sind.

nieren, positiv bewertet (und verschrieben). Wir haben dadurch jedoch (wenn auch willkürlich) die reziproke Beziehung klar als Liebesbeziehung definiert, indem wir über die Regel des Spiels metakommunizierten: Wer die Beziehung klar definiert, zeigt sich und dem anderen etwas Unerträgliches. Mann und Frau befinden sich so auf derselben Stufe, komplementär zum selben Spiel, das letztlich der einzige wirkliche Sieger ist.

Diese ausführliche Darstellung wird verständlicher machen, was zu Beginn des Kapitels gesagt wurde. Der Leser, der unser kühles »Schizophren-Spielen« vielleicht als zynisch, als distanziert und gefühllos gegen das Leiden der Klienten empfunden hat, wird jetzt verstehen, daß wir *gegen das Spiel* und nicht *gegen dessen Opfer* spielen.

15
Das Problem der verleugneten Koalitionen

Allen Familienforschern und Familientherapeuten ist seit langem bekannt, daß Koalitionen (»perverse Dreiecke«) in gestörten Familien konstant vorkommen; sie ermöglichen es, den heimlichen Kampf zwischen den gegnerischen Parteien endlos fortzuführen. Unter den vielen Autoren, die sich mit diesem Problem befaßt haben, fällt Haley das Verdienst zu, in einem 1964 gehaltenen Vortrag wesentliche Charakteristika der gestörten Familie sehr klar herausgearbeitet zu haben. Diese Arbeit wurde unter dem Titel »Toward a theory of pathological systems« veröffentlicht. Haley traf darin eine Unterscheidung zwischen offenen »Allianzen für (etwas)« und verleugneten »Koalitionen gegen (jemand)«; die letzteren wurden von ihm auch als »perverse Dreiecke« bezeichnet.

Wir geben im folgenden Haleys Definition wieder:

1. Die Personen, die sich innerhalb eines Dreiecks bewegen, sind nicht gleichrangig, sondern eine von ihnen gehört einer anderen Generation an. Mit »Generationen« sind verschiedene Rangebenen in der Machthierarchie gemeint, vergleichbar dem Generationsunterschied zwischen Eltern und Kind oder, in einer administrativen Hierarchie, zwischen Manager und Angestellten.

2. Im Interaktionsprozeß bildet der Angehörige der einen Generation mit einem Angehörigen der anderen Generation eine Koalition gegen den gleichrangigen Partner. Unter »Koalition« wird ein Prozeß von Handlungen, die gegen eine dritte Person gerichtet sind, verstanden; (im Gegensatz zu einer Allianz, in der sich zwei Personen im gemeinsamen Interesse, unabhängig von einer dritten Person, zusammentun).

3. Die Koalition zwischen den beiden Personen wird verleugnet. Es gibt gewisse Verhaltensweisen, die eine Koalition anzeigen; in dem Moment jedoch, in dem ihre Aufdeckung droht, wird die Koalition verleugnet. Abstrakter ausgedrückt: Das Verhalten, das auf einer Ebene das Bestehen einer Koalition anzeigt, wird durch metakommunikative Verhaltensweisen so bestimmt, als bestehe keine Koalition.[1]

Was Haleys Unterscheidung zwischen »Allianzen für etwas« und »Koalitionen gegen jemand« betrifft, so hat uns die Erfahrung in nicht weni-

---
[1] Zitiert nach Zuck, G. N. u. J. Boszormenyi-Nagy (1970): *La famiglia: patologia e terapia.*

gen Fällen gezeigt, daß auch eine »Allianz« zwischen Mitgliedern verschiedener Generationen innerhalb ein und derselben Familie möglich, ja sogar gesund ist. Das war z. B. bei einer Familie der Fall, wo der Vater sich *ausdrücklich* mit dem heranwachsenden Sohn alliierte, *um* dessen Selbständigwerden zu erleichtern und gleichzeitig seiner überängstlichen Frau zu *helfen*, daß sie die veränderte Situation besser annehmen konnte.

Wir selbst stellten regelmäßig ein gewisses Maß an Grenzverwischungen zwischen den Generationen fest: z. B. eine übertriebene »Parentifikation«[2] mit einem Mitglied der zweiten Generation, gegenseitige Verführungskünste in der Beziehung zwischen einem Elternteil und einem Kind, mehr oder wenige offene Koalitionen und Parteienbildungen; mit zunehmender Erfahrung fiel uns dieses Phänomen bei allen gestörten Familien auf, auch bei Familien, die keine psychotischen Patienten zeigten.

Bei einer Familie mit einem charakteropathischen Jugendlichen haben wir es sogar erlebt, daß der Vater wegen der verliebten Blicke, die ständig zwischen Mutter und Sohn gewechselt wurden, geradezu verlegen wurde. Bei Familien mit anorektischen Patienten ist es, entsprechend der Kompliziertheit der interaktionellen Widersprüche und ihrer Tarnungen, schon viel schwerer, Signale aufzudecken, die solche Koalitionsbildungen zwischen verschiedenen Generationen anzeigen.[3]

Bei den Familien, mit denen wir uns befassen, ist das ganz besonders schwierig. Der Leser, der uns bis hierher gefolgt ist, kann sich gewiß eine Vorstellung davon machen, wie viele Verneinungen, Widersprüche, Unterlassungen, unvorhergesehene Ablenkungsmanöver auf tote Gleise, Vernebelungstaktiken, Sabotageakte, taktische Enthüllungen, die gar keine richtigen Enthüllungen sind, spontane Abwertungen — kurz, welch phantastisches Instrumentarium verwendet wird, um zu verwirren und zu verdunkeln.

Eine Zeitlang gaben wir uns der Illusion hin, eine Gesetzmäßigkeit festgestellt zu haben: die Demonstration der Gegensätze. Wir glaubten uns immer dort einer geheimen Koalition gegenüber zu befinden, wo die Feindseligkeit und die Gewalt am stärksten hervortraten. Doch auch diese manchmal sicher nützliche Spur erwies sich als zu einfach.

Wir gehen deshalb nur schrittweise, mit äußerst gespannter Aufmerksamkeit vor und verwenden weiterführende Interventionen, die durch die Reaktionen, die wir ständig bekommen, bestimmt sind. Sobald sich

---

[2] Zum Begriff »Parentifikation« siehe das 18. Kapitel, S. 155 ff.
[3] Man vergleiche hierzu Selvini Palazzoli, M. (1970): Self-starvation. From the intrapsychic to the transpersonal approach to anorexia nervosa. S. 202 ff.

das Problem jedoch deutlicher abzeichnet, z. B. eine gegen die Mutter gerichtete verdeckte Koalition zwischen dem Vater und der sogenannten Patientin (oft mit einer deutlich erotischen Färbung), ist die Haltung, die wir dazu einnehmen, ganz entscheidend: Wir befassen uns nämlich nicht mit der »Realität« einer solchen Koalition im innerpsychischen, affektiven Sinne, sondern wir betrachten sie ausschließlich als einen Schachzug, wenn auch zweifellos als *den* entscheidenden Zug, von dem die Fortführung des Spiels abhängt. Wenn wir eine solche Koalition als innerpsychische »Realität« betrachten, in der Sitzung darüber sprechen und anfangen, nach den *Ursachen, den verschiedenen Gründen* zu forschen, nach den Leiden und Belohnungen, die die Familienmitglieder dafür einhandeln, und die jedem einzelnen von ihnen bekannt sind, so bedeutet das unserer Meinung nach nicht nur einen enormen Zeitverlust, sondern wir geraten in ein Labyrinth, aus dem es kaum mehr einen Ausweg gibt.

Die Gründe, die Fragen: »Warum«, die Gefühle müssen in der Verborgenheit bleiben. Das heißt aber nicht, daß wir Therapeuten, die wir ja der psychoanalytischen Richtung angehören, die Sitzungen nicht regelmäßig nach dem linearen, psychoanalytischen Modell besprechen würden, wobei wir interpunktieren, kausale Hypothesen formulieren und aufgrund der Vorgeschichte nach Erklärungen suchen, die wir in der Teamdiskussion mit den Meinungen der Kollegen vergleichen. Das ist unumgänglich insoweit, als es unumgänglich ist, sich der Sprache zu bedienen. In dem Augenblick jedoch, in dem wir uns anschicken, die therapeutische Intervention anzuwenden, verlassen wir die Sprache und sehen das Phänomen in der Zirkularität seines Hier und Jetzt als den funktionalen Punkt des Systems, der Angelpunkt des momentanen Gleichgewichts zwischen den gegnerischen Parteien ist.

Sobald wir diese Klippe überwunden und den Kernpunkt freigelegt haben, sind wir an dem entscheidenden Wendepunkt, dem Augenblick, in dem eine Intervention gemacht werden muß, angelangt.

Soll diese Intervention eine Veränderung hervorrufen, also therapeutisch wirksam sein, so muß sie das ganze System erfassen. Sie muß die ganze Familie einbeziehen, moralisierende Abgrenzungen zwischen den einzelnen Mitgliedern oder Parteien jedoch strengstens vermeiden. Die störenden Koalitionen, die offenkundig, wenn auch nur andeutungsweise hervortreten, werden wegen ihrer ehrlichen affektiven Absicht positiv bewertet. Sie werden jedoch keineswegs ausdrücklich verschrieben. Die Therapeuten begnügen sich damit, sie festzustellen und einen Kommentar abzugeben, den sie jedoch so gestalten, daß er sich als unerträglich paradox erweist.

133

Um dem Leser eine gewisse Vorstellung von unserer therapeutischen Methode zu geben, müssen wir zwangsläufig stark vereinfachen. Wir selbst empfinden das als sehr frustrierend. Es ist ja allgemein bekannt, wie schwer es ist, eine Individualtherapie in Worten zu beschreiben; noch schwieriger ist es bei einer Familientherapie. Es ist unmöglich, die Atmosphäre extremster Spannung, den beständigen Wirbel vielfältiger, gleichzeitiger Aktionen und Reaktionen, bei denen nichtverbale Komponenten (wie Gesten, Haltung, Stimme, Blicke und Gesichtsfarbe) eine große Bedeutung haben, in Worte zu fassen.

Auch an dieser Stelle sind wir wieder der Versuchung ausgesetzt, das lineare Modell anzuwenden. Wir müssen uns jedoch mit einer annäherungsweisen Darstellung begnügen, da es, wie Shands ausgeführt hat, unmöglich ist,

»zirkuläre Modelle exakt zu beschreiben, weil die Natur der *symbolischen* Operationen verschieden ist von der Natur physiologischer Operationen. Natürlich ist es leichter, Beobachtungen zu verzerren und so die Vorstellung der Linearität zu verstärken, als mit der zirkulären, physiologischen Systemen innewohnenden Ambiguität fertigzuwerden.«[4]

Das Bemühen um Vereinfachung führt also immer dazu, daß die Darstellung platt, entseelt und unlebendig wird, so daß man am Ende selbst denkt: »... Ja, war das denn nun alles?« Trotzdem werden wir uns weiterhin bemühen, das, was wir tun, wenigstens annähernd zu beschreiben.

Der nächste Fall, den wir beschreiben wollen, ist die Familie Aldrighi. Es handelt sich dabei um eine vielköpfige Familie, die uns aufsuchte, weil eine der Töchter im Alter von 19 Jahren begonnen hatte, ein extrem psychotisches Verhalten mit Delirien zu entwickeln.

Zu Beginn der Familientherapie war diese Tochter, Sofia, 22 Jahre alt. Sie war mit Psychopharmaka behandelt worden und auch eine Zeitlang in Einzeltherapie gewesen. Beides brachte keinen nennenswerten Erfolg. Zu einer stationären Behandlung war es nie gekommen.

Die Kommunikationsweise der Familie zeigte in der ersten Sitzung ein interessantes Phänomen. Obwohl es sich um eine Mittelstandsfamilie von hohem kulturellen Niveau handelte, gestaltete sich das Gespräch äußerst schwierig, weil die Familie eine ungewöhnliche Ausdrucksweise hatte, eine seltsame Art, gewisse Worte zu betonen, wobei fast jeder Satz in der Mitte abgebrochen wurde. Dies brachte die Therapeuten oft in Verlegenheit; die Familie selbst jedoch gab sich den Anschein, sich blendend zu verstehen. Ohne daß die Therapeuten darum gebeten

---

[4] a.a.O., S. 35

hätten (sie ließen sich nur manchmal einen Satz oder ein Wort wiederholen) erklärte die Familie heiter, sie verfüge über eine Art Privatsprache. Weil alle ständig und gleichzeitig und viel sprächen, besonders mit der Mama, hatten sie es sich zum Zwecke der rascheren Verständigung angewöhnt, nur Slogans und Abkürzungen zu gebrauchen.
Eine zweite wichtige Beobachtung betraf die Zurückhaltung der Familie, besonders der Mutter, über die »Symptome« Sofias zu reden. Es hatte den Anschein, als handle es sich hier um ein Geheimnis, über das zu reden undelikat wäre, weil es Sofia verletzen könnte. Alle miteinander brachten Sofia eine Art keuschen Respekts entgegen.
Die therapeutische Intervention, die wir hier beschreiben wollen, fand in der achten Sitzung statt, nach einer Reihe anderer paradoxer Interventionen, die in der jüngeren Generation bedeutende Veränderungen bewirkt hatten. Der älteste Bruder, der jahrelang die feste Rolle des »Vermittlers« zwischen den Eltern innegehabt hatte, war vor kurzem ausgezogen, um sich woanders niederzulassen; er kam jedoch zu den Sitzungen. Eine Schwester, Lina, bei der wir lange Zeit die Absicht spürten, die freigewordene Rolle zu übernehmen, hatte das infolge einer paradoxen Verschreibung aufgegeben. Die Mutter, anfangs lebhaft und wortreich, schien nun depressiv, leidend, plötzlich gealtert. Es schien, als hätten die Abreise des ältesten Sohnes und der neue Kurs, den Lina eingeschlagen hatte, ihren Zustand verschlechtert.
Sofia ihrerseits hatte gewisse Züge ihres psychotischen Verhaltens verstärkt. Von Anfang an war sie zu den Sitzungen in Männerkleidern erschienen, schlampig, nahezu kahlgeschoren, mit abgetretenen Schuhen und verschiedenfarbigen Socken. In der ersten Sitzung hatte sie ihr Nichtvorhandensein dadurch signalisiert, daß sie sich in ihren Fauteuil verkrochen und den Kragen ihres Pullovers weit hinaufgezogen hatte, um Gesicht und Ohren darin zu verbergen. Später, nachdem sie dieses Verhalten aufgegeben hatte, schrieb sie dauernd — niemand wußte was — in ein schmieriges Heftchen. Fragte man sie etwas, so gab sie pythisch dunkle Antworten, die die Familienangehörigen (im Gegensatz zu den Therapeuten) vergeblich zu entziffern versuchten. Sie beobachtete jedoch alle aus den Augenwinkeln, besonders die Therapeutin. Ihr gegenüber zeigte sie eine Art sarkastischer Ehrerbietung; sie sprang auf, um ihr den Aschenbecher zu reichen und ihr mit einem Hackenknallen und einer zackigen Verbeugung die Türe zu öffnen, beinahe wie ein Wachtposten beim Vorübergehen eines Generals.
In der achten Sitzung (nachdem die oben angedeuteten Veränderungen in der Familie stattgefunden hatten) erschien sie noch schlampiger und männlicher als sonst. Sofort berichtete uns die Familie in anklagen-

dem Ton, daß Sofia genauso, wie sie das seit geraumer Zeit auch daheim tue, im Zug während der ganzen Fahrt vor sich hingeflucht und so ihre Sitznachbarn gezwungen habe, sich woanders hinzusetzen. Das Fluchen wurde in Zusammenhang mit einem Pruritus gebracht, der sie seit einigen Wochen, besonders unter den Achseln und am Anus, sehr quälte. Tatsächlich stand sie während der Sitzung mehrmals auf, um sich in recht auffälliger Weise jene Körperteile zu kratzen. Es kam heraus, daß sie noch unberechenbarer geworden war, »weil sie jedes Zeitgefühl vollständig verloren habe«. Sie hielt sich an keinerlei zeitliche Ordnung mehr, blieb stundenlang von zuhause fort, kam spät zurück und brachte so die Essens- und die übrige Hausordnung vollständig durcheinander. Ein anderes Mal wieder pflanzte sie sich fluchend daheim im Wohnzimmer auf, und es war unmöglich, sie wegzubringen. (Mit einiger Mühe konnte man dieses Verhalten mit der Anwesenheit eines Freundes der Schwester in Zusammenhang bringen.) Infolge dieses unangenehmen Betragens von Sofia sprach Lina, ihre Schwester, in jener Sitzung den Wunsch aus, für 14 Tage ans Meer zu fahren. Sie war von einer Freundin eingeladen worden, mit der sie sich gemeinsam auf eine Prüfung vorbereitete. Ihre Verpflichtungen in der Familie hätte der Bruder übernommen, der inzwischen ausgezogen war. Dieses Vorhaben, so fügte sie hinzu, würde sie jedoch nur mit Erlaubnis der Therapeuten ausführen.

In der Diskussion brachten die Beobachter eine Hypothese vor, die sofort von allen akzeptiert wurde.

Sofia ahmte wahrscheinlich eine Art autoritären, fluchenden, unzugänglichen Vater nach. Damit kommunizierte sie allen, wie schlecht es sei, bei einer solch überstürzten Flucht von daheim »einen so schwachen und unfähigen Vater« wie den hochbürgerlichen Herrn Aldrighi zu haben. Und wie dringend notwendig es sei, daß ihn jemand ersetzte, besonders beim Überwachen »der Frauen«.

Die Ausführung der Intervention am Ende der Sitzung, die das Team genauestens vorbereitet hatte, wurde dem männlichen Therapeuten übertragen und spielte sich folgendermaßen ab:

Therapeut: Wir alle im Team sind uns vollständig darüber einig, daß die Familie Aldrighi, die heute hier bei uns ist, keinen anderen Vater braucht als den Vater, den sie hat *(Pause)*.
Da ist aber Sofia, die glaubt, die Familie brauche einen anderen Vater. Eine andere Art Vater, einen aus der patriarchalischen Zeit, der die Frauen anfährt, sie dominiert, der sich ihren Forderungen nicht beugt, der kommt und geht, wie er will. Einen Vater, der keine Komplimente

macht, der sich nicht um gute Manieren schert, mit Flüchen und Schimpfworten nicht geizt und, wenn er das Bedürfnis dazu hat, sich das Hinterteil kratzt. Sofia, die ehrlich davon überzeugt ist, daß die Familie diesen Typ Vater brauche, hat sich diese Rolle auferlegt. Aus diesem Grund opfert sie großmütig ihre Jugend und auch ihre eigene Weiblichkeit. Sie kümmert sich nur um die Jugend und die Weiblichkeit der Schwestern und kontrolliert sie nach der Art der Väter vergangener Tage, damit sie ja nichts falsch machen.
Lina *(unterbrechend)*: Ah, deswegen klebt sie immer an mir, wenn Francesco da ist! Jetzt verstehe ich ... und wehe, wenn ich ihm einen Kuß gebe! Mit was für Augen sie mich dann anschaut! Meinen Bruder aber, den läßt sie mit seinen Mädchen ...
Therapeut: So haben es die Väter in vergangenen Zeiten immer gemacht. Aber fahren wir in unserer Zusammenfassung fort. Wie wir schon sagten, teilen wir Sofias Überzeugung nicht. Wir sind jedoch entschlossen, sie zu respektieren, weil es eine ehrliche Überzeugung ist, für die sie persönlich zahlt. Deswegen müßt ihr euch bezüglich der Erlaubnis, um die Lina und Antonio uns gebeten haben, an Sofia wenden. Ihr müßt euch von nun an, wenn ihr eine Erlaubnis braucht, immer an sie wenden ...
Lina: Aber ich, ... was soll ich jetzt tun? Muß ich Sofia gehorchen?
Therapeut: Wir, Lina, geben keinerlei Erlaubnis. Wenn wir das täten, würden wir uns selbst widersprechen. Wir respektieren die ehrliche Überzeugung Sofias, die nämlich, daß sie die väterliche Autorität repräsentieren muß.
Vater *(ungestüm zu Lina gewendet)*: Und du benimmst dich! Wie würdest du dich bei einem solchen Vater benehmen? Was würdest du tun, wenn ich so wäre? Richte dich danach! Du kannst dich auch auflehnen!
(Sofia in ihrem Sessel scheint Nägel zu kauen und macht den Mund nicht auf. Sie steht auch nicht auf, um der Therapeutin in gewohnter Weise die Türe zu öffnen.)

Nachdem die Familie weggegangen ist, bei der Abfassung des Protokolls, halten wir die Intervention sowie die Reaktionen schriftlich fest; wir erwarten uns große Veränderungen in der Anordnung des Spiels. Es scheint uns unvermeidlich, daß Sofia sich nun ändert und ihre Schwestern ihrem eigenen Schicksal überläßt. Wir erinnern uns an den leidenden Ausdruck der Mutter und an ihr Schweigen ebenso wie an das energische Eingreifen des Vaters, der sicherlich durch die Intervention des Therapeuten ermutigt wurde. Alle schienen von der passiven Anwesenheit der Therapeutin sehr betroffen, die sich darauf be-

137

schränkt hatte, den Kommentar des Kollegen mit Respekt und allen Anzeichen der Zustimmung anzuhören. Mehr als einer von uns hatte dafür plädiert, sie während der Sitzung mit in die Diskussion hineinzuziehen. Das Team hatte jedoch in der Vorsitzung beschlossen, die Therapeutin solle sich auf eine passive Anwesenheit beschränken, da das System sie schon zu häufig in eine dominierende Rolle gedrängt hatte. Zwischen der achten und der neunten Sitzung lagen zwei Monate Sommerferien. Eine lange Zeit, in der sich große Veränderungen ereignen konnten.

Zur neunten Sitzung erschien die Familie pünktlich und vollzählig. Der erste Sohn berichtete uns, daß er sich verheiratet habe, während Lina, die ihre Schlußprüfungen glänzend bestanden hatte, den größten Teil der Ferien mit Freunden am Meer verbracht hatte. Sofia hingegen war mit den zwei kleineren Geschwistern bei den Eltern in einem kleinen Haus am Meer geblieben.

Vom Aussehen her ist sie kaum wiederzuerkennen.

Sie trägt einen Lockenkopf, graziös, wenn auch nicht herausgeputzt, ein äußerst feminines Kleid mit Blumenmuster, helle Sandalen und absolut gleichfarbige Socken!

An der Sitzordnung der Familienmitglieder machen wir sofort eine interessante Beobachtung. Die Mutter sitzt isoliert in der Sesselreihe dem Spiegel gegenüber. Die Sessel neben ihr bleiben leer. Vom Spiegel aus gesehen auf der linken Seite sitzt Sofia; sie hat zum ersten Mal den Vater neben sich. Die anderen Kinder sind auf der gegenüberliegenden Seite verteilt.

Nach den oben erwähnten kurzen einleitenden Worten hält der Vater eine lange Schimpfrede über das Benehmen Sofias. »Wenn ich den August dieses Jahres mit dem August des vorigen Jahres vergleiche, so muß ich sagen, daß sich ihr Zustand sehr verschlechtert hat! [5] Sie quält meine Frau so, daß ich um deren Gesundheit bange! Wenn ich Sofia nicht in eine Klinik bringe, werde ich meine Frau in eine Klinik tun müssen. Der Urlaub war eine Hölle!« Die Mutter, die sich an dieser Schimpfrede nicht beteiligt, es sei denn durch ihren traurigen Gesichts-

---

[5] Die Verwerfung ist offensichtlich. Aus den Berichten des zuweisenden Therapeuten wußten wir, daß das bizarre Verhalten Sofias, besonders außer Haus, im vergangenen Sommer den Höhepunkt erreicht hatte. Die Eltern mußten sie damals wegen ihrer Proteste in der Öffentlichkeit oder auch bei Freunden und Verwandten häufig nach Hause holen. Dies ist eines der unzähligen Beispiele dafür, wie Angehörige auf die Besserung des sogenannten »Patienten« reagieren.

ausdruck, scheint in körperlicher Hochform zu sein: üppig, gut geschminkt, elegant wie noch nie.
Nach dieser Jeremiade, die zehn Minuten dauert, steht der Vater, der es neben Sofia fast nicht mehr aushält, ruckartig auf, um sich zu den anderen Kindern in den einzigen freigebliebenen Sessel zu setzen. Dabei rechtfertigt er sich: Er mache das wegen des Aschenbechers. Aber neben dem Sessel, den er verlassen hat, steht ein gleicher Aschenbecher. Die Therapeuten verlieren darüber wie üblich kein Wort.
Nachdem der Vater sich zu der Gruppe gesetzt hat, fangen Brüder und Schwestern der Reihe nach an, den Anklagefinger gegen Sofia zu erheben, und beginnen mit ihr eine heftige Diskussion. Sie beschuldigen sie, gar nicht verrückt zu sein, da ihr unmögliches Verhalten ja nur mehr auf die Eltern beschränkt sei, während sie außer Haus »das nette Mädchen« spiele; es kommen »schmeichelhafte« Kommentare, die Sache, die vom Vater verschwiegen worden war, kommt in der Hitze des Gefechtes plötzlich zum Vorschein: Sie werfen Sofia vor, daß sie nichts lerne, nichts arbeite, daß sie sich von den Eltern aushalten lasse ... unglaublich, gerade sie, mit ihren revolutionären Ideen gegen die Familie! »Warum verschwindest du denn nicht endlich«, schreit ihr eine der Schwestern zu, »und läßt Mama in Frieden! Aber es wäre ja Mamas Sache, dich hinauszuwerfen ... statt angstvoll zu warten und dir das Abendessen aufzuheben ... Nachdem wir gesehen haben, daß du nicht verrückt bist, mußt du schauen, wie du weiterkommst ...«
Daraufhin wirft der Vater ein, das sei nicht wahr, Sofia sei verrückter denn je. Noch nie sei er davon so überzeugt gewesen. Sie sei völlig unfähig, für sich selbst zu sorgen. Die Mutter mischt sich in die ganze Streiterei nicht ein. Sie sitzt währenddessen schweigend und rauchend da. Als sie von der Therapeutin gefragt wird, was sie über Sofia denke, reagiert sie mit freundlichem Widerspruch und Verwerfungen. Sie verwirft die Kinder, indem sie die Behauptung zurückweist, daß sie sich besonders mit Sofia abgebe. Sie verwirft ihren Mann, indem sie sagt, sie sei überzeugt, daß Sofia sehr wohl in der Lage sei, zu gehen und für sich selbst zu sorgen. Es sei aber nicht ihre Sache, ihr das beizubringen ... es wäre dann nicht Sofias Entscheidung. Sie widerspricht sich dann selbst, indem sie sagt, sie müsse dauernd über Sofia nachdenken, wegen ihres völlig unvorhersehbaren Verhaltens ... Bevor sie etwas sage, müsse sie sich immer selbst fragen, ob es gut oder schlecht ankommen würde ... und über die seltenen Fälle, wo sie es richtig treffe, sei sie so glücklich! ... Was sonst könne eine Mutter denn tun?
Während der langen Streitereien mit den Geschwistern hat Sofia, entgegen ihrem sonstigen Verhalten, den Anschuldigungen standgehalten,

sogar mit treffender Kritik die Geschwister provoziert und durch politische Exkurse aufs äußerste gereizt, indem sie alle dazu aufforderte, es doch zu machen wie sie und auf alles zu pfeifen. Solange die Mutter spricht, verhält sie sich dagegen ganz still, anscheinend nachsichtig.
Schließlich beendet der Therapeut die Sitzung, da es allmählich spät geworden ist, indem er sich an den jüngsten, zehnjährigen Buben wendet; dieser war die ganze Zeit still, jedoch äußerst aufmerksam. Er fragt ihn, was für einen Eindruck von Mama und Papa er im vergangenen Sommer gehabt habe, wie sie ihm beide vorgekommen seien, unabhängig von Sofia. »Schlechter als voriges Jahr, als Sofia so krank war...«, erwidert der Kleine sofort. »Dieses Jahr waren sie alle beide viel nervöser. Papa war böse auf Mama, weil sie das Essen warm hielt, wenn Sofia sich verspätete, weil sie immer ängstlich wartete und sie dann ausfragte, wo sie denn gewesen sei, und darauf nur freche Antworten bekam. Papa und Celia (eine Schwester) sprachen stundenlang mit Mama, daß sie versprechen solle, Sofia kein Essen mehr zu richten, wenn sie sich verspäte, und sich nicht mehr soviel um sie zu kümmern. Dann wurde Papa aber sehr böse, weil Mama das nicht einhielt...«

Mutter *(sanft)*: Ich habe immer getan, was ihr verlangt habt ... da bin ich ganz sicher ... vielleicht einmal nicht ... oder höchstens zweimal ... ich weiß es nicht mehr genau ... *(Chor empörter Aufschreie und Abgang der Therapeuten).*

In der Teamdiskussion versuchen wir, die beobachteten Phänomene zusammenzufassen. Sofia hat auf die vorausgegangene Verschreibung reagiert, indem sie die Rolle eines patriarchalischen Vaters fallengelassen und sich in femininen Kleidern präsentiert hat. Ihr Verhalten in der Sitzung ist nun typisch charakteropathisch. Heimlich ist sie mit der Mutter verbündet, versteckt dieses Bündnis aber hinter Beleidigungen und »Quälereien«. Die Mutter ihrerseits versteckt stillschweigend das Einverständnis mit Sofia hinter den Ängsten und Dienstleistungen, die bei einer guten Mutter doch selbstverständlich sind. Das privilegierte Paar »bedroht« die Ausgeschlossenen und erfüllt sie mit ohnmächtiger Wut. Es ist klar, daß die Mutter und Sofia sich in dieser überlegenen Position »mächtig« fühlen.
Jetzt ist ein Kommentar notwendig, der auf paradoxe Weise die ganze familiäre Epistemologie auf den Kopf stellt, alle miteinander in eine unerträgliche Position versetzt und sie so zur Veränderung zwingt.
Nachdem der entscheidende Punkt klar herausgekommen ist, entschließen wir uns, einen schriftlichen Kommentar zu geben. Er würde ein unerwartetes dramatisches Moment enthalten. Man kommt überein,

daß der Therapeut, nach seiner Rückkehr in die Sitzung, der Familie mitteilen solle, das Team habe sich entschlossen, das Ergebnis der Sitzung schriftlich zu übergeben. Es wird beschlossen, daß er den Vater bitten soll, sechs Fotokopien davon machen zu lassen und jedem Familienmitglied eine zu übergeben. Danach soll der Therapeut der Familie den Kommentar vorlesen, während der Rest des Teams die verschiedenen Reaktionen genauestens beobachtet.
Der Kommentar lautete folgendermaßen:

Wir sind sehr bewegt über die Aktion, die Papa, Antonio, Lina, Celia und Renzino machen, um Sofia dazu zu bringen, Mamas Leben wieder mit einem Sinn zu erfüllen. Sie sind nämlich zu der Überzeugung gekommen, daß abwechselnd immer einer in der Familie Mamas Interesse wachhalten müsse, und sei es auch in einer Form, daß sie darunter leidet. Da sie Sofias Unabhängigkeitsdrang kennen, wissen sie recht gut, daß sie Sofia, je mehr sie sie drängen, sich von der Mutter zu lösen, um so stärker zwingen, sich an die Mutter zu klammern.

Das Therapeutenteam

Auf das Lesen des Kommentars folgt Grabesstille. Alle starren uns, bewegungslos an ihre Sessel gefesselt, an. Der Therapeut steht auf, um dem Vater das Schriftstück zu übergeben und den nächsten Sitzungstermin anzusagen. Während die anderen langsam aufstehen, bleibt die Mutter wie vom Blitz getroffen sitzen. Sofia verabschiedet sich, indem sie uns eine völlig schlaffe Hand reicht und verkrampft lächelt, wohl in der Absicht, sich überlegen zu zeigen.
Diese Art von Intervention trägt unserer Auffassung nach zu einem besseren Verständnis der auf Seite 133 gegebenen Definition unseres Vorgehens bei: Sie ist systemgerecht und bezieht alle ohne Ausnahme mit ein. Moralisierende Trennungslinien zwischen den verschiedenen Mitgliedern und Parteien gibt es nicht.
Wir gaben zu erkennen, daß uns die verleugnete Koalition »Mutter — Sofia« nicht entgangen war, und stellten diese verdeckte Koalition auf dieselbe Stufe mit der offenen Koalition zwischen dem Vater und den übrigen Kindern. Die hinter dieser Koalition stehende Absicht wurde von uns keineswegs negativ bewertet, da sich darin ja Fürsorge und Zuneigung im Hinblick auf die Mutter ausdrückten.
Der Kommentar ist für alle aufregend, besonders für Sofia. Was soll ein Mädchen tun, das von den Therapeuten als so unabhängig definiert wird, daß es von den anderen *gezwungen* wird, abhängig zu *sein*, um sich unabhängig zu *glauben*?

16

Die Therapeuten erklären ihre eigene Unfähigkeit, ohne irgend jemanden zu tadeln

Obwohl die therapeutischen Interventionen, die wir bis jetzt beschrieben haben, aktiv verschreibender Art sind, hat uns die Erfahrung gelehrt, daß man auch in der Lage sein muß, auf eine entgegengesetzte und, wie man sehen wird, paradoxe Intervention zurückzugreifen: auf die Erklärung der Unfähigkeit der Therapeuten.

Es gibt in der Tat Familien, die auf die therapeutischen Interventionen mit raschen Veränderungen reagieren; andere wiederum scheinen die Richtigkeit der Intervention für den Augenblick zu bestätigen, kommen jedoch völlig unverändert zur nächsten Sitzung, sei es, daß sie den Kommentar der Therapeuten vollständig verworfen oder »vergessen« haben, sei es, daß sie einer an sich angemessenen Verschreibung ausgewichen sind. Solche Enttäuschungen veranlassen die Therapeuten dazu, sich noch mehr anzustrengen, sich noch wirksamere Interventionen auszudenken, auf die die Familie jedoch in derselben Weise reagiert: Sie verändert sich nicht. Man läßt sich also in ein Spiel ohne Ende ein, bei dem unentschieden bleibt, ob die Therapeuten durch die Familie in eine symmetrische Eskalation getrieben worden sind oder nicht viel mehr durch ihren eigenen Eifer und ihre Hybris.

Das einzige, was zu tun bleibt, ist, nicht darin zu verharren. Es ist notwendig, die eigene Position in der Beziehung zu verändern, d. h. also: die Definition der Beziehung, indem die Therapeuten ehrlich ihre eigene Unfähigkeit erklären. Dabei ist jedoch ein Element besonders wichtig: Wenn man diese Unfähigkeitserklärung abgibt, darf darin keinerlei Tadel gegen die Familie enthalten sein. Ein solcher Tadel käme einem letzten jämmerlichen Versuch gleich, sich als »überlegen« zu definieren. Es ist deshalb wichtig, nicht nur den verbalen Inhalt der Botschaft vorzubereiten und zu kontrollieren, sondern vor allem auch den Tonfall, der im Gegensatz zu den Worten selbst ja zornig, ironisch oder anklagend sein könnte. Wir sagen vielmehr, daß wir trotz der bereitwilligen Mitarbeit der Familie, die ihr möglichstes getan habe, um uns zu helfen, diesmal verwirrt und unfähig seien, uns ein klares Bild zu verschaffen oder eine Hilfe zu geben. Die Teamdiskussion habe unsere Verwirrung nur vergrößert. Der Tonfall, in dem das gesagt wird, sollte nicht gleichgültig sein, aber auch nicht dramatisierend. Er sollte so sein wie bei jemandem, dem es leid tut, seine eigene Unfähigkeit

feststellen zu müssen, in einer Sache, die er gerne durchgeführt hätte oder die von ihm verlangt wird.
Bei der Erklärung unserer eigenen Unfähigkeit beobachten wir genauestens die Reaktionen der verschiedenen Familienmitglieder. Nach einer kurzen »Bedenkpause« setzen wir dann das Datum der nächsten Sitzung fest und verlangen unser Honorar.
Dieses Verhalten macht auf unsere Familien den größten Eindruck, da sie es gewohnt sind, am Ende jeder Stunde Kommentare und Erklärungen zu erhalten. Normalerweise reagieren die Familien darauf mit großem Erstaunen, dem ein intensives Agieren und die Bitte um Hilfe folgen. Die Angst, die Gegner, die ja geachtet werden, zu verlieren, zwingt die Familie sofort dazu, irgend etwas zu unternehmen, damit das Spiel nicht aufhört: »... aber... und dann... und wir, was machen wir jetzt?« bis hin zu dem *großmütigen* Versuch, die Therapeuten für das Spiel zurückzuerobern mit der Selbstanklage: »Aber ist nicht alles unsere Schuld?«
Die Therapeuten jedoch zucken die Achseln. Wirklich, sie wissen nicht, was sie sagen sollen... Daraufhin vereinbaren wir mit der Familie die nächste Sitzung, ohne jedoch hinzuzufügen, wir hofften, es möge nächstes Mal besser gehen. Insgeheim jedoch hängt ein Damoklesschwert über der Gruppe: Und wenn es das nächste Mal wieder schlecht geht?...
Wie bei allen anderen therapeutischen Interventionen ist es auch in diesem Fall entscheidend wichtig, den richtigen Zeitpunkt zu treffen. Diese Intervention kann nicht früh genug erfolgen. Der richtige Moment ist unserer Erfahrung nach dann gekommen, wenn die geheime Wut und das Drängen der Therapeuten eine Eskalation anzeigen, während die Familie ihrerseits die Verwerfungen verstärkt.
Häufig ist dieser therapeutische Schritt dann angezeigt, wenn eine Intervention eine bestimmte Aktion ausgelöst hat, die den Status quo der Familie in Gefahr bringt. In diesem Fall sind, dem Stil der Familie entsprechend, zwischen den Salven der mehr oder weniger maskierten Verwerfungen einige warnende Zeichen einer Veränderung festzustellen, die die Familie erschreckt und zu dieser Reaktion getrieben haben. Gerade in einem solchen Fall ist es notwendig, daß man der Versuhung, auf einer bestimmten Intervention zu bestehen, widersteht. Wir sind vielmehr überzeugt, daß gerade jetzt der geeignete Moment ist, uns als unfähig zu erklären, und zwar aus zwei Gründen: Erstens wollen wir dem Spiel ein Ende setzen, und zweitens wollen wir vermeiden, daß wir uns als Förderer der Veränderung definieren und damit feindlich gegen die Familie eingestellt sein müssen, die wütend ihren Status quo verteidigt.

Die große Wirkung der oben beschriebenen therapeutischen Intervention ist darauf zurückzuführen, daß sie paradox ist, und zwar auf verschiedenen Ebenen. Tatsächlich tun die Therapeuten, wenn sie erklären, sie seien verwirrt und wüßten nicht, was sie tun sollten, etwas sehr Entscheidendes: Sie definieren ihre Position innerhalb der Beziehung, die bisher implizit symmetrisch war, neu als komplementär. Sie definieren sich als komplementär aufgrund der eigenen Unfähigkeit und nicht durch die Schuld der Familie. In Wirklichkeit sind sie jedoch gar nicht unfähig, insofern, als sie die Kontrolle über die Situation in der Hand behalten. Die Tatsache, daß wir den Termin für die nächste Sitzung festsetzen, und, mehr noch, die Forderung des vereinbarten Honorars demonstriert eine professionelle Sicherheit, die vollkommen im Gegensatz zu der Unfähigkeitserklärung steht. Unsere Unfähigkeit würde ja implizieren, daß wir keine weiteren Sitzungen mehr vereinbaren können.

Es wäre jedoch ein grober Fehler, keinen neuen Termin festzulegen. Dies würde, im Hinblick auf die Klienten, eine Strafe bedeuten oder wäre, im Hinblick auf uns selbst, als eine depressive Handlung zu verstehen.

Dadurch jedoch, daß wir ohne jeden Kommentar den nächsten Termin festlegen, wird die Familie, die sehr wohl um ihre eigenen sabotierenden Akte weiß, stillschweigend für die nächste Sitzung verantwortlich gemacht und damit für die Weiterführung des Spiels. Die wenigen Fälle, in denen wir uns zu einer solchen Intervention entschlossen, lieferten dafür einen klaren Beweis. Sobald die Familien den Eindruck hatten, daß die »Gegner« geschwächt waren, waren sie darauf bedacht, das nächste Mal mit der ganzen Mannschaft auf das Kampffeld zurückzukehren. Es ist schon vorgekommen, daß wir in solchen Sitzungen mehr »Geheimnisse« erfuhren als in allen vorangegangenen Sitzungen.

Diese therapeutische Taktik macht sich in erster Linie die besonderen Regeln des Familienspiels zunutze: Der Gegner darf auf keinen Fall erschlaffen. Man muß darauf achten, daß er im Spiel bleibt, und ihm deshalb im geeigneten Moment Zugeständnisse machen, allerdings wiederum nicht zu viele, und nur dann, wenn er sich der Situation gewachsen gezeigt hat.

Wir wollen nun den Fall der Familie Bossi schildern. Diese Familie hätte *sich nicht verändern können,* wenn die Therapeutin nicht, wie oben beschrieben, ihr eigenes Unvermögen erklärt hätte. Wir sagen »die Therapeutin«, da wir gegen Ende der Therapie von der Familie erfuhren, daß der zuweisende Kollege die letzte Konsultation mit den

Worten geschlossen hatte: »... und seid euch im klaren darüber, daß ich euch zu Frau Professor Selvini schicke, *einer Zauberin, die sich niemals irrt*. Erst kürzlich hat sie einen Fall, der viel schlimmer war als der eure, in einer einzigen Sitzung geheilt.«
Diese letzte Information war richtig. Dazuhin hatte die Familie Bossi, die in derselben Gegend wohnte, schon von dem »Wunder« gehört. Es ist lohnend, aufzuzeigen, wie wirksam in einem solchen Fall eine gelungene therapeutische Paradoxie sein kann.

Bei jener »Wundertherapie«, von der die Familie Bossi gehört hatte, handelte es sich um eine Familie mit einem zwölfjährigen Jungen, Giulio, der besorgniserregend abgemagert zu uns kam; der einzige Fall einer typischen Anorexia mentalis bei einem Jungen, den wir je sahen. Dazu kam bei Giulio noch die Gewohnheit, daß er viele Stunden damit verbrachte, sich Hüften und Fesseln mit einer teuren Abmagerungscreme zu massieren. Sowohl die Familie als auch der Junge hatten auf eine paradoxe Intervention der Therapeutin in der ersten Sitzung mit einer sofortigen, radikalen Verhaltensänderung geantwortet.
Die soziale Herkunft der Eltern war sehr unterschiedlich. Die Mutter war Akademikerin und schrieb für Frauenzeitschriften, der Vater war Arbeiter. Guilio, der sogenannte Patient, wurde offensichtlich dem väterlichen Bereich sorgfältig ferngehalten; der Vater selbst, ein rechtschaffener Arbeiter, war für eine verfeinerte Erziehung selbstverständlich ungeeignet. Sichtlich von seiner gebildeten Frau eingeschüchtert, verbrachte er seine Freizeit auf den Boccia-Plätzen, wo er sich hervortat und Spiele und Pokale gewann. Giulio war es verboten, dem Vater bei den sonntäglichen Ausflügen zu den Spielplätzen zu folgen: »Papa kommt abends spät nach Hause, und Giulio muß zeitig ins Bett, um am nächsten Morgen in der Schule frisch zu sein.« Natürlich war er Klassenbester. Die Sonntagnachmittage verbrachte er mit der Mutter und einem achtjährigen Bruder; dabei wurden z. T. die Schullektionen wiederholt, z. T. wurden ausgedehnte Spaziergänge in ländliche Gebiete unternommen, auf denen er von der Mutter in Botanik und Mineralogie unterrichtet wurde.
All dies erfuhren wir aus dem Gespräch mit den Eltern. Giulio, der negativ und feindlich eingestellt war, weigerte sich, den Mund aufzumachen.
Nach der Teambesprechung wendeten die Therapeuten folgende Intervention an, die wir auf Band aufgenommen haben:
»Ich werde mich bei deinem Doktor entschuldigen müssen, Giulio, daß ich seine Diagnose angezweifelt habe. Als er mir am Telefon sagte, du hättest eine Ano-

rexia mentalis, dachte ich: Das ist unmöglich, er hat sich sicher geirrt. Die Anorexia mentalis ist eine Krankheit, die nur Frauen bekommen. Ein Junge kann keine Frauenkrankheit haben. Es ist aber so. Du hast tatsächlich eine Anorexia mentalis. Aber wieso? *(Pause)* Wir haben mehr als eine Stunde mit deinen Eltern gesprochen und in ihrem Verhalten nichts Besonderes gefunden..., das dieses seltsame Phänomen erklären könnte... *(Pause)*. Die einzig mögliche Erklärung könnte sein, daß es sich um ein Mißverständnis handelt. Vielleicht hast du dir in den Kopf gesetzt, daß deine Eltern, weil sie dich mit größter Sorgfalt erzogen, weil man Folgsamkeit von dir erwartete, gutes Benehmen, Fleiß in der Schule, Hilfsbereitschaft den Großeltern gegenüber sowie die Zurückweisung von Freunden, die Kraftausdrücke gebrauchen, aus dir eine Giulietta anstelle eines Giulio machen wollten. *(Schallendes Gelächter des kleineren Bruders, dem ein immer stärker werdendes rührendes Leuchten auf Giulios Gesicht folgt, das schließlich in unaufhaltsames Lachen übergeht, während die Eltern ganz verlegen den Atem anzuhalten scheinen.)* Das ist aber nicht so, wir konnten das nicht feststellen. Papa und Mama können nichts anderes wünschen, als daß du ein Mann wirst, ein echter Mann. *(Zustimmung der Eltern. Pause.)* Wir sind jedoch mit dem Weg, den du gewählt hast, einverstanden, wenn es deine Überzeugung ist, daß du, um ein Mann zu werden, dir eine weibliche Krankheit zulegen mußt. Wir respektieren ihn. Nicht nur das, wir befehlen dir sogar, zumindest bis zur nächsten Sitzung, die in einem Monat sein wird, diesen Weg beizubehalten. Dasselbe sagen wir auch euch Eltern: Diese weibliche Krankheit wird beibehalten, weil Giulio überzeugt davon ist, daß er nur durch eine weibliche Krankheit zum Mann werden kann.

Die nächste Sitzung zeigte uns einen Giulio, der etliche Kilo zugenommen hatte. Es stellte sich heraus, daß die Familie während der Rückfahrt mit dem Auto in ein Restaurant gegangen war, und Giulio hatte bei dem Ober gleich selbst seine Bestellung angegeben und gesagt: »Bringen Sie mir eine doppelte Portion Spaghetti«, die er unter den Augen seiner bestürzten Eltern sogleich verschlang. Auch viele andere Dinge hatten sich geändert. Giulio war unfolgsamer geworden, in der Schule machte er nur das Notwendigste, er besuchte Boccia-Plätze und eine Schule für Freistilringen. Es stellte sich auch heraus, daß die Eltern, die von seinem früheren »weiblichen Wesen« wirklich schockiert waren, nicht nur solche sportlichen Aktivitäten erlaubten, sondern sogar daheim einige kleine Festlichkeiten organisiert hatten, zu denen sie die nettesten Freundinnen Giulios einluden. Die Therapie wurde in weiteren vier Sitzungen fortgesetzt und endete damit, daß wir einen Giulio erlebten, der stolz war, beim Boccia-Spiel einen Juniorenpokal gewonnen zu haben.[1]

---

[1] Es wird natürlich immer wieder neu durchdacht werden müssen, welche In-

Bei der Familie Bossi nun, die durch das typisch schizophrene Spiel charakterisiert war, konnte die unglückselige Rede des Kollegen nur als eine aufreizende Herausforderung wirken. Das Team wußte von alledem jedoch nichts.

Die erste Sitzung war durch ein unklares und geheimnisvolles Getratsche charakterisiert, das bis an die Grenzen des Erträglichen ging. Die Familie bestand aus fünf Mitgliedern, den Eltern und drei Kindern; die designierte Patientin, Agnes, stand in der Mitte der Geschwisterreihe. Sie war vierzehn Jahre alt und seit zwei Jahren schwer anorektisch; die Anfangssymptomatologie hatte sich durch psychotische Verhaltensweisen und Delir-Ausbrüche verschlimmert. Es wäre interessant, die gesamte stürmische Therapie bis ins Detail darzulegen. Dazu müßte man jedoch ein ganzes Buch schreiben oder, besser, eine lange, filmische Darstellung geben, die auch die aufreibenden Diskussionen des Teams miteinbeziehen müßte. Deshalb beschränken wir uns darauf, zu sagen, daß wir alles versuchten, d. h. sämtliche bisher beschriebenen Taktiken anwendeten. Wir sahen uns auch gezwungen, die ersten zehn Sitzungen, nach einer gewissen Pause, durch zehn weitere zu verdoppeln. Und dies, obwohl die Familie eine sehr unbequeme und lange Fahrt auf sich nehmen mußte. Die »Partie« war offenbar aufreizend genug.

Auf die verschiedenen therapeutischen Interventionen reagierte die Familie mit einer Vielfalt absolut genialer Manöver und Verwerfungen; Agnes' Zustand veränderte sich in der Zwischenzeit von extremer Magerkeit zu schwabbliger, schlaffer Fettleibigkeit, wobei sie ihre psychotischen Verhaltensweisen noch verstärkte. Ungeachtet alles dessen kam die Familie weiterhin zu den Sitzungen.

Nachdem sich bis zur achtzehnten Sitzung die Verhältnisse so sehr verschlechtert hatten, erkannten wir die Notwendigkeit, unsere Unfähigkeit zu erklären, ohne jedoch irgend jemanden dafür zu tadeln. Wir nahmen an, daß die Herausforderung der Familie sich auf die Therapeutin konzentrierte, da diese als eine Autorität auf dem Gebiet der Anorexiebehandlung galt. Daher beschloß das Team, daß sie es übernehmen sollte, sich vor der Familie zu demütigen. Und so machten wir es auch.

Während die Familie beim Abschied verschreckt und verstört war, ent-

---

terventionen angezeigt sind; wir geben offen zu, daß wir ein Jahr später eine ähnliche Intervention machten bei einer Familie, die einen atypisch chronisch anorektischen Jungen zur Behandlung brachte; hier hatten wir es jedoch mit einer anderen familiären Situation zu tun und erzielten offensichtlich kein positives Ergebnis.

deckten wir auf Agnes' Gesicht in dem Augenblick, als sie sich vom Sessel erhob, um ihre Sachen aufzunehmen, ein kleines, befriedigtes Lächeln. An dieses Lächeln knüpften sich unsere Hoffnungen.
Die folgende Sitzung, die nach etwas mehr als einem Monat stattfand, war bemerkenswert. Die Interaktion wurde vom Vater eröffnet, der erklärte, wie sehr sich Agnes' Zustand in der Zwischenzeit gebessert habe. Sie hatte normale Eßgewohnheiten angenommen, aß, ohne Szenen zu machen, war ihrer älteren Schwester liebevoll zugetan und besuchte ihre Freunde oft. Anschließend enthüllte er etwa ein halbes Dutzend »Familiengeheimnisse«. Nachdem er sich unvermutet als intelligent und psychologisch begabt entpuppt hatte (bisher hatte er die Rolle eines Dummkopfs gespielt), bot er uns einige entscheidende Mitteilungen an.
Die Therapeuten, die glücklich über diese Wendung waren, gingen sofort in diese Falle und gaben einige wichtige Kommentare ab.
Danach ergriff die Mutter das Wort, um hervorzuheben, daß Agnes (die wie eine Statue neben ihr saß) äußerst ungern nach Mailand gekommen sei. Sie selbst jedoch habe beim Aufräumen des Zimmers *(zufällig!)* das Tagebuch des Mädchens gefunden und sich erlaubt, die letzten Seiten zu lesen. Sie habe es mitgebracht. Ob sie jetzt daraus vorlesen dürfe? [2]
Agnes hörte, ebenso wie die Therapeuten, gleichmütig zu.
Das, was jetzt vorgelesen wurde, hörte sich an wie eine Lamentation über die bitteren Enttäuschungen, die Agnes von der Frau Professor Selvini Palazzolo (sic! um die Verwerfung zu verstärken) zugefügt worden waren:

»Ich bat meine Eltern (vor zwei Jahren), mich zu ihr zu bringen und war voll Vertrauen. Ich hatte jedoch gar nicht den Eindruck, einer so berühmten Ärztin gegenüberzusitzen, die angeblich alle Patienten, die sie wegen einer Anorexie aufgesucht hatten, samt und sonders geheilt hatte.[3] Anorexie, was für ein häßliches Wort! Und ich hatte so sehr gehofft, daß ich von dieser Qual befreit würde! In Wirklichkeit habe ich einen noch größeren Fehler gemacht! O, ich Ärmste!«

---

[2] Dies ist ein typisches Beispiel dafür, wie die Familie nach einer wirksamen therapeutischen Intervention die Rollen genauestens neu verteilt, um das Spiel weiterführen zu können. Wenn es diesmal der Vater ist, der sich den Therapeuten gegenüber intelligent und großzügig verhält, so fällt irgendeinem anderen die Aufgabe zu, dies zu verwerfen.

[3] Genau an diesem Punkt unterbrach die Mutter die Lektüre und erzählte uns von dem unglückseligen Kommentar des zuweisenden Kollegen.

Das Tagebuch schloß mit dem festen Vorsatz, sich aus eigener Kraft zu ändern, sich einen Freund zu suchen, wie die ältere Schwester, der sie lieben würde, und auf die ganze Psychologie und alle Psychologen zu pfeifen.

Diese Tagebuchaufzeichnungen, die die Mutter mit pathetischer Stimme vortrug, wurden von der Therapeutin mit Zerknirschung und Zustimmung angehört. Anschließend zogen wir uns zur Diskussion zurück. Die beiden beobachtenden Therapeuten blieben jedoch weiterhin am Einwegspiegel, um die Reaktionen der einzelnen Familienmitglieder zu beobachten. Der Vater rief aus: »Heute wurden mehr Dinge gesagt und auch verstanden als in allen bisherigen Sitzungen zusammen!« Diesen Ausruf kommentierte Agnes mit einem verächtlichen Schnauben und den Worten: »Die üblichen Dinge, die mir auch nichts nützen!«

Im Verlauf der Diskussion entschlossen wir uns, weiterhin bei unserer Unfähigkeitserklärung zu bleiben und den positiven Bericht des Vaters über die beobachteten Besserungen großzügig zu ignorieren, um ausschließlich auf Agnes' Tagebuchaufzeichnungen einzugehen.

Nach der Rückkehr in das Behandlungszimmer erklärte die Therapeutin, das Wichtigste in dieser Sitzung seien die Tagebuchaufzeichnungen von Agnes gewesen. Sie bat diese, falls sie nichts dagegen habe, die gelesenen Seiten zu kopieren und ihr zuzuschicken, damit man nochmals darüber nachdenken könne. Agnes stimmte dem würdevoll zu. Nach einigen Tagen kamen die betreffenden Seiten aus dem Tagebuch, die Agnes — welch ein Zufall! — auf den Briefbogen ihres Vaters abgeschrieben hatte.

Wir waren sicher, daß eine Veränderung — nachdem sich die Dinge einmal so weit entwickelt hatten — nur auf der Asche der »Zauberin« stattfinden konnte.

17

Die Therapeuten verschreiben sich selbst das Paradoxon der Paradoxa

Wie wir im vierten Kapitel gezeigt haben, besteht das in der sich laufend verstärkenden schizophrenen Transaktion in extremer Weise zum Ausdruck gebrachte Paradoxon in der Botschaft: »Du kannst mir nur dann helfen, wenn du nicht der bist, der du bist.«[1] Dies führte uns zu der Hypothese, daß zwei therapeutische Paradoxa notwendig sind, um ein so paradoxes Verlangen deutlich werden zu lassen. Das erste Paradoxon müßte darin bestehen, aus der Menge der verwirrenden Kommunikationsmanöver das an uns Therapeuten gerichtete unmögliche Verlangen herauszuschälen, indem wir es als *positiv, als richtig und legitim* bewerten.

Das zweite Paradoxon müßte in einer Verschreibung bestehen, die wir

---

[1] Eine so verführerische, wenn auch nicht expressis verbis ausgesprochene Einladung muß aus der Menge der Kommunikationsmanöver, die man als schizophren bezeichnet, besonders hervorgehoben werden. Das klassische Opfer dieser Botschaft ist bekanntlich der Therapeut. Jene Therapeuten, die wie wir Erfahrung in der Individualtherapie mit Patienten haben, die man als schizophren bezeichnet, haben die starke Verführungskraft dieser Botschaft sicherlich schon erlebt. Sie ruft uns zum totalen Einsatz auf, um auf dem Schiff unserer Hybris eine wunderbare Reise zu machen, eine Irrfahrt wie jene des Odysseus, auf der uns ebenso viele erschreckende Polypheme, Circen und Sirenen wie auch flüchtige, bezaubernde, der Nausikaa ähnliche Wesen begegnen.
Auf dieser Reise wirst du, trotz deines totalen Einsatzes, von dem Patienten sehr bald mit deiner eigenen Ungeschicklichkeit, deinem Mangel an *echter* Intuition, an *echter* Sensibilität konfrontiert werden. Wie konntest du es *wagen*, Therapeut zu werden? Jetzt befindest du dich im schwarzen Fluß der Angst; du befindest dich mit deinem Patienten zwischen Eismauern, deren Kälte dich bis ins Innerste frieren läßt; du stehst am Fuße einer Riesenpyramide, auf deren Spitze der Patient ganz allein steht und seinen Schmerz hinausschreit, und du bist nicht fähig, ihn zu erreichen... Es wird auch ab und zu vorkommen, daß du von einem flüchtigen Hoffnungsschimmer erwärmt wirst, von einer zarten Flamme, die dir die Kraft gibt, weiterzumachen. Oder du erblickst, wie ein Schatzgräber im Schein eines Blitzes, das Funkeln der Edelsteine, die seit langer Zeit nur darauf warten, von dir ans Licht gehoben zu werden. Du fühlst dich als werdende Mutter, die liebevoll in ihrem Schoß ein Kind trägt, das so gerne geboren würde, wenn du nur *wirklich* wüßtest, wie du es gebären könntest.

uns selbst geben, und die uns dazu zwingt, diesem Verlangen nachzukommen.

Bei dem letzteren Paradoxon müßten die Therapeuten darauf achten, eine überlegene Position beizubehalten, indem sie erklären, die Fortsetzung der Therapie hänge nun davon ab, ob es ihnen gelinge, sich selbst eine Verschreibung zu geben; auf diese Weise würden sie zugleich die Drohung mit einfließen lassen, daß das Spiel beendigt werden könnte.

Wir wollen dieses komplexe Vorgehen an einem Beispiel veranschaulichen: Es handelt sich um die elfte Sitzung mit einer Familie, die ein siebenjähriges Kind mit Namen Dedo hatte, das als autistisch diagnostiziert worden war.

Von der ersten Sitzung an wurden wir durch den Widerstand dieser Familie behindert, der vor allem in dem Verhalten Mathildas, der jungen Mutter, zum Ausdruck kam. Sie las mit glühender Bewunderung psychoanalytische Bücher, hatte bereits eine erfolglose Therapie hinter sich und neigte dazu, sich während der Sitzungen in der Rolle eines *Patienten in Analyse* zu präsentieren.

Im Verlauf mehrerer Angstkrisen und unter Tränen kam sie immer wieder auf die Leiden zu sprechen, die sie in der Vergangenheit erduldet hatte. Wie schrecklich war ihre Kindheit gewesen, wie unglücklich ihre Jugend, wie sehr hatte sie unter dem Unverständnis, den Ungerechtigkeiten und den psychischen Gewalttätigkeiten ihrer Eltern gelitten! Da sie ständig in die Erinnerung an jene Leiden versunken war, gelang es ihr nie, sie selbst zu sein, die Frau, die sie mit einer anderen Vergangenheit hätte sein können.

Trotz aller Bemühungen, das Thema zu wechseln, war sie den Therapeuten ständig im Wege.

Auch die elfte Sitzung ging bald in eine tränenreiche Jeremiade Mathildas über. Sie war die Reaktion auf eine therapeutische Intervention, die bei dem sogenannten »Patienten« eine gewisse Veränderung gebracht hatte, und deshalb bis zu einem gewissen Grad dechiffrierbar.

Den Therapeuten gelang es, den verworrenen Klagen Mathildas einige auffällige Wünsche zu entnehmen:

Da Mathilda so stark in ihre Vergangenheit eingemauert ist, kann sie nur dann gesund werden, wenn ihre Vergangenheit *anders* wird. Der Ehemann Sergio und das psychotische Kind Dedo werden angehalten, sich zu diesem unmöglichen Unterfangen zu verbünden: Sie sollen ihre Vergangenheit verändern. Dazu sind auch die Therapeuten aufgerufen. Obwohl diese versuchen, ihr zu helfen, helfen sie ihr nicht *wirklich*.

Der Therapeut könnte ihr nur dann helfen, wenn es ihm gelänge, so zu

151

sein, wie sie sich ihre Mutter gewünscht hatte. Die Therapeutin könnte ihr nur dann helfen, wenn es ihr gelänge, anders zu sein, als ihr Vater war. Beides ist den Therapeuten bisher nicht gelungen. Tatsächlich ist ihr die Therapeutin in der letzten Stunde so streng vorgekommen wie ihr Vater. Der Therapeut hingegen hat es versäumt, den Blick zu erwidern, mit dem sie ihn um jene Zärtlichkeit anflehte, die man sich von einer wahren Mutter erwartet. Aber auch Sergio und Dedo helfen ihr nicht. Sie möchte sie in die Vergangenheit zurückversetzen, um noch einmal neu zu beginnen. Aber Sergio entflieht, er ist sehr oft außer Haus. Obwohl er ihr doch so viel zu verdanken hat. Als sie ihn heiratete, war er nur ein »Schreckgespenst«, obwohl er doch eine glücklichere Vergangenheit gehabt hatte als sie! Aber ihm geht es nun auf ihre Kosten laufend besser..., indem er die ganze Verantwortung auf ihre armen Schultern geladen hat. Alle sagen, er sehe jetzt viel besser aus...

Mit Dedo macht sie gerade — angeregt durch ein Buch über die therapeutische Regression, das sie eben gelesen hat — den *konkreten Versuch, die Vergangenheit nochmals zu erleben*. In ihrem Haus gibt es einen kleinen, ganz finsteren Abstellraum. Dort hat sie sich in der letzten Zeit täglich mit Dedo eine Stunde lang eingeschlossen. Sie kauert sich auf den Boden, wobei sie ihn auf dem Schoß hält und ihn hin und her schaukelt, so, als trüge sie ihn noch im Mutterleib. Dedo sagt dazu: »Man hält Sitzung.« In allerletzter Zeit (nach der erfolgten »Geburt« ...) haben sie den Ort gewechselt. Sie gehen in Dedos Zimmer. Sie legt ihn in sein Bettchen und kniet sich daneben nieder. Einmal steckte sie ihm einen Finger in den Mund, und er lutschte daran.

Ja, es ist wahr, Dedo geht es viel besser. Aber er quält sie immer noch... Er hat diese unverständliche Manie, sie zu zwingen, Dinge der Vergangenheit zu wiederholen, Sätze, Lieder, Episoden.

Noch einmal, noch einmal, noch einmal... und er ist nie zufrieden... und sie unterstützt ihn dabei (obwohl sie schon ganz erschöpft ist)...

In der Teamdiskussion decken die Therapeuten als erstes die radikale Absurdität von Mathildas Verhalten Dedo gegenüber auf. Auf der einen Seite erklärt sie, die Vergangenheit dadurch ändern zu wollen, daß sie mit Dedo zurückgeht, um eine *andere* Vergangenheit zu schaffen; auf der anderen Seite findet sie Dedos Wunsch, Dinge aus der Vergangenheit zu wiederholen, unsinnig und unverständlich, einen Wunsch, der doch nur vollkommen ihren Botschaften entspricht. Vor allem jedoch machen sich die Therapeuten das Paradoxe an Mathildas Aufforderung klar: »Sie können mir nur helfen, wenn es Ihnen gelingt, die zu *sein*, die meine Eltern *nicht waren*.« Das Team beschließt nach einer langen Diskussion, alles, was in der Beziehung zwischen Mathilda und Dedo geschieht, zu ignorieren, um sich ausschließlich mit dem zu beschäftigen, was *in der Beziehung zwischen Mathilda und den Therapeuten* geschieht. Da eine *Intervention über diese Beziehung* weitaus am wirksamsten ist, werden sich die Therapeuten davor hüten, die Absurdität von Mathildas Verlangen aufzudecken. Sie werden es vielmehr als verständlich und legitim anerkennen, wenn es, so werden sie hinzufügen, für sie auch sehr schwer sein wird, diesem Verlangen entgegenzukommen. Aber nur so kann die Therapie fortgesetzt werden.

Wir geben im folgenden den Schluß der Sitzung wieder, den wir auf Band aufgenommen haben:

Therapeut *(herzlich)*: Wir haben lange diskutiert, um das Drama, das sich in eurer Familie abspielt, zu verstehen. Das Drama eines Ehepaares, das in zwei verschiedenen Zeitaltern lebt. *(Pause)* Sergio lebt zu neunzig Prozent in der Gegenwart, im Jahre 1974, die restlichen zehn Prozent in der Vergangenheit. Mathilda lebt zu neunzig Prozent in der Vergangenheit, in der Zeit zwischen 1940 und 1958, und nur etwa zu zehn Prozent in der Gegenwart. *(Pause)*

Mathilda: Das ist wahr ...

Therapeut: Wir haben wahrgenommen, wie sehr Mathilda uns bittet, ihr dabei zu helfen, daß sie ganz im Jahre 1974 leben kann, was sie sich sehnlichst wünscht. Wir haben viel darüber nachgedacht, wie wir das machen sollen, und wir haben gesehen, daß es nur eine Möglichkeit gibt: Wir müssen uns selbst eine Verschreibung geben. In den vorangegangenen Sitzungen haben wir euch Verschreibungen gegeben, die ihr ausführen mußtet. Diesmal geben wir uns selbst eine Verschreibung. Wir müssen uns bemühen, Mathildas Vergangenheit zu verändern. Wir müssen uns bemühen, das zu sein, was ihre Eltern nicht waren. Diese Aufgabe fällt uns Therapeuten zu. Sie ist schwer..., noch wissen wir nicht, wie wir das machen sollen ... aber wir werden uns bemühen ... das ist für die Fortsetzung der Therapie unerläßlich.

Mathilda *(zusammengekauert, in ihrem Sessel fast in Deckung gehend)*: Danke, ich wußte ja, daß Sie gut sind ...

Therapeutin *(sichtlich ängstlich und mit großer Anstrengung, fast für sich)*: Ich muß mich anstrengen, der zu sein, der Ihr Vater für Sie nicht war. Wenn es mir nicht gelingt, das zu sein..., wenn ich nur so scheine..., nützt es gar nichts..., dann werden wir nicht weiterkommen.

In der zwölften Sitzung erscheint ein völlig verändertes Ehepaar. Sie streiten drauflos, sichtlich im symmetrischen Muster befangen. Zum

ersten Mal beugt sich Sergio nicht Mathildas Argumenten. Er redet laut, er widerspricht. Mathilda, die den weinerlichen Ton aufgegeben hat, erscheint kühl und kämpferisch. Sie schreit ihm ins Gesicht, daß sie es übersatt habe, sich aufzuopfern, zu leiden. Sie möchte endlich leben und sich ihre Rechte nehmen. Sie hat sich zu sehr ausnützen lassen. Es ist Zeit, dem ein Ende zu machen!
Auf die Frage des Therapeuten, was sie über die letzte Stunde gedacht habe, erwidert sie auf fast trockene Art, sie habe sich allein, entsetzlich allein, gefühlt. Es sei ihr auch zum Bewußtsein gekommen, daß sie uns auf die Straße gesetzt habe, indem sie uns um eine offensichtlich unmögliche, absurde Sache gebeten habe. Wie könnten wir denn ihre Eltern sein? Nein, ihre Eltern blieben die, die sie nun einmal seien. Andere Leute. Im übrigen würde es ihr, auch wenn es möglich wäre, nie einfallen, uns um etwas Derartiges zu bitten — wenn sie uns für unser großmütiges Angebot auch dankbar sei.
Sergio informiert uns darüber, daß es Dedo sehr viel besser gehe. Er habe eine einzige Krise gehabt, vor zwei Tagen, als die Mama ein altes Glockenspiel in Gang setzte, das sie ihm in den schlimmsten Zeiten vorgespielt hatte.
Auch während der Sitzung zeigt Dedo einen weiteren Fortschritt. Erstmals unterbricht er einen Wortwechsel der Eltern mit wohlwollender Ironie. In dem Moment, in dem die Mutter drohend den Vater anschreit: »Wo führt uns dieser Schritt denn hin? ... He, wohin denn ...?«, steht Dedo auf und antwortet darauf, im Zimmer herumschlendernd, mit dem Satz: »Alle miteinander einen schönen Spaziergang machen.«
In der auf die Sitzung folgenden Diskussion machen sich die Therapeuten die starke Wirkung der paradoxen Verschreibung, die sie sich selbst gegeben hatten, noch einmal klar: Mathilda hat reagiert, indem sie von ihrer unerfüllbaren Forderung abließ; nicht nur das — sie entschuldigte sich mit unglaublicher Geschicklichkeit sogar dafür, die Therapeuten auf die Straße gesetzt zu haben. Sie will keine anderen Eltern als die, die sie nun einmal hat. Die Vergangenheit ist nicht wiedergutzumachen. Sie hat sich für die Gegenwart entschieden und verkündet nun lautstark ihr Recht, nicht mehr zu leiden. Nachdem die unmöglichen Forderungen aus dem Wege geräumt sind, können die Therapeuten sich den gegenwärtigen Schwierigkeiten zuwenden.

Die Verwischung oder gar Aufhebung der Schranken zwischen den Generationen und die darauf zurückzuführende Vertauschung und Verwirrung der Rollen der Angehörigen verschiedener Generationen sind von Familienforschern und Familientherapeuten zu Recht sehr beachtet worden. Die — vorwiegend ausländische — Literatur zu diesem Thema ist so reichhaltig, daß wir im Rahmen dieses Buches nicht einmal einen zusammenfassenden Überblick vermitteln können.

18

Die Therapeuten ziehen sich aus der »Parentifizierung« zurück und verschreiben diese paradox den Angehörigen der jüngsten Generation [2]

Wir wollen eine spezifische Art therapeutischer Interventionen darstellen, die unser Team entworfen und wiederholt praktiziert hat: *die paradoxe Verschreibung der »Parentifizierung«, und zwar dem oder den Angehörigen der jüngsten Generation*. Dies geschieht zu einem bestimmten, wohlgeplanten Zeitpunkt im Verlauf einer Familientherapie und fällt mit dem Rückzug der Therapeuten aus der Elternrolle, die ihnen vom System übertragen wurde, zusammen.

Der ausdrucksvolle Neologismus »Parentifizierung« (engl. parentification) erscheint bereits in den Anfängen der Familienforschung und bezeichnet hier »eine einseitige Verzerrung der Beziehung, als wären der Partner und sogar die Kinder die Eltern«.[3]

Betrachtet man die »Parentifizierung« als universales, natürliches Phänomen — so universal und natürlich, wie es etwa der Vorgang des Bittens um Hilfe ist —, so stellt man fest, daß derjenige, der um Hilfe gebeten wird, wer es auch sei, als Folge von Übertragungen immer auch als Elternteil gesehen wird. Das Parentifizieren des eigenen Kindes mag auf den ersten Blick immer pathologisch erscheinen. In Wirklichkeit liegt dieses Phänomen jedoch im Rahmen einer Eltern-Kind-Beziehung, in der die Kommunikation funktioniert und die betreffenden Rollen entsprechend den situationellen Gegebenheiten austauschbar sind. Es erlaubt den Kindern, auch die Funktion des Elternseins kennenzulernen und damit zu experimentieren; und zwar nicht nur in der Adoleszenz, sondern auch in früheren Phasen. Die Übernahme von Elternfunktionen, die Sorge für andere, ist in Wirklichkeit eine menschliche Grunderfahrung und als solche Voraussetzung für die Sozialisierung und die Entwicklung der Selbstachtung; sie ist daher befriedigend und erstrebenswert.

[2] Dieses Kapitel wurde von Christina Vogel-von Passavant übersetzt.
[3] Vgl. dazu Boszormenyi-Nagy, I. und G. Spark (1973): *Invisible Loyalties*.

Die Parentifizierung wird jedoch zum Nährboden von Dysfunktionen, sobald sie in unangemessenen Situationen, im Rahmen zweideutiger, inkongruenter Transaktionen, auftritt. Hier können wir von schizophrenen Transaktionen sprechen.
Der höchste Grad solcher Dysfunktionalität läßt sich daher in Familien mit schizophrenen Mitgliedern, die in »double binds« verstrickt sind, beobachten.
Während eine sich in normalen Grenzen haltende Parentifizierung eines Kindes, schematisch gesehen, als eine offene und direkte Bitte um Hilfe verstanden werden kann, stellt man bei Familien mit schizophrener Transaktion ein vorgetäuschtes Bitten fest, das indirekt, durch paradoxe Botschaften, geäußert wird und zu dem, was auf anderen Ebenen verlangt wird, in Widerspruch steht. Vereinfachend dargestellt (insofern, als die Verhältnisse im Hinblick auf die Ursprungsfamilien noch komplizierter sind), befiehlt jeder Elternteil dem Kind:
Hilf mir, auch wenn ich weiß, daß das unmöglich ist; stelle dich *auf meine Seite,* aber stelle dich nicht *gegen* jemanden; laß dir von dem helfen, der sich bemüht, das zu sein, was ein *richtiger* Vater/ eine *richtige* Mutter spontan sein sollten; jedoch nur, wenn du für mich ein *richtiger* Vater/ eine *richtige* Mutter bist, kannst du das sein, was ein *richtiges* Kind für mich sein sollte ... usw.
Es ist daher nicht erstaunlich, daß etwa ein zehnjähriges, seit seinem vierten Lebensjahr psychotisches Kind mit dieser unmöglichen Situation in der lästigen Art fertigzuwerden versuchte, daß es wie ein Falter zwischen Vater und Mutter hin- und herflatterte, während diese — in den beiden entgegengesetzten Ecken des Zimmers sitzend — den Therapeuten die tiefe Harmonie ihrer Ehe schilderten.
Was geschieht nun, wenn eine solche Familie in eine Therapie kommt? Die Eltern mobilisieren all ihr Wissen und ihre Verführungskünste, um ihre massiven Erwartungen nach Parentifizierung an den Therapeuten heranzutragen.[4] Wie sehen diese Erwartungen im einzelnen aus? Wesentlich sind hier die Erfahrungen, die die Eltern in *ihren* Ursprungsfamilien gemacht haben: Aufgrund dieser Erfahrungen hofft jeder Elternteil, er könne den »Therapeuten-Eltern« eine bedingungslose Garantie bezüglich der eigenen Vorzugsstellung abringen. Denn in der Ursprungsfamilie verfolgten die Eltern, wie wir immer wieder

---

[4] Diese Erwartungen werden meistens versteckt sein. In seltenen Fällen können sie aber auch ungetarnt und sogar lautstark vorgebracht werden, mit dem einzigen Ziel, die Therapeuten anzustacheln, indem man sie zunächst einmal abwertet: »Ach! ich habe so gehofft, in euch *richtige* Eltern zu finden ... welche Enttäuschung ... Wenn ihr es mir beweisen würdet ... wer weiß ...«

beobachten konnten, die Taktik, ein Kind dadurch an sich zu binden, daß sie es gezielten Mißbilligungen aussetzten, diese jedoch mit dem nur andeutungsweisen, aber oft wiederholten Versprechen verbanden, daß es vielleicht eines Tages, wenn es sich sehr anstrenge, voll bestätigt und *allen anderen gegenüber bevorzugt* werde.
Daher versucht nun jeder Ehepartner, im Wettbewerb mit dem andern, die Therapeuten (oder einen von ihnen, beim gleichzeitigen Versuch einer Spaltung der Therapeuten) zu einer Wiederholung des Familienspiels zu verführen, um auf diese Weise doch noch zu der sehnlichst gewünschten Bestätigung als Vorzugskind zu kommen.[5]
Was ergibt sich daraus für die Therapeuten? Was ist ihre erste Aufgabe? Das Wichtigste ist, nicht in die ausgelegten Fallen zu gehen, also jede moralische Grenzziehung und jede Koalition mit einem Familienmitglied zu vermeiden. Wir sind davon überzeugt, daß in diesen komplexen Familiensystemen das Eingehen einer Koalition, sei es auch nur aus taktischen Gründen, die Widerstände nur verstärkt oder zum Abbruch der Therapie führt.
Wir wollen nun — aus Platzgründen idealtypisch und im Telegrammstil — darstellen, wie sich der Verlauf der Therapie bei unserem Team abspielt:

— Die Therapeuten treten ins System ein. Sie werden dort in dem Maße als vollwertige Mitglieder aufgenommen, als sie sich nicht nur jeder kritischen Bemerkung enthalten, sondern auch jedes offen zutage tretende Verhalten gutheißen oder, in gewissen Fällen, geradezu vorschreiben. Dabei vermeiden sie sorgfältig willkürliche Grenzziehungen zwischen *guten* und *bösen* Mitgliedern oder gutem und bösem Verhalten. Die Therapeuten schlagen vor, über die Beziehung der Mitglieder zu ihren Ursprungsfamilien zu sprechen, was manchmal mit Begeisterung aufgenommen, manchmal unter erbitterten Auseinandersetzungen befolgt, manchmal mittels Bagatellisierung vermieden wird. Dabei treten (ob man nun für bestimmte Sitzungen weitere Familienangehörige hinzuzieht oder nicht) zunehmend Konflikte und Parteienbildungen hervor.
— Das Elternpaar setzt mit allen Mitteln seine Bemühungen fort, Grenzen zwischen *Gut* und *Böse* zu ziehen.
— Die Therapeuten umgehen dieses Manöver dadurch, daß sie den designierten Patienten als eine gute und großzügige Führerpersön-

---

[5] Dieses Manöver beginnt schon beim ersten Telefonkontakt mit dem Therapeuten. Genaugenommen bietet der, der anruft, ja schon eine Koalition an: »Ich bin der bessere, der Ko-Therapeut, denn ich bringe dir meine Familie.«

lichkeit bezeichnen, die sich auf Verlangen aller Beteiligten für das Wohl der Familie oder eines ihrer Mitglieder (in gewissen Fällen sind auch Angehörige des weiteren Familienkreises mit eingeschlossen) aufopfert.[6] Die »Symptome« des designierten Patienten werden also als spontane, von Sensibilität und Altruismus bestimmte Verhaltensweisen dargestellt und gutgeheißen.

— Die Eltern beginnen alsbald, auch mit dem Kind, um die Gunst des Therapeuten zu rivalisieren; letztere werden noch stärker parentifiziert. Das Interesse für die Ursprungsfamilie flaut ab.
— In der Folge gibt der designierte Patient in der Bezeichnung zu seinen Eltern seine parentifizierte Position auf. Von seiner Quasi-Elternrolle wechselt er zu derjenigen eines Geschwisters über. Damit beginnt er, seine Symptome aufzugeben.
— Die Eltern verstärken ihre Versuche, die Therapeuten dazu zu bringen, Werturteile über sie selbst abzugeben.
— Die Therapeuten lassen sich auch weiterhin nicht festlegen und werden selbst immer stärker parentifiziert.
— Der designierte Patient gibt seine Symptome auf und tritt, innerhalb wie außerhalb der Sitzungen, in den Hintergrund.
— In Familien mit mehreren Kindern treten nun Symptome (oder symptomartige Verhaltensweisen) bei einem anderen Angehörigen der jüngsten Generation (Geschwister) auf.
— Die Therapeuten stellen auch ein solches Verhalten als intuitives Erfassen der Angst der Eltern vor einer möglichen, für ihre Bedürfnisse zu frühen Beendigung der Therapie dar und loben die damit ausgedrückte spontane Hilfe.
— Sämtliche Kinder der Familie sind symptomfrei.
— Die Eltern bemühen sich dagegen verstärkt, die Therapeuten in »das Spiel ohne Ende«, zu dem sie das System ursprünglich zwang, einzubeziehen.
— Das ist nun der Zeitpunkt für die therapeutische Intervention, die wir hier vorstellen: Die Therapeuten ziehen sich aus der Parentifizierung, die ihnen vom System zugewiesen wurde, zurück und verschreiben sie paradox der jüngsten Generation.

Eine solche Intervention wollen wir nun anhand eines klinischen Beispiels beschreiben.

Es handelt sich um eine vierköpfige Familie: Vater und Mutter, noch jung, kaum über dreißig; Claudio, der designierte Patient, acht Jahre

---

[6] Unter dem Wohl der Familie oder von Familienangehörigen ist von Fall zu Fall etwas anderes zu verstehen; *immer* ist jedoch von konkreten Angaben auszugehen, die die Therapeuten bei Gelegenheit sammeln.

alt, der wegen Autismus an uns überwiesen worden war, und die fünfjährige Detta.
Da es uns nicht möglich ist, den Verlauf der Therapie im Detail darzustellen, beschränken wir uns auf eine Zusammenfassung und auf Auszüge aus der achtzehnten und der neunzehnten Sitzung.
Die Therapie läuft, mit längeren Unterbrechungen, seit ungefähr anderthalb Jahren; der Vertrag lautet auf zwanzig Sitzungen. Die festgelegte Dauer läuft nun bald ab. Claudio ist seit einigen Sitzungen symptomfrei und besucht die öffentliche Schule mit bestem Erfolg. In der achtzehnten Sitzung zeigen sich die Eltern über das Verhalten Dettas beunruhigt, die seit ungefähr einem Monat »regrediert ist ... sie ist negativ eingestellt, lärmt und ist boshaft ... sie macht der Familie das Leben zur Hölle ...«. Und wirklich, im Gegensatz zu früher stört Detta die Sitzung dauernd durch Blödeleien und Schreien; sie will mehrmals auf die Toilette begleitet werden und plagt Claudio, der in einer Ecke ruhig ein Heftchen liest. Ansonsten erscheint das Material, das in die Sitzung gebracht wird, bedeutungslos.
Die Therapeuten verlassen die Sitzung und ziehen sich zur Teamdiskussion zurück. Dabei werden sie sich darüber klar, daß der Kernpunkt dieser Sitzung Dettas ungewöhnliches Verhalten ist, und kommen zu dem Schluß, daß Detta sich angesichts der Genesung des Bruders die Aufgabe auferlegt hat, »Symptome« zu produzieren, um die Therapeuten auf diese Weise zu zwingen, die Therapie über den festgelegten Zeitpunkt hinaus weiterzuführen. Es ist anzunehmen, daß eine solche freiwillig übernommene Aufgabe dem Kind auch wirklich gestellt wurde. Aber durch welche verborgenen Erwartungen? Das erfährt der Leser aus dem Kommentar der Therapeuten am Ende der Sitzung.
Als die Therapeuten in den Therapieraum zurückkommen, finden sie alle sitzend vor. Nur Detta steht vor ihrem Stuhl und schaut sie erwartungsvoll an, als ob sie auf die vorausgesehenen Konsequenzen ihres Verhaltens warte. Der männliche Therapeut sagt nun, zu den Eltern gewendet, folgendes (Auszug aus dem Tonband):

Therapeut: Was uns heute so lange beschäftigt hat, ist das Verhalten von Detta. *(Detta entspannt sich langsam und setzt sich.)* Ihr Eltern habt davon berichtet, und wir haben Detta heute beobachtet. Sie hat wirklich alle möglichen Streiche gemacht! Sie ist sozusagen der Claudio der ersten Sitzungen! Und dann haben wir uns gefragt: Weshalb? Warum ist Detta plötzlich nicht mehr brav, jetzt, wo doch Claudio brav geworden ist? ... *(Pause)* Und endlich haben wir begriffen ..., haben wir die Empfindsamkeit der Kinder begriffen ... Die Ursache für das

alles ist unser Schweigen am Schluß der letzten Sitzung ... Wir haben euch ohne Kommentar verabschiedet, ohne euch unsere Entscheidung mitzuteilen, ob nun Papa gut und Mama böse, oder umgekehrt Papa böse und Mama gut sei ... denn Detta weiß, daß ihr alle beide aus Familien stammt, in denen es einen Bruder und eine Schwester gab, von denen der eine etwas besser und der andere etwas schlechter war; aber man konnte nie sehen, wer wer war, wegen der Meinungsverschiedenheiten von Großvater und Großmutter ...
Mutter *(unterbricht den Therapeuten)*: Ah!! ... deshalb betitelte euch Detta mit Schimpfnamen ... nach der letzten Sitzung ... ich habe es vorhin nicht gesagt ... aus Respekt ... ich habe mich geschämt, es euch zu sagen ...
Therapeut: Jetzt ist es noch klarer! Detta dachte, ihr hättet es nötig, weiterhin zu kommen ... deshalb hat sie beschlossen, zu regredieren, jetzt, da es Claudio gut geht, damit ihr noch oft kommen müßt ... so lange, bis wir Therapeuten eine Entscheidung fällen ...

Die Eltern lächeln, die Augen der Mutter strahlen. Claudio blättert, offensichtlich abwesend, in seinem Heftchen. Und Detta? Sie ist innerhalb weniger Minuten eingeschlafen! Den Kopf an die kalte Metallehne ihres Stuhles gelehnt, schläft sie mit offenem Munde.

Therapeutin: Schaut! Jetzt, da sie ihre Mission erfüllt hat, kann sie ausruhen ... die kleine Detta! Sie hat heute wirklich Schwerarbeit geleistet, wirklich Schwerarbeit ...!

Die Therapeuten stehen auf und verabschieden sich.

Die neunzehnte Sitzung zeigt uns zwei ruhige und fröhliche Kinder. Claudio zeichnet in sein Heft. Er ist in der Schule mit guten Noten, im Rechnen sogar mit der besten Note, versetzt worden. Detta entwickle sich ebenfalls gut, berichtet die Mutter; sie werde vernünftiger. Auch das Familienleben sei besser geworden, wenigstens bis vor zwei Tagen. Dann allerdings hätten die Eltern nach einem Zwischenfall die alten Streitereien wieder aufgenommen. Beim Bericht über diese Sache flammt der Streit auch in der Sitzung wieder auf. Der Mann beschuldigt die Frau, krankhaft eifersüchtig und aggressiv zu sein, während er selbst um des lieben Friedens willen alles ertrage. Sie hält ihm vor, »er spiele den Guten«, um alle für sich einzunehmen, während er alle unangenehmen Aufgaben ihr überlasse ... usw.
Die Therapeuten äußern sich nicht, sie beobachten den Streit nur als Zuschauer.

In der Teambesprechung kommen sie zu dem Schluß, daß dieses Manöver eine direkte Aufforderung enthalte: »Wie könnt ihr uns in diesem Zustand zurücklassen! Ihr habt viel für unsere Kinder getan, wirklich, aber für uns habt ihr nichts getan... Jetzt drängt sich eine Ehepaartherapie auf, für *unsere* Probleme.«
Die latente Gefahr einer solchen Aufforderung ist offensichtlich die, daß die bereits selbst zum Perfektionismus verführten Therapeuten in ein »Spiel ohne Ende« hineingezogen werden; diese Gefahr würde durch die Abwesenheit der Kinder noch erhöht. Wenn sich aber die Kinder so offensichtlich verändert haben, muß auch die Beziehung zwischen den Eltern anders geworden sein. Aus deren Sicht ist auch tatsächlich alles gut gegangen, bis zu Beginn der neunzehnten Sitzung.
Im Teamgespräch kristallisiert sich langsam der Entschluß heraus, die Therapie sofort zu beenden und damit die zwanzigste Sitzung vorwegzunehmen. In bezug auf die anzuwendende Intervention reift nach und nach die Idee, auf allen Ebenen paradox zu intervenieren, um so die zwei wahrscheinlichen Risiken zu bannen:

a) das Risiko, daß sich die Parentifizierung der Therapeuten (als Spiel ohne Ende) fortsetzt;

b) das Risiko, daß die Kinder wieder in ihre »parentifizierte« Rolle zurückfallen.

Die Ausführung der minuziös vorbereiteten Intervention am Schluß der Sitzung wurde der Therapeutin übertragen und sah folgendermaßen aus:
Nachdem die Therapeuten wieder in den Raum, in dem die Familie wartete, zurückgekehrt waren, forderte die Therapeutin Detta und Claudio auf, mit ihren Stühlen zu ihr zu kommen und sich vor sie hin zu setzen, so, als ob sie ihnen ein Märchen erzählen wollte (Auszug aus dem Tonband):

Therapeutin: Jetzt will ich mit euch sprechen, Kinder, und euch etwas erzählen. Paßt gut auf. Es gibt eine Stadt, eine große Stadt, in England — sie heißt London. Dort gibt es viele Theater. Wißt ihr, was man im Theater tut? Man führt dort Theaterstücke auf...
Detta: Ja, ja, ich habe einmal eines gesehen!
Therapeutin: Gut. Nun müßt ihr wissen, daß es in London unter diesen vielen Theatern eines gibt, in dem die Schauspieler seit zweiundzwanzig Jahren immer das gleiche Stück spielen müssen. Sie kennen es schon seit langem auswendig und spielen es jeden Tag, seit vielen, vielen Jahren; sie können nie etwas daran ändern! So ist es euren Eltern ergangen. Seit sie verheiratet sind, müssen sie immer das gleiche Stück

spielen ... Wir haben es auch heute, hier, mitangesehen ... immer das gleiche Stück, in dem der Vater den Guten und Gesunden und die Mutter die Verrückte und Böse spielt. Aber *uns* ist es nicht gelungen, etwas daran zu ändern ... es ist uns wirklich nicht gelungen..., wir waren dazu nicht fähig. *(Pause)* ... Wir ziehen uns jetzt zurück. Aber bevor wir gehen, setzen wir alle Hoffnung auf euch. Wir haben gesehen, daß ihr euch verändert habt, sehr verändert sogar. Deshalb hoffen wir auf euch. Wer weiß, vielleicht fällt euch mit der Zeit etwas ein, um euren Eltern zu helfen, ihr Theaterstück zu verändern, wozu wir nicht fähig waren. Wir geben euch viel Zeit. Wir werden uns in einem Jahr, genau in einem Jahr, am gleichen Tag wie heute, am 7. Juli des nächsten Jahres, wieder treffen.
Detta *(sofort)*: Aber nächstes Jahr gehe ich zur Schule!
Claudio *(singend)*: In die Schule! In die Schule! Nicht mehr in den Kindergarten ...!
Therapeutin: Sicher, und ihr werdet viel zu tun haben und viele Dinge lernen. Hoffen wir, daß euch etwas in den Sinn kommt, um euren Eltern zu helfen, ihr Theaterstück zu ändern, was uns nicht gelungen ist ...

Die Therapeuten stehen auf und verabschieden sich. Die Kinder springen vergnügt zur Türe. Papa und Mama reichen den Therapeuten die Hand. Zum ersten Mal verlassen sie den Raum schweigend, mit erstauntem und nachdenklichem Gesichtsausdruck.
Nachdem die Familie weggegangen ist, bespricht das Team die beobachteten Reaktionen. Man hat den Eindruck, die Intervention sei gut angekommen, die anvisierten Ziele seien durch diese Verschreibung therapeutischer Paradoxien erreicht worden.
Die Therapeuten lösten sich aus der Parentifizierung, in die sie das Ehepaar gedrängt hatte, indem sie sich für unfähig erklärten, ihren Erwartungen zu entsprechen, metakommunikativ auf deren Konflikthaftigkeit hinwiesen und das Feld räumten. Dadurch bezeichneten sie das, was von ihnen erwartet wurde, als *unmöglich*. Gleichzeitig forderten sie die Kinder auf, ihnen bei der Erfüllung dieser unmöglichen Aufgabe zu helfen. Eine solche Verschreibung ist doppelt paradox. Die Therapeuten verschrieben nicht nur das, was ihnen selbst unmöglich war, sondern auch genau das, was die Kinder seit jeher zu tun versuchten. Was war das Ergebnis?
Die Kinder reagieren auf eine solche ausdrückliche Verschreibung, indem sie sich von der Aufgabe zurückziehen und zu planen beginnen, wie sie ihrerseits das Feld räumen können.

Die Eltern sind ob der unerwarteten Wendung verblüfft; plötzlich bleiben außer ihnen selbst *keine anderen Eltern* mehr. Die paradoxe Ablehnung der Parentifizierung durch die Therapeuten bedeutet daher nicht eine Ablehnung, sondern eine *Bestätigung der Eltern*. Die Therapeuten machen ihnen klar, daß ihnen die Elternrolle zukommt und sie imstande sind, diese zu übernehmen. Wahr ist allerdings, daß sich die Therapeuten zurückziehen.

Die eben beschriebene Intervention halten wir — selbstverständlich mit den der jeweiligen Situation entsprechenden Abweichungen — beim Abschluß von Therapien mit Familien mit schizophrenen Transaktionen für unentbehrlich. Bei zwei früher behandelten Familien, bei denen eine solche Intervention nicht erfolgte, traten die befürchteten Gefahren auch tatsächlich auf. Im einen Fall setzten die halbwüchsigen Kinder ihren Autonomisierungsprozeß zwar fort, doch verharrten die Eltern auch weiterhin in der Parentifizierung der Therapeuten, was sich in häufigen Bitten um Gespräche und Ratschläge zeigte.

Im zweiten Fall fiel, nach gut zwei Jahren völligen Wohlergehens, der designierte Patient wieder in seine Symptome zurück, was nichts anderes war als der Ausdruck seiner Rückkehr in die »parentale« Rolle.

Zum Schluß möchten wir feststellen, daß die hier skizzierte Intervention auch aus einem anderen Grund therapeutisch genannt werden kann. Das Verlangen nach einer Familientherapie bedeutet zugleich eine Disqualifizierung der Eltern infolge ihrer Hilfsbedürftigkeit. Dadurch, daß sich die Therapeuten im richtigen Moment aus ihrer parentifizierten Position zurückziehen, geben sie den Eltern ihre volle Qualifikation als Eltern zurück und bestätigen sie in ihrer natürlichen Rolle.

Bibliographie

Alberti, L. B. (1969): I libri della famiglia. Turin (Einaudi). Dt.: Über das Hauswesen. Zürich u. Stuttgart (Artemis) 1962.
Ashby, W. R (1966): Design for a brain; the origin of adaptive behaviour. 3. Aufl. London (Science paperbacks).
— (1974): Einführung in die Kybernetik. Frankfurt am Main (Suhrkamp).
Bateson, G. (1972): Steps to an ecology of mind. Collected essays in anthropology, psychiatry, evolution, and epistemology, San Francisco (Chandler).
—, D. D. Jackson, J. Haley u. J. W. Weakland (1975): Auf dem Weg zu einer Schizophrenie-Theorie. In: G. Bateson u. a., Schizophrenie und Familie. Frankfurt am Main (Suhrkamp).
Beels, C. C. u. A. Ferber (1969): Family therapy: a view. In: Family Process, 8, S. 280—318.
Bertalanffy, L. v. (1971): General system theory. London (Allen Lane).
Boszormenyi-Nagy, J. u. G. Sparks (1973): The invisible loyalties. New York (Harper & Row).
Bowen, M. (1975): Die Familie als Bezugsrahmen für die Schizophrenieforschung. In: G. Bateson u. a., Schizophrenie und Familie, a.a.O.
Bruch, H. (1973): Eating disorders. Obesity, anorexia nervosa, and the person within. New York (Basic Books).
Cattabeni, G. (1968): La schizofrenia come espressione della patologia dell' organizzazione familiare. Tesi di specializzazione Istituto Psicologia Univ. Cattolica (Relatore M. Selvini).
Ferreira, A. J. (1963 a): Decision-making in normal and pathologic families. In: Arch. Gen. Psychiatry, 8, S. 68—73.
— (1963 b): Family myth and homeostasis. In: Arch. Gen. Psychiatry, 9, S. 457 ff.
Glick, I. D. u. J. Haley (1971): Family therapy and research. An annotated bibliography of articles and books published 1950—1970. New York (Grune & Stratton).
Haley, J. (1955): Paradoxes in play, fantasy, and psychotherapy. In: Psychiatr. Res. Rep., 2, S. 52—58.
— (1959): The family of the Schizophrenic: a model system. In: J. Nerv. and Mental Dis., 129, S. 357—374.
— (1963): Strategies of psychotherapy. New York (Grune & Stratton).
— (1964): Research on family patterns: an instrument measurement, In: Family Process, 3, S. 41—65.
— (1970): Verso una teoria dei sistemi patologici. In: G. H. Zuk u. J. Boszormenyi-Nagy (Hrsg.): La famiglia: patologia e terapia. Rom (Armando).
— (1971, Hrsg.): Changing family. A family therapy reader. New York (Grune & Stratton).

— (1975): Die Interaktion von Schizophrenen. In: G. Bateson u. a., Schizophrenie und Familie, a.a.O.
Jackson, D. D. (1957): The question of family homeostasis. In: Psychiatr. Quart. Suppl., 31, S. 79—90.
— u. I. Yalom (1959): Family interaction, family homeostasis, and some implications for conjoint family psychotherapy. In: J. H. Masserman (Hrsg.): Individual and family dynamics. New York (Grune & Stratton).
— u. J. Haley (1963): Transference revisited. In: J. Nerv Mental Dis., 137, S. 363—371.
— (1968, Hrsg.): Therapy, communication, and change. Bd. 1 u. 2. Palo Alto (Science and Behavior Books).
Laing, R. D. (1974): Die Politik der Familie. Köln (Kiepenheuer Witsch).
— u. A. Esterson (1975): Wahnsinn und Familie. Köln (Kiepenheuer Witsch).
Lidz, Th. (1971): Familie und psychosoziale Entwicklung. Frankfurt am Main (Fischer).
Lidz, Th., S. Fleck u. A. Cornelison (1965): Schizophrenia and the family. New York (Int. Univ. Press). Darin: The Transmission of Irrationality. — Irrationalität als Familientradition. Psyche, 13, S. 316—330.
Minuchin, S. (1974): Families and family therapy. Cambridge., Mass. u. London (Harvard Univ. Press).
Pinna, L. (1971): La famiglia esclusiva. Bari (Laterza).
Rabkin, L. (1972): Family Process (Rezension). In: Arch. Gen. Psychiatry, 11 u. 12.
Riskin, J. (1964): Family interaction scales: a preliminary report. In: Arch. Gen. Psychiatry, 11, S. 484—494.
— (1973): Methodology for studying family interaction. In: Arch. Gen. Psychiatry, 8, S. 343—348.
Satir, V. (1973): Familienbehandlung. Freiburg i. Br. (Lambertus).
— (1975): Selbstwert und Kommunikation. München (Pfeiffer).
Searles, H. F. (1974): Das Bestreben, die andere Person zum Wahnsinn zu treiben. In: H. F. Searles: Der psychoanalytische Beitrag zur Schizophrenieforschung. München. Unter dem Titel: »Das Bestreben, den anderen verrückt zu machen« auch in G. Bateson u. a., Schizophrenie und Familie a.a.O.
— (1966): Feelings of guilt in the psychoanalyst. In: Psychiatry, 29, S. 319 bis 323.
Selvini Palazzoli, M. (1970): Contesto e metacontesto nella psicoterapia della famiglia. In: Arch. Psicol. Neurol. Psich., 3, S. 203—211.
— (1972): Racialism in the Family. In: The Human Context, 4, S. 624—629.
— (1973): Il malato e la sua famiglia. In: L'ospedale Maggiore, 6, S. 400—402.
— (1974): Self-starvation. From the intrapsychic to the transpersonal approach to anorexia nervosa. London (Chaucer).
— (1975): Die Familie des Anorektikers und die Familie des Schizophrenen. Eine transaktionelle Untersuchung. In: EHE, 3 u. 4, S. 107—116.
— u. P. Ferraresi (1972): L'obsedé et son conjoint. In: Social. Psych., 7, S. 90 bis 97.

Shands, H. G. (1971): The war with words. Den Haag—Paris (Mouton).
Shapiro, R. J. u. S. H. Budmann (1973): Defection termination and continuation in family and individual therapy. In: Family Process, 1, S. 55—67.
Sluzki, C. E. u. E. Veron (1971): The double bind as a universal pathogenic situation. In: Family Process, 10, S. 397—417.
Sonne, J. C., R. V. Speck u. K. E. Jungreis (1965): The absent member maneuver as a family resistance. In: A. S. Friedman u. a., Psychotherapy for the whole family. New York (Springer).
Speer, D. C. (1970): Family system: morphostasis and morphogenesis, or Is homeostasis enough? In: Family Process, 9, S. 259—278.
Spiegel, J. B. u. N. M. Bell (1959): Family of the psychotic patient. In: S. Arieti (Hrsg.): American Handbook of Psychiatry. New York (Basic Books).
Watzlawick, P. (1964): An anthology of human communication, text and tape. Palo Alto (Science and Behavior Books).
—, J. H. Beavin u. D. D. Jackson (1974): Menschliche Kommunikation. 4. Aufl., Bern—Stuttgart—Wien (Huber).
—, J. H. Weakland u. R. Fisch (1974): Lösungen zur Theorie und Praxis menschlichen Wandels. Bern—Stuttgart—Wien (Huber).
Weakland, J. H., R. Fisch, P. Watzlawick u. A. M. Bodin (1974): Brief therapy: focused problem resolution. In: Family Process, 13, S. 141—165.
Whitehead, A. N. u. B. Russell (1910—1913): Principia mathematica I/III. Cambridge u. London (Cambridge Univ. Press). Dt. nur die Einleitung unter dem Titel »Einführung in die Mathematische Logik«. München u. Berlin 1932.
Wynne, L. C., I. N. Ryckoff, I. Day u. S. I. Hirsch (1958): Pseudomutuality in the family relations of schizophrenics. In: Psychiatry, 21, S. 205—220.
Wynne, L. C. u. M. Th. Singer (1963): Denkstörung und Familienbeziehung bei Schizophrenen, I: Eine Forschungsstrategie, II: Eine Klassifizierung von Denkformen. In: Psyche, 19, S. 82—95, u. S. 96—108.
Zuck, G. N. u. J. Boszormenyi-Nagy (1967): Family therapy and disturbed families. Palo Alto (Science and Behavior Books).

Weiterere Titel der
KONZEPTE DER HUMANWISSENSCHAFTEN

Charlotte Bühler
Die Rolle der Werte in der Entwicklung der Persönlichkeit und in der Psychotherapie
Mit einem Vorwort von Edward J. Stainbrook.
Aus dem Amerikanischen von Gertrude Kallner.
ISBN 3-12-901480-2

Charlotte Bühler / Melanie Allen
Einführung in die humanistische Psychologie
Aus dem Amerikanischen von Emmy-Renate Schön.
ISBN 3-12-901490-X

Ruth C. Cohn
Von der Psychoanalyse zur themenzentrierten Interaktion
Von der Behandlung einzelner zu einer Pädagogik für alle.
Zum Teil aus dem Amerikanischen von Josef Wimmer u. a.
ISBN 3-12-901500-0

Arthur W. Combs / Donald L. Avila / William W. Purkey
Die helfenden Berufe
Aus dem Amerikanischen von Gudrun Theusner-Stampa.
ISBN 3-12-901550-7

Arnold A. Lazarus (Hrsg.)
Angewandte Verhaltenstherapie
Aus dem Amerikanischen von Gudrun Theusner-Stampa.
ISBN 3-12-900770-9

Paul Nordoff / Clive Robbins
Musik als Therapie für behinderte Kinder
Forschungen und Erfahrungen. Mit einem Vorwort von Benjamin Britten. Aus dem Englischen von Johannes Th. Eschen.
ISBN 3-12-926280-6

Frederick S. Perls
Gestalt-Therapie in Aktion
Aus dem Amerikanischen von Josef Wimmer.
ISBN 3-12-906270-X

Carl R. Rogers
Entwicklung der Persönlichkeit
Psychotherapie aus der Sicht eines Therapeuten.
Aus dem Amerikanischen von Jacqueline Giere.
ISBN 3-12-906880-5

Helmut Ruge
Der Aphasiker und seine fachpädagogische Rehabilitation
Ein Handbuch für Ärzte, Psychologen, Pädagogen,
Logopäden, Therapeuten.
ISBN 3-12-927030-2

Hendrik M. Ruitenbeek
Die neuen Gruppentherapien
Aus dem Amerikanischen von Josef Wimmer.
ISBN 3-12-906900-3

Anne Schützenberger
Einführung in das Rollenspiel
Anwendungen in Sozialarbeit, Wirtschaft, Erziehung und Psychotherapie.
Aus dem Französischen von Wolfgang Krege.
ISBN 3-12-907950-5

Helm Stierlin
Von der Psychoanalyse zur Familientherapie
Theorie / Klinik
ISBN 3-12-907400-7

Helm Stierlin / Ingeborg Rücker-Embden / Norbert Wetzel / Michael Wirsching, unter Mitarbeit von Barbara Brink und Susana Hassan
Das erste Familiengespräch
Theorie — Praxis — Beispiele.
ISBN 3-12-907470-8

Lewis Yablonsky
Synanon
Selbsthilfe der Süchtigen und Kriminellen.
Aus dem Amerikanischen von Wolfgang Krege unter Beratung von Ingo Warnke.
ISBN 3-12-921530-1

ERNST KLETT VERLAG STUTTGART